李无未 主编

国际汉语史研究

第一辑

厦门大学出版社
XIAMEN UNIVERSITY PRESS

国家一级出版社
全国百佳图书出版单位

图书在版编目(CIP)数据

国际汉语史研究. 第一辑 / 李无未主编. -- 厦门 ：
厦门大学出版社，2023.10
　ISBN 978-7-5615-9153-6

　Ⅰ.①国… Ⅱ.①李… Ⅲ.①汉语史-世界-文集
Ⅳ.①H1-09

中国版本图书馆CIP数据核字(2023)第207485号

责任编辑　曾妍妍
美术编辑　李夏凌
技术编辑　朱　楷

出版发行　厦门大学出版社
社　　址　厦门市软件园二期望海路39号
邮政编码　361008
总　　机　0592-2181111　0592-2181406(传真)
营销中心　0592-2184458　0592-2181365
网　　址　http://www.xmupress.com
邮　　箱　xmup@xmupress.com
印　　刷　厦门市明亮彩印有限公司

开本　787 mm×1 092 mm　1/16
印张　13.75
字数　352 千字
版次　2023 年 10 月第 1 版
印次　2023 年 10 月第 1 次印刷
定价　60.00 元

厦门大学出版社　　厦门大学出版社
微信二维码　　　　微博二维码

编 委 会

刊首寄语

李无未

国际汉语史，顾名思义，即是世界各国汉语史之谓也。为何如此说？按，际，《说文》云，从阜，祭声，壁会也。段玉裁解释说：两墙相合之缝也。如此，国际，即为国与国之间界限也，也应该称之为各国之名。如此，国际汉语史，也可称之为世界各国汉语史。研究世界各国汉语史，就成为我们的中心任务。

追溯世界各国汉语史学术，第一个应该提到的是中国学者的汉语史研究历史。如果从无名氏《尔雅》、扬雄《方言》算起，中国学者有意识研究汉语已经具有两千多年历史了。这么长的历史时空，中国积累了无数汉语史研究论著，其中值得大书特书的是，胡以鲁《国语学草创》（1912）第一次具有中国汉语史现代理论意识。1957年，王力先生率先建立汉语史学科，完成《汉语史稿》，厥功至伟，由此，构成了内涵十分丰富的汉语史"国语学"学术。这是毫无疑义的。中国是汉语史研究的故乡，中国汉语史研究成果蔚为大观，更是我们引以为豪的"中国国学学科群体"之一。

但我们也要认识到，中国汉语史研究，不仅仅是属于中国的，它同时也应该是属于世界的。在几千年时空学术里，世界各国学者关注汉语，学习汉语，研究汉语，无数仁人志士为之奋斗终身，前仆后继，意大利卫匡国《中国文法》（1653）、西班牙瓦罗《华语官话语法》（1703）、法国马若瑟《汉语札记》（1728）、英国马士曼《中国言法》（1814）、马礼逊《通用汉言之法》（1815）、葡萄牙江沙维《汉字文法》（1829）、美国卫三畏《汉英韵府》（1874）、德国甲柏连孜《汉文经纬》（1881）、日本后藤朝太郎《现代中国语学》（1908）与《汉字研究》（1910）、瑞典高本汉《中国音韵学研究》（1915—1926）等就是其中的经典性名著。世界各国汉语史学者，生生不息，推陈出新，也构成了令世人瞩目的波澜壮阔的国际汉语史研究画卷。

中国汉语史研究与世界其他国家汉语史研究之间，都不是各自孤立存在的，而是互为关联、互为交融的一个整体。二者缺一不可，如此，才构成了一个完整的内涵宏富的世界各国汉语史研究学术体系。

必须看到,中国汉语史研究,一般分为汉语史传统学术研究与汉语史现代学术研究两类。19世纪末叶,以西学东渐为汉语史学术研究为标志,也成为一个明确的分界线,但实际上,汉语史传统研究,也在不断地革故鼎新,在中外互动,比如世界各国汉语史研究互动中得以存续旺盛生命力,从而构成自身东西汉语史学术体系特征的。

西学东渐也不是铁板一块的单向性运动,而是西学与东学相互碰撞。"东学西渐",汉语史现代的双向性学术效应早就突显出来。

认真检讨起来,我们中国汉语史学术以往的研究,往往以关注"内向性"中国汉语史研究态势的居多,拘于本位而不逾矩,似乎合理合规。但也存在着一种忽视中国之外各国汉语史研究态势的倾向性。由此,造成了一股中国汉语史研究"形内而残外,封闭而自负"的学术生态力量。今天,随着世界各国"人类命运共同体"一体化步伐的加快,汉语成为世界性的国际"通用语"计日可期。世界各国汉语史研究的信息流、资源流、理论流,多元交汇,多元交融变得更为迅捷,更为迫切,已然常态。"国外之思""域外之眼",再加上新技术革命浪潮风起云涌,"数据库汉语史""人工智能汉语史",呼之欲出,其强大的汉语史思想动能,则为中外汉语史研究源源不断地注入青春之活力,"多重视野",四维空间,汉语史研究新思维,使得"汉语史新智能时代"提前到来。

顺应这个世界各国汉语史新时代发展潮流,厦门大学中文系国际汉语史研究团队,以陈衍、林语堂、周辨明、罗常培、黄典诚等学者"百年磨一剑"为积淀,以国际汉语史重镇之盛誉而自豪,怀抱远大目标与理想,集合国内外知名汉语史学者于当下,创办《国际汉语史研究》集刊,从而积聚有生力量,占据学术先机,推动国际汉语史研究向前发展,使得本集刊能够发挥引领新的国际汉语史研究潮流的作用。

《国际汉语史研究》以热烈而真诚的情怀,拥抱世界各国汉语史学者;以开放而优雅的姿态,容纳不同流派的学者激辩;以科学而严谨的学术标准,恭敬对待每一项学术成果。不以名声论文,不以身份别文,不以喜好选文,不以长幼认文,更不以私心用文。

我们深信,《国际汉语史研究》必将成为世界各国汉语史学者的知心朋友,心灵伴侣。期待各国汉语史学者,一定以不同语言,"求异"之思考,通达八方汉语史心声。有不凡之见则聚以争鸣;远望汉语史之前路,以广阔胸襟与视野驰骋学术疆场。以新创造新卓识,构建新的学术领域。以期本刊之学术贡献,享誉全球汉语史学林!对此,我们很有信心,颇有准备,随时"赴任而履新"。

2023年1月4日于厦门大学中文系

目 录

Contents

当代日本现代汉语语法研究[*]

张黎　王艺嬛

（大阪产业大学，大阪 大东；立命馆大学，京都 中京）

摘　要： 本文对当代日本汉语语法研究做了初步的概括和描写。日本当代汉语语法研究是指第二次世界大战后的日本汉语语法研究。本文从当代日本现代汉语语法研究的分期、代表性的研究、在日中国学者的研究、日本当代汉语语法研究的特点等几个方面介绍和描写了当代日本汉语语法研究的现状，并对未来的日本汉语语法研究做出了展望。

关键词： 当代日本；汉语语法；日本语眼光；国际化；中国化

一、当代日本现代汉语语法研究的界定

当代日本现代汉语语法研究主要指的是第二次世界大战结束以后至今的日本现代汉语语法研究。关于日本汉语语法研究的分期，并没有一个统一的定论。李无未的《日本近现代汉语语法学史》（2018）[①] 把日本近现代汉语语法研究的核心范围界定在以 1877 年大槻文彦的《中国文典》（1877）[②] 的问世到第二次世界大战结束的年间，其标记在于《中国文典》的超越"训诂传统"的特征。而大河内康宪在《日本近、现代汉语语法研究论文选》（1993）的序言中说，日本的汉语语法研究"在很长的一个历史时期内，都是围绕汉文训读展开的，跟现在所说的外语研究性质迥然不同""由于这样的历史原因，严格地说在日本把汉语作为外语来进行研究，还是在 1945 年二次世界大战结束以后的事情"。[③] 显然，李无未所言是近现代日本汉语语法研究的分期，而大河内康宪所言是针对现、当代日本汉语语法研究的。我们认为大河内康宪先生对现当代日本汉语语法研究的论断是有道理的。这从二次大战后到现今的如下几个方面可以看出：

（一）专门学术组织的成立

1946 年，在日本京都帝国大学正式成立了"中国语学研究会"，而这个学会也正是当代日本研究汉语的最大学术组织"日本中国语学会"的前身。"中国语学研究会"的第一任会长为仓石

---

* 本文系中国国家社科基金重大项目"境外汉语语法学史及数据库建设"（16ZDA209）的阶段性研究成果。文中的一些资料，得到前田真砂美（奈良女子大学）的帮助，特此鸣谢！

① 李无未 . 日本近现代汉语语法学史 [M]. 北京：商务印书馆，2018.
② 大槻文彦 . 大槻文彦解《中国文典》[M]. 大槻氏藏版，1877.
③ 大河内康宪 . 日本近、现代汉语语法研究论文选 [M]. 靳卫卫，译 . 北京：北京语言学院出版社，1993.

武四郎,此研究会于1978年更名为"中国语学会",于1989年再次更名为"日本中国语学会"。目前,该学会拥有会员近1200人,是日本目前最大的、最有影响力的汉语研究和教学的学术组织。

（二）专业学术杂志的问世

1947年中国语学研究会刊行了《中国语学研究会会报》(即《中国语学》前身),为手写油印不定期月刊,1955年第34期起正式定名为《中国语学》,每月或双月1期。从1978年起,改为年刊,截至2018年,共出版了265期。《中国语学》第1期到第48期为手写油印本,1956年4月出版的第49期起改为铅字版。这一方面反映了创业时期的汉语研究和教学的艰难,另一方面也显示了当时中国语学创业学者们对学术的献身精神以及他们对汉语研究和教学的执着追求。这本刊物真实地反映了战后至今日本汉语研究和教育的现状,汇集了日本汉语研究之精华,是了解当代日本汉语研究和教学的宝贵资料。

（三）中国语教育的普及和发展

仓石武四郎、赖惟勤、牛岛德次、鸟居久靖、藤堂明保、香坂顺一、伊地智善继、芝田稔等前辈学者在《中国语学》上撰写研究论文,积极探讨和介绍汉语各种问题,并编撰了各种类型的中国语学习辞典。同时,中国语鉴定考试应运问世。日本各主要大学也相继把中国语教育列入大学的课程。

（四）出版了一批以现代语言学理论为基础,以日本语眼光审视汉语的研究成果

如:大河内康宪的《中国语の诸相》(1997)①、木村英树的《汉语语法的形式与意义——"虚"的意义的形态化和构造化研究》(《中国語文法の意味とかたち——〈虚〉的意味の形態化と構造化に関する研究》)(2012)②、杉村博文的《现代汉语语法研究:以日语为参系》(2017)③、中川正之的《从汉语看世界和世间:〈想知道更多日语〉》(《漢語からみえる世界と世間〈もっと知りたい!日本語〉》)(2005)④、《从汉语看世界与世间:日语与汉语的差异》(《漢語からみえる世界と世間:日本語と中国語はどこでずれるか》)(2013)⑤、荒川清秀的《以动词为中心的汉语语法论集》(《動詞を中心にした中国語文法論集》)(2015)⑥等代表性著作。上述著作共同构成了当代日本汉语语法的独特学术风格:以日语为参照系的类型学眼光,实事求是的问题意识,绵密而严谨的学术匠心精神,含而不露的理论探究。

（五）日本的现代汉语语法研究人才辈出,已形成老中青三代学者承前启后性的学术梯队

从初期的桥本万太郎、望月八十吉、大河内康宪,到后起的中川正之、木村英树、杉村博

① 大河内康宪.中国語の諸相[M].东京:白帝社,1997.
② 木村英树.中国語文法の意味とかたち:《虚》的意味の形態化と構造化に関する研究[M].东京:白帝社,2012.
③ 杉村博文.现代汉语语法研究:以日语为参考系[M].吹田:大阪大学出版会,2017.
④ 中川正之.漢語からみえる世界と世間:《もっと知りたい!日本語》[M].东京:岩波书店,2005.
⑤ 中川正之.漢語からみえる世界と世間:日本語と中国語はどこでずれるか[M].东京:岩波书店,2013.
⑥ 荒川清秀.動詞を中心にした中国語文法論集[M].东京:白帝社,2015.

文、松村文芳、荒川清秀，再到当代的青年学者丸尾诚、小野秀树、石村广、池田晋等等，这些学者的研究从不同侧面反映了不同阶段日本汉语语法研究的状况。

二、当代日本现代汉语语法研究的分期和代表性研究

（一）主流研究

在日本近现代的汉语研究中，不乏利用西方语言理论来描写和研究汉语、并取得可观成就者。比如后藤朝太郎及其代表作《现代中国语学》(1908)[①]等。李无未在《日本近现代汉语语法学史》中认为"是日本学者第一次运用近现代西方语言学理论比较科学、系统地分析现代汉语，并把它作为一门学科来对待，从而开启了研究现代汉语的新时代"[②]。我们认为，这种分析在指出日本学者利用西方理论研究汉语时所做出的积极努力这一方面是中肯的，但就此而认为后藤朝太郎的《现代中国语学》开启了汉语研究的新时代的说法是值得商榷的。毫无疑问，战后一代的日本语言学者及日本的中国语学者肯定会接受明治维新后大量传入日本的西方语言学理论的影响。以上田万年（1867—1937）为代表的东京大学现代语言学的建立对日本战后的语言学研究有着巨大影响，其标志之一就在于培养了一代战后日本语言学家，如新村出、桥本进吉、小仓进平、金田一京助、后藤朝太郎等。显然，当时日本的中国语学者们也会很自然地受到这种现代语言学思潮的影响。

但是，我们认为，真正使日本的汉语语法研究独树一帜，并使之成为一门学科的，并不仅仅是现代意义上的宏观理论概述，而是基于西方语言理论的，同时又具有"日本语眼光"的关于汉语语法的具体研究。从这个角度看，我们认为，大河内康宪以及其所培养出的学者们的研究代表了当代日本汉语语法研究的主流。

（二）当代汉语语法学者的分期

1. 分期问题

陆俭明在《日本现代汉语语法研究论文选·序言》中写道，"日本对汉语语法的研究，在最近半个世纪里，可以说经历了三个阶段。早期，主要是运用传统的或美国结构主义的理论方法来研究、分析、描写汉语语法……20世纪80年代，不少学者转向运用美国乔姆斯基转换生成语法学的理论方法来研究、分析现代汉语语法……而当代，很多学者，主要是中青年学者，纷纷转向运用功能语法学派或认知语法学派的理论方法来研究、分析现代汉语语法"[③]。陆先生认为，第一阶段的代表人物是香坂顺一和舆水优；第二阶段的代表是桥本万太郎和望月八十吉；而第三阶段的代表是大河内康宪以及其所培养的学生。陆先生的划分反映了战后日本中国语教学和研究的基本情况，但我们认为应补充以下两点：一是应充分肯定在中国语学会（中国语学研究会）和《中国语学》创建期仓石武四郎等前辈学者们的贡献，也应充分肯

① 后藤朝太郎. 现代中国语学 [M]. 东京：博文馆，1908.
② 李无未. 日本近现代汉语语法学史 [M]. 北京：商务印书馆，2018：366.
③ 张黎，古川裕，任鹰，等. 日本现代汉语语法研究论文选 [M]. 北京：北京语言大学出版社，2007.

定诸如藤堂明保等先生对日本大众中国语教育的历史贡献。二是应充分评价以大河内康宪为代表的一代学者对当代日本汉语语法研究的突出贡献。

2. 三个时段

从汉语语法研究的角度看，我们对当代日本汉语语法学者从时段上做如下划分：

（1）二战结束后代表性学者：主要指香坂顺一、桥本万太郎、望月八十吉、大河内康宪、舆水优、鸟井克之等先生的研究活动。香坂顺一致力于中国语教育的普及和推广，撰写了多种汉语语法的普及性读物和多种类型的辞典，比如《现代中国语文法》（1962）①、《现代中国语辞典》（1982）② 等，同时他还是日本中国语鉴定考试的创始人和第一任理事长。舆水优 1985 年出版了《中国語の语法の话：中国語文法概论》（1985）③，此后又致力于中国语教育，是中国语教育学会首任会长。鸟井克之则致力于汉语语法史的研究，于 1995 年出版了《中国文法学说史》（1995）④。上述几位先生热心于中国语语法的教育，因此，他们关于汉语语法的研究大多可归于汉语的教学语法。

另外，开拓期的语法本体研究在继承了战后日本中国语研究会少讲主义、注重事实的传统的同时，也积极尝试用西方语言研究的理论和方法来研究汉语。桥本万太郎的《汉语的深层构造和表层构造问题》（《中国語の深层构造と表层构造の问题》）（1967）⑤ 一文就相当早地把转换生成语法的理论应用到汉语语法的研究中。望月八十吉也在此后的研究中积极介绍和引进生成语法的理论来研究汉语，1994 年出版了《现代中国语の诸问题》⑥ 一书。而在这期间，大河内康宪始终致力于探索用"日语的眼光"来研究汉语，通过日中语言的对照研究，从正面探索汉语语法问题，这对后来的当代日本汉语语法研究产生了巨大的影响。可以说，这一时期的研究呈现了一种多方位探索的局面。

（2）20 世纪 80 年代后代表性学者：20 世纪 80 年代起，日本的汉语语法研究呈现出前所未有的新局面，涌现出一批通晓西方语言理论，善于站在日语的角度比较和研究汉语语法的新一代学者。像中川正之、木村英树、杉村博文、松村文芳、讃井唯允、相原茂、荒川清秀、古川裕、奥田宽、原由起子等等。这时期的大多数学者的共同特征是不拘泥于中国大陆的汉语语法研究的范式，而是自觉或不自觉地以"日语的眼光"审视汉语，发现中国人自己难以发现的问题。用现代语言学的观点看，这正是一种自觉或不自觉的语言类型学意识。也正因为如此，这时期的日本汉语语法研究的成果很受大陆学者的追捧和认可。中川正之的类型学思想，木村英树的理论主张，杉村博文的精到描写，松村文芳的形式语法的追求，讃井唯允的语用学探索等等，都是当代日本汉语语法研究的不可多得的学术精品。另外，高桥弥守彦以连语论为指导思想的精力旺盛的研究也构成了一个独特的视角。

（3）21 世纪后代表性学者：进入 21 世纪，日本汉语语法研究进入了百花齐放、推陈出新的学术研究局面。一批中青年学者纷纷发表论文，著书立说。这些学者大体包括丸尾诚、小

---

① 香坂顺一 . 现代中国語文法 [M]. 东京：光生馆，1962.
② 香坂顺一 . 现代中国語辞典 [M]. 东京：光生馆，1982.
③ 舆水优 . 中国語の语法の话：中国語文法概论 [M]. 东京：光生馆，1985.
④ 鸟井克之 . 中国文法学说史 [M]. 吹田：关西大学出版部，1995.
⑤ 桥本万太郎 . 中国語の深层构造と表层构造の问题 [J]. 中国语学，1967（171）：1-19.
⑥ 望月八十吉 . 现代中国語の诸问题 [M]. 东京：好文出版社，1994.

野秀树、佐佐木勋人、平井和之、三宅登之、望月圭子、中川裕三、石村广、下地早智子、铃木庆夏、池田晋、福田翔、长谷川贤、加纳希美、岛村典子、中根绫子、森宏子、平山邦彦、小岛美由纪、岛津幸子、前田真砂美、伊藤さとみ、中西千香、西香织等。一方面这批中青年学者很多人都同上述所提的前辈学者有师承关系，因此在他们的研究中能深深感到对前辈学者们的研究课题和研究风格的继承。另一方面，这一代学者熟知当代语言学的各种理论和流派，熟知中国大陆的汉语研究的动向，因此他们的研究更能同国际汉语研究同步，更能同大陆学者们进行学术交流和对话。而这就使这一时期的日本汉语语法研究呈现出更加国际化的色彩。

3. 代表性的研究

（1）大河内康宪主编的《日语和汉语对比研究论文集》（《日本語と中国語の対照研究論文集（上・下）》）（1992）[①]由日本语言学专门出版社黑潮（くろしお）出版，分上下两卷。全卷分总论、语法（上、下）、词汇三大部分，共收 19 篇论文。从作者的构成上看，既有望月八十吉、大河内康宪这样的老师辈的学者，也有在当时为中青年的中川正之、杉村博文、木村英树、荒川清秀、奥田宽、原由起子这样的学者，既有森山卓郎、玉村文郎这样的日语学者，也有李浚哲这样的中国人学者。全书贯穿着对照语言学的思想，主要从功能表达的角度，利用日中语言对比的方法，探讨了诸如日汉语言类型问题（中川正之）、日中语言的能格表达（望月八十吉）、日汉语名词的空间性问题（荒川清秀）、汉语指示词的远近对立问题（木村英树）、汉语可能表达问题（杉村博文）、汉语的被动表达问题（杉村博文）以及日中语言的信息结构问题（木村英树、森山卓郎）、汉语的副词"并"和日语的"决不"的比较研究（原由起子）等。可以说，本书开启了日中语法对照研究之先河，是语别语法对照研究乃至中日语言的类型学对照研究之经典。

（2）大河内康宪《中国语の诸相》（1997）由白帝社出版，是大河内先生的论文集，全书共收 15 篇论文，分语法、语义和语言生活三个部分。语法部分有 11 篇文章，分别为《重叠形式和比况性》《联合结构》《"是"的语气特征》《量词的个体化功能》《汉语的人称代词和"们"》《复句中小句间的联接关系》《支配主语的语群》《被动成立的机制》《汉语的可能表达》《"感情表达和使役句式"》《关于"走了进来"》。在此书的后记中大河内先生意味深长地写道："如果搞外语有什么意思的话，那最终还应归结为与母语的不同吧。中国人之所以为中国人，他们同我们有什么不同？这可以说是我们搞中国学的人的永恒主题……作为萨皮尔·沃尔夫假说信者的我相信，他们同我们所生长的具有巨大差异的人文环境的不同，一语以蔽之，即文化的不同，一定会在其语言中留有痕迹。既然我们的思维脱离不了语言，那么这种思维的积淀和定形化当然也离不开语言。我们引以为乐的是在汉语和日语的不同的比较中，感受中国人的思考方式和思维类型。"可以说，这段话反映了此书的基调，即在日中语言的比较背景下，揭示定型化了的语言背后的文化差异，或反过来从不同的文化、思维类型的差异揭示语言形式上的不同的内在机制。我们认为，这是贯穿当代日本汉语语法研究的一个主线。

（3）中川正之《从汉语看世界与世间：日语与汉语的差异》（《漢語からみえる世界と世間：日本語と中国語はどこでずれるか》）（2013）由岩波书店出版，2014年北京大学出版社以《日语中的汉字，日本人的世界》[②]为题翻译出版了此书。此书以语言类型学的思想具体分析

① 大河内康宪.日本語と中国語の対照研究論文集（上・下）[M].东京：くろしお出版，1992.
② 中川正之.日语中的汉字，日本人的世界 [M].杨虹，王庆燕，张丽娜，译.北京：北京大学出版社，2014.

了日语和汉语中的同型语和近义表达现象，并通过语词的"世间（seken）"和"世界（sekai）"透析，揭示日语、汉语背后所隐含着的文化规约、思维方式的不同。因此，本书表面上分析的是日语、汉语的词语表达的异同问题，实则是通过语言分析揭示认知文化差异的、具有语言哲学深度的力作。

（4）木村英树《汉语语法的形式和意义——"虚"的意义的形态化和构造化研究》（《中国語文法の意味とかたち——〈虚〉の意味の形態化と構造化に関する研究》）（2012）由白帝社出版，2018年商务印书馆在国外语言学经典著作的丛书中以《汉语语法的形式和意义》[①]为名翻译出版了此书。全书分"直指问题""体态问题""语态问题""句式问题"四部，共收论文12篇。木村英树的研究具有理论视野，在借鉴西方语言理论和日语语法学界的最新研究成果的基础上，对汉语语法问题提出了很多具有理论价值的真知灼见。比如，汉语学界一般都是把"体"（aspect）看作同时态和情态并立，与二者有连续性，同时又是相对独立的范畴。木村认为，北京话的体态应该是可以称之为"实存体"的一个更大范畴里的次范畴。其中，"呢"和"着"承担着空间实存体的功能，而动词后"了"和句末"了"承担着时间实存体的功能。类似这样的富有启发性的观点在本书中比比皆是，是当代日本汉语语法中理论研究令人耳目一新的代表之作。

（5）杉村博文《现代汉语语法研究：以日语为参考系》（2017）一书是当代日本学者以"日语的眼光看汉语"的代表性研究。全书分"词组构成语义基础篇""疑问代词篇""句式篇""功能词语义扩展篇"四章，共收集18篇论文，用作者的话来说就是，"本书所收录的18篇文章就是我们用日语的眼光小心翼翼地抚摸现代汉语语法这头大象时所触摸的18种感觉，希望它们能够成为描绘大象全貌的18个参照点"。其实，何止是参照点，本书为汉语语法研究提供了一个重要的类型学研究文本，其视野之独特，例句之精到，研究之深入，是当代日本汉语语法研究中描写语法的代表之作。

（6）荒川清秀《以动词为中心的汉语语法论集》（《動詞を中心にした中国語文法論集》）（2015），收集了作者关于汉语动词的近40年的研究论文，是当代日本汉语语法学界关于汉语动词研究的力作。作者在充分吸收日本语学界的语言理论的基础上，用日语的眼光看汉语，致力于发现和研究中国学者看不到的语法现象，提出了很多富有新意的理论主张。比如关于动作的阶段性问题，汉语动补结构问题，汉语的使役问题等，都有很深入的探讨。

（7）大河内康宪主编《日本近、现代汉语语法研究论文选》（1993）。全书共收论文25篇，研究领域为近、现代汉语语法和词汇。大河内先生在此书的序言中这样写道："日本战后的汉语研究先后大致经历了这样三代人：第一代人是二次大战后日本新的汉语研究的奠基人……随后、出现了二次大战后的第二代人……80年代以后开始从事汉语研究的是第三代人。"此书重点介绍的是这第三代人的研究成果。用大河内康宪先生的话来说，上述论文具有如下特点：一是不追求中国潮流，具有独创见解；二是不受传统研究模式的束缚，把汉语作为一种语言独立地加以研究；三是针对问题有的放矢地进行研究。

（8）张黎、古川裕、任鹰、下地早智子的《日本现代汉语语法研究论文选》（2007）是继大河内康宪编辑《日本近、现代汉语语法研究》（1993）之后又一部介绍当代日本汉语语法研究的论

---

① 木村英树.汉语语法的形式和意义 [M].雷桂林，译.北京：商务印书馆，2018.

文集。这本论文集由两位日本学者和两位中国学者编辑，收集的 25 篇论文也是中日学者共同撰写的。大河内康宪在该书前言中写道："本书所介绍的 25 篇论文充分反映了近年来急速国际化的日本汉语研究现状，同时也预示着 21 世纪日本汉语研究的发展方向。"与《日本近、现代汉语语法研究》（1993）的作者相比，该书所收的作者年龄相对较年轻，一些作者也是前书作者的学生，在学术风格上有传承性，同时也展现了日本汉语语法研究新生一代的学术风貌。

此外，在日法国学者柯理思（Christine Lamarre）、古川裕、相原茂、原由起子以及奥田宽的学术论文也都很有新意和学术价值，值得一读。比如，柯理思的论文《汉语标注惯常性行为的形式》（2005）①富有开拓性地探讨了汉语惯常体的句法表达形式，提出了一些中国人学者未曾注意到的现象，填补了汉语语法界关于这一问题研究的空白。为此，这篇论文也是大陆学者研究此问题时必引之作。

当代日本汉语语法研究还注意从汉语教学实践中发现问题，同时也注意把研究成果应用于汉语教学中去。为此，出版了很多语法教学参考书。比如，相原茂等的（《汉语语法问答》）《Why？にこたえるはじめての中国語の文法書》（1996）②，针对日本人学习者的汉语语法教学中的问题，有的放矢加以深入浅出地分析和解说。这本书虽说是教学参考书，但其中的一些理论解说和实例分析都具有很高的学术水准。再如，由中川正之、相原茂、木村英树、杉村博文共同撰写的《中国语入门 Q & A101》（1987）③、《中国语学习 Q & A101》（1991）④、《中国语教室 Q & A101》（2000）⑤针对汉语初学者的各种语法问题，简明扼要地加以解说，深受汉语学习者的欢迎。

4. 新生代的汉语语法研究

新生代的汉语语法研究主要指目前活跃在日本汉语语法研究领域的中青年学者的研究。这些中青年学者一方面承继着前辈学者们的学术传统，一方面又肩负着开拓日本汉语语法研究新局面的历史使命。一些人已走在日本汉语语法研究的第一线，其成果令人刮目相看。其主要表现为：

（1）出版了一批令人瞩目的学术专著。比如，小野秀树的《统辞论中汉语名词句的意义和功能》（《統辞論における中国語名詞句の意味と機能》）（2008）⑥、丸尾诚的《现代汉语空间移动表达的相关研究》（《現代中国語の空間移動表現に関する研究》）（2005）⑦和（现代汉语方向补语研究）（《現代中国語の方向補語の研究》）（2014）⑧、石村广的《汉语结果句法研究——从动词连续结构的角度》（《中国語結果構文の研究：動詞連続構造の観点から》）（2011）⑨、胜川裕子的《现代汉语"领属"的表现》（《現代中国語における"領属"の諸相》）

① 柯理思 . 汉语标注惯常性行为的形式 [J]. 现代中国语研究，2005（7）：33-49.
② 相原茂 .Why？にこたえるはじめての中国語の文法書 [M]. 东京：同学社，1996.
③ 中川正之，相原茂，木村英树，等 . 中国语入门 Q & A101[M]. 东京：大修馆书店，1987.
④ 中川正之，相原茂，木村英树，等 . 中国语学习 Q & A101[M]. 东京：大修馆书店，1991.
⑤ 中川正之，相原茂，木村英树，等 . 中国语教室 Q & A101[M]. 东京：大修馆书店，2000.
⑥ 小野秀树 . 統辞論における中国語名詞句の意味と機能 [M]. 东京：白帝社，2008.
⑦ 丸尾诚 . 現代中国語の空間移動表現に関する研究 [M]. 东京：白帝社，2005.
⑧ 丸尾诚 . 現代中国語の方向補語の研究 [M]. 东京：白帝社，2014.
⑨ 石村广 . 中国語結果構文の研究：動詞連続構造の観点から [M]. 东京：白帝社，2011.

（2013）①、岛村典子的《现代汉语有关移动的述补结构研究》（《現代中国語の移動を表す述補構造に関する研究》）（2016）②、桥本永贡子的《从语法角度看汉语量词的结构和意义》（《中国語量詞の機能と意味：文法化の観点から》）（2014）③等等。这些专著反映了日本汉语语法学界新一代学者的研究风貌，显示了中青年学者们新的学术追求。

（2）深化了汉语语法专题的研究。比如，对疑问词连锁句研究，中国学者大都是把此种现象作为疑问词的特殊用法来对待的。只有北京大学《现代汉语》（2004）④称此种句式为"倚变复句"。而在西方汉语学界，郑礼珊、黄正德（1996）⑤在汉语的所谓"驴子句"的分析中，对此种句式疑问词间的量化关系作出了形式语法的分析。但是，日本汉语学界一直是把此种现象作为句式的一种来加以研究的，杉村博文（1988）⑥讨论过此种句式，并命名为疑问词连锁句。以后杉村博文（2017）⑦又对这一句式作了重新定义。而铃木庆夏（2015）⑧认为，此种句式所表述的句子意义为一条规律或规则，并称之为法则句。池田晋（2016）⑨则在上述研究基础上，进一步认为此种句式是一种表达多样性关联的条件复句。可以说，在这个问题的研究上，日本学者研究的起点高，学术含金量大。特别是新生代学者对这一问题的研究深化起到了积极的作用。

（3）大胆而又理性的学术争鸣。新生代语法学者一方面秉承了前辈学者们的不图虚名，禁戒浮夸的良好学术传统，另一方面又能实事求是提出问题，心平气和地同前辈学者进行理性的学术争鸣。比如，一般而言，汉语学界一直认为趋向补语与结果补语有相同的语法意义和语义功能，而中根绫子（2008）⑩则大胆地认为趋向补语并不代表动作的结果而表示动作的方向，此形式表示伴随着方向的动作，即移动动作，凸显的不是移动的结果而是移动的过程。对此，前辈学者杉村博文（2011）⑪则撰写了专文讨论了中根（2008）的主张，并在此基础上，提出了自己的理论主张。对此，中根（2013）⑫又进一步发文阐明自己的主张，从而在与前辈学者的争鸣中推进了汉语语法关于这一问题的研究。姑且不论这些结论或观点孰是孰非，仅就这样严肃而又理性的学术争鸣本身而言，也反映出当代日本汉语语法研究学界的健康学风。而这种良好的学风也保证了当代日本汉语语法研究界的活力和新生。

---

① 勝川裕子.現代中国語における"領属"の諸相[M].东京：白帝社，2013.
② 岛村典子.現代中国語の移動を表す述補構造に関する研究[M].东京：好文出版，2016.
③ 桥本永贡子.中国語量詞の機能と意味：文法化の観点から[M].东京：白帝社，2014.
④ 北京大学中文系.现代汉语（重排本）[M].北京：商务印书馆，2004.
⑤ 郑礼珊，黄正德.Two types of donkey sentence[J].Natural language semantics，1996（2）：121-163.
⑥ 杉村博文.关于"谁跑得快谁就得第一"一类句式的几个问题[C]// 第二届国际汉语教学讨论会组织委员会.第二届国际汉语教学讨论会论文选，北京：北京语言学院出版社，1988：358-365.
⑦ 杉村博文.现代汉语疑问代词连环句的描写研究[C]// 杉村博文.现代汉语语法研究：以日语为参考系，大阪：大阪大学出版会，2017：125-139.
⑧ 铃木庆夏.现代汉语疑问代词前后照应的语法构式：如何理解"谁先回家谁就做饭"这类句法格式[J].语言教学与研究，2015（2）：35-44.
⑨ 池田晋.何のための疑問詞？疑問詞連鎖構文の形式と意味[C]// 日本中国語学会.日本中国語学会第66回全国大会予稿集，东京：好文出版，2016：177-181.
⑩ 中根绫子.移動事態を表すVx句とV到句の意味と形式[J].中国語学，2008（255）：157-176.
⑪ 杉村博文.对立空间转位的诸相：《方向補語》再考[J].现代中国语研究，2011（13）：15-30.
⑫ 中根绫子.现代汉语中的移动表达及其语义扩张：趋向动词标记化的意义[J].中国语文法研究，2013（2）：144-167.

三、在日中国学者的汉语语法研究

自中国改革开放以来，有为数可观的中国学者和研究人员旅日留学，其中一些人定居日本，长期从事汉语教学和研究工作。这些人的存在也构成了当代日本汉语语法研究的一道亮丽的风景。其中大体分为两种类型。

（1）汉语科班型。指的是一部分学者原来在中国就是研究汉语的，或在中国的大学和研究机构任职，或中国大学的汉语专业硕士、博士。这些人包括：史有为、刘勋宁、方经民、张黎、任鹰、王占华、刘一之、周刚、徐国玉、金昌吉、鲁晓琨、卢建、张佩茹、雷桂林、李佳梁、史彤岚、章天明等。

（2）日语科班型。指的是原来在中国学的是日语，来日后再进一步从事汉语教学和研究工作。像杨凯荣、沈力、于康、王亚新、王学群、朱继征、时卫国等。

上述两种类型的学者由于其所受训练的学科源头不同，在最初的研究中各有所长，也各有所短。但在几十年的旅日学术生涯中，日渐趋同，共同勾织了中国旅日汉语学者的学术画卷，为中日汉语学的交流做出了独特的贡献。这里简介几个方面：

（1）汉语语法理论方面的贡献。史有为的柔性语言观、方经民的空间语法论、刘勋宁的时体论、张黎的意合语法理论等。

（2）为数众多的中国学者参与日本中国语学的各种学术活动，出版了一批学术专著。如，史有为的《呼唤柔性：汉语语法探异》（1992）①、刘勋宁的《现代汉语研究》（1998）②、方经民的《汉语语法变换研究：理论·原则·方法》《漢語語法變換研究：理論·原則·方法》（1998）③、朱继征的《中国语の动相》（2000）④、张黎的《汉语意合语法研究：基于认知类型学和语言逻辑的建构》（2012）⑤、任鹰的《现代汉语非受事宾语句研究》（2000）⑥、刘一之的《北京话中的"着"（·zhe）字新探》（2001）⑦、时卫国的《汉语量性修饰构造研究》（《中国语の量的修飾構造の研究》）（2012）⑧及《汉语程度体系表达研究》（《中国语の程度表現の体系の研究》）（2011）⑨、卢涛的《汉语"空间动词"的语法化研究：日语和英语的关联》（《中国語における〈空間動詞〉の文法化研究：日本語と英語との関連で》）（2000）⑩、王占华的《语义蕴涵与句法结构及话语理解》（2015）⑪、杨凯荣的《日语和汉语的使役句式对比研究》（《日本語

---

① 史有为. 呼唤柔性：汉语语法探异 [M]. 海口：海南出版社，1992.
② 刘勋宁. 现代汉语研究 [M]. 北京：北京语言文化大学出版社，1998。
③ 方经民. 漢語語法變換研究：理論·原則·方法 [M]. 东京：白帝社，1998.
④ 朱继征. 中国语の動相 [M]. 东京：白帝社，2000.
⑤ 张黎. 汉语意合语法研究：基于认知类型学和语言逻辑的建构 [M]. 东京：白帝社，2012.
⑥ 任鹰. 现代汉语非受事宾语句研究 [M]. 北京：社会科学文献出版社，2000.
⑦ 刘一之. 北京话中的"着"（·zhe）字新探 [M]. 北京：北京大学出版社，2001。
⑧ 时卫国. 中国语の量的修飾構造の研究 [M]. 东京：好文出版，2012.
⑨ 时卫国. 中国语の程度表現の体系の研究 [M]. 东京：白帝社，2011.
⑩ 卢涛. 中国語における〈空間動詞〉の文法化研究：日本語と英語との関連で [M]. 东京：白帝社，2000.
⑪ 王占华. 语义蕴涵与句法结构及话语理解 [M]. 东京：朋友书店，2015.

と中国語の使役表現に関する対照研究》）（1989）[①]、王学群的《汉语中的"V着"研究》（《中国語の"V着"に関する研究》）（2007）[②]、卢建的《现代汉语双及物结构式研究》（2017）[③]、鲁晓琨的《现代汉语基本助动词语义研究》（2004）[④]、张恒悦的《汉语重叠认知研究——以日语为参照系》（2012）[⑤]、周刚的《连词与相关问题》（2000）[⑥]。

（3）沈力同日本学者共同编辑了三本《日中理論言語学の新展望》（2011[⑦]、2012[⑧]、2012[⑨]），填补了中日语言学者在语言理论方面缺少共同研究的空白，促进了中日语言研究的理论交流。

（4）于康等人编辑出版了共8辑的《中国语言语学情报》（2000）[⑩]书刊，及时向日本学界介绍当代汉语语法研究情况。

（5）由张黎、任鹰连同日本学者古川裕、下地早智子共同编辑的《日本现代汉语语法研究论文选》（2007），为向中国汉语学界介绍日本学者的研究做出了积极贡献。

在日中国研究者们自发地成立了一些研究会和学术沙龙，积极创办汉语语法研究刊物，极大地丰富了日本汉语语法研究。这些研究会、沙龙和刊物是：

现代中国语研究会：是以在日华人学者为主的学术团体，不定期举办学术研讨会，编有《现代中国语研究》杂志。创刊初期，由朋友书店出版，2009年起改刊由朝日出版社出版，目前已出版了18期。年刊，每年10月出版。

中日理论言语学研究会：是由中日语言学者共同主持的、以中日理论语言学为研究取向的研究会，研究会代表为沈力。定期举办学术研讨会，出版系列研究论文集。

中国语文法研究会：是以在日华人学者为主的、以汉语语法为研究中心的学术团体，不定期举办学术讨论会，出版《中国语文法研究》杂志，主要由张黎、王占华和任鹰编辑。朋友书店出版，年刊，每年6月出版，目前已出版了8期。

《汉语与汉语教学研究》：日本樱美林大学孔子学院出版，年刊，每年10月出版。目前已出版了9期。

四、其他有特色的研究成果

日本汉语语法学界，不仅有如上文所述的具有代表性的研究人物和著述，而且还有以各种形式反映出来的丰富多彩的研究成果。包括各种纪念论文集、个人论文集、研究丛书以及翻译丛书。这些学术活动及其学术成果，构成了日本现、当代汉语语法研究蔚为大观的夯实而

① 杨凯荣.日本語と中国語の使役表現に関する対照研究 [M].东京：くろしお出版，1989.
② 王学群.中国語の"V着"に関する研究 [M].东京：白帝社，2009.
③ 卢建.现代汉语双及物结构式研究 [M].北京：商务印书馆，2017.
④ 鲁晓琨.现代汉语基本助动词语义研究 [M].北京：中国社会科学出版社，2004.
⑤ 张恒悦.汉语重叠认知研究：以日语为参照系 [M].北京：北京大学出版社，2012.
⑥ 周刚.连词与相关问题 [M].合肥：安徽教育出版社，2002.
⑦ 影山太郎，沈力.日中理論言語学の新展望〈1〉統語構造 [M].东京：くろしお出版，2011.
⑧ 影山太郎，沈力.日中理論言語学の新展望〈2〉意味と構文 [M].东京：くろしお出版，2012.
⑨ 影山太郎，沈力.日中理論言語学の新展望〈3〉語彙と品詞 [M].东京：くろしお出版，2012.
⑩ 于康.中国语言语学情报：1-8卷 [M].东京：好文出版，2000.

又独具一格的学术风格，堪称海外汉语语法研究的重要篇章。现列举如下：

（一）纪念论文集

《伊地智善继·辻本春彦两教授退官纪念　中国语学·文学论集》（东方书店，1983）

《大河内康宪教授退官纪念　中国语学论文集》（东方书店，1997）

《荒屋勤教授古希纪念　中国语论集》（白帝社，2000）

《香坂顺一先生追悼纪念论文集》（香坂顺一先生追悼纪念论文集编集委员会，光生馆，2005）

《横川伸教授古希纪念 日中言语文化研究论集》（白帝社，2011）

《木村英树教授还历纪念　中国语文法论丛》（白帝社，2013）

《杨凯荣教授还历纪念论文集　中日言语研究论丛》（朝日出版社，2017）

《杉村博文教授退休纪念　中国语学论文集》（白帝社，2017）

（二）研究丛书

1. 影山太郎、沈力（编）《日中理论言语学の新展望》シリーズ（くろしお出版）

(1) 统语构造（2011）

(2) 意义和结构（2012）

(3) 词汇和品词（2012）

2. 日中对照言语学会编（白帝社）

《日语和汉语的纵横》（《日本語と中国語のアスペクト》）（2002）

《汉语的补语》（《中国語の補語》）（2006）

《日语和汉语的可能表现》（《日本語と中国語の可能表現》）（2008）

《日语和汉语的语音》（《日本語と中国語のヴォイス》）（2012）

《日语和汉语的形态》（《日本語と中国語のモダリティ》）（2015）

《日语和汉语的副词》（《日本語と中国語の副詞》）（2020）

（三）个人论文集

藤堂明保《中国文法の研究》（江南书院，1956）

太田辰夫《中国语历史文法》（江南书院，1958）

牛岛德次、香坂顺一、藤堂明保《中国文化丛书 1 言语》（大修馆书店，1967）

藤堂明保、相原茂《新订·中国语概论》（大修馆书店，1985）

藤堂明保中国语学论集编集委员会《藤堂明保中国语学论集》（汲古书院，1987）

望月八十吉著《现代中国语の诸问题》（好文出版，1994）

鸟井克之《中国文法学说史》（关西大学出版部，1995年3月）

尾崎实《尾崎实中国语学论集》（好文出版，2007年）

（四）学术论著的翻译

1. 专著翻译

吕叔湘著《汉语语法分析问题》（商务印书馆，1979），大东文化大学外国语学部中国语学

科研究室译《中国语语法分析问题》(光生馆,1983年)

吕叔湘主编《现代汉语八百词》(商务印书馆,1980),牛岛德次、菱沼透监译《现代中国语用法辞典》(现代出版,1983)

刘月华、潘文娱著《实用现代汉语语法》(外语教学与研究出版社,1983),相原茂、片山博美、守屋宏则、平井和之译《現代中国語文法総覧(上)》(くろしお出版,1988)

龚千炎著《中国语法学史稿》(语文出版社,1987),鸟井克之译《中国语文法学史稿》(关西大学出版部,1992)

朱德熙著《语法讲义》(商务印书馆,1982),杉村博文、木村英树译《文法講義——朱德熙教授の中国語文法要説》(白帝社,1995年)

陆俭明、沈阳著《汉语和汉语研究十五讲(第二版)》(北京大学出版社,2016),古川裕监修、翻译,葛婧、毕晓燕、中田聪美译《中国語と中国語研究十五講》(东方书店,2021)

戴耀晶著《现代汉语时体系统研究》(浙江教育出版社,1997),李佳樑、小嶋美由纪译《現代中国語アスペクトの体系的研究》(关西大学出版部,2021)

2. 系列丛书翻译

(1)《中国语学研究丛书》(白帝社)

アン・Y・ハシモト著 *Mandarin Syntactic Structures*(Princeton University,1971),中川正之、木村英树译《汉语语法结构》(《中国語の文法构造》)(中国语学研究丛书1,白帝社,1986)

汤廷池著《国语变形语法研究:第一集 移形变位》(台湾学生书局,1977),松村文芳译《中国语变形文法研究》(中国语学研究丛书2,白帝社,1987)

С. Е. ヤーホントフ著 Категория Глагола в Китайском Языке(Изд-во Ленингр,1957),桥本万太郎译《中国语动词の研究》(中国语学研究丛书3,白帝社,1987)

朱德熙著《现代汉语语法研究》(商务印书馆,1980),松村文芳、杉村博文译《现代中国语文法研究》(中国语学研究丛书4,白帝社,1988)

(2)《基本中国语学双书》(伊地智善继、牛岛德次、香坂顺一监修,光生馆)

朱德熙著《语法答问》,中川正之、木村英树编译《文法のはなし:朱德熙教授の文法問答》(基本中国语学双书1,光生馆,1986)

温端政著《歇后语》,相原茂、白井启介编译《歇後語のはなし:中国のことば遊び》(基本中国语学双书5,光生馆,1989)

李思敬著《音韵》,庆谷寿信、佐藤进编译《音韻のはなし:中国音韻学の基本知識》(基本中国语学双书6,光生馆,1987/1995订正)

温端政著《谚语》,高桥均、高桥由利子编译《諺語のはなし:中国のことわざ》(基本中国语学双书7,光生馆,1991)

(3)《中国语研究学习双书》(香坂顺一、上野惠司监修,光生馆)

香坂顺一著《汉语的基础知识》(《中国語学の基礎知識》)(中国语研究学习双书1,光生馆,1971/1981第4版)

藤堂明保著《汉字及其文化圈》(《漢字とその文化圈》)(中国语研究学习双书3,光生馆,1971/1979第3版(订正)/1981第4版)

芝田稔、鸟井克之著《新汉语和旧汉语》(《新しい中国語・古い中国語》)(中国语研究

学习双书 4，光生馆，1985）

岩佐昌暲著《中国少数民族的语言》（《中国の少数民族と言語》）（中国语研究学习双书 5，光生馆，1983）

香坂顺一著《汉语的单词——词汇的世界》（《中国語の単語の話：語彙の世界》）（中国语研究学习双书 7，光生馆，1983）

舆水优著《汉语语法概论》（《中国語の語法の話：中国語文法概論》）（中国语研究学习双书 8，光生馆，1985）

服部昌之著《汉语的新成语》（《中国語：新しい成語の話》）（中国语研究学习双书 9，光生馆，1972/1982 改订、增补）

今冨正巳著《日汉互译要领》（《中国語⇌日本語翻訳の要領》）（中国语研究学习双书 11，光生馆，1973/1988 新订）

铃木直治著《汉语与汉文——训读原则与汉语特征》（《中国語と漢文：訓読の原則と漢語の特徴》）（中国语研究学习双书 12，光生馆，1975）

望月八十吉著《汉语与日语》（《中国語と日本語》）（中国语研究学习双书 13，光生馆，1974/1981 订正）

大原信一著《汉语与英语》（《中国語と英語》）（中国语研究学习双书 14，光生馆，1973/1991 新订）

（4）《基于汉语的语言类型论·认知语言学研究丛书》（日中言语文化出版社）

刘丹青著《语序类型学与介词理论》（商务印书馆，2003），杉村博文译《語順類型論と介詞理論》（中国語をベースとした言語類型論·認知言語学研究叢書 1，日中言语文化出版社，2013）

沈家煊著《语法六讲》（商务印书馆，2011），古川裕译《現代中国語文法六講》（中国語をベースとした言語類型論·認知言語学研究叢書 2，日中言语文化出版社，2014）

刘丹青编《名词性短语的类型学研究》（商务印书馆，2012），唐正大译《中国語名詞性フレーズの類型学的研究》（中国語をベースとした言語類型論·認知言語学研究叢書 3，日中言语文化出版社，2016）

徐烈炯、刘丹青著《话题的结构与功能（增订本）》（上海教育出版社，2007），木村裕章译《主題の構造と機能》（中国語をベースとした言語類型論·認言語学研究叢書 4，日中言语文化出版社，2017）

沈家煊著《认知与汉语语法研究》（商务印书馆，2006），下地早智子监译，干野真一他译《認知と中国語文法》（中国語をベースとした言語類型論·認知言語学研究叢書 5，日中言语文化出版社，2018）

五、当代日本汉语语法研究的特点

通过上文介绍，我们可以看到，当代日本汉语语法研究，与世界范围内的语法研究同步而行，呈现出了一个全方位发展的态势。同时，我们也应该看到，当代日本汉语语法研究之所以

能取得令世人瞩目的成就,是同它自身的特点密切相关的。这主要包括:

（1）用日本语的眼光审视汉语语法,用对照语言学的方法研究汉语。可以说,这是自大河内康宪以来的当代日本汉语语法研究的一个基本特征。日本学者的研究中,总是有一种日汉语言对比的意识,日语作为参照系是自觉不自觉地存在于他们的研究中的。大河内康宪主编的《日语和汉语对比研究论文集（上·下）》（《日本語と中国語の対照研究論文集（上·下）》）（1992）的出版,是这一特征的真实记录,而日中言语对照研究学会的存在和活动也见证着日本学者对对照研究的重视。日中言语对照研究会每年出有一期会刊《日中言语对照研究论集》,至今已出版 19 期。同时还出版了专题研究特辑《日语和汉语的纵横》（《日本語と中国語のアスペクト》）（2002）[①]、《汉语的补语》（《中国語の補語》）（2006）[②]、《日语和汉语的可能表现》（《日本語と中国語の可能表現》）（2008）[③]、《日语和汉语的语音》（《日本語と中国語のヴォイス》）（2012）[④]、《日语和汉语的形态》（《日本語と中国語のモダリティ》）（2015）[⑤]。而日本的中国语学者的研究一般也都有一种源于日中对照研究的类型学的潜意识。定延利之编著《日语学与通言语研究的对话》（《日本語学と通言語学の研究との対話》）（2014）[⑥] 一书反映了通晓汉语的日本学者对语言对照研究的看法。

（2）日本语学界,不仅及时译介西方语言学的最新研究成果,也能及时介绍和把握汉语语法研究的最新动向。日本的汉语学界对中国的语法研究的状况有广泛了解和很深入的理解,这同日本学界译介汉语语法研究经典著作是分不开的。20 世纪 80 年代,松村文芳、杉村博文翻译出版了朱德熙的《现代汉语语法研究》,杉村博文、木村英树翻译出版了朱德熙的《语法讲义》,中川正之、木村英树翻译和出版了 Anne Y Hashimoto（余霭芹）的《汉语句法结构》（*Mandarin Syntactic Structures*）,松村文芳翻译和出版了汤廷池的《国语变形语法研究:第一集 移形变位》等代表性的语法学专著。进入 21 世纪,2013 年杉村博文等翻译了刘丹青的《语序类型学与介词理论》（2003）,2014 年古川裕翻译了沈家煊的《语法六讲》（2011）,2018 年下地早智子等翻译出版了沈家煊的《认知与汉语语法研究》（2006）,这些译著都极大地促进了日本汉语语法学界对当代国际汉语语法研究现状的理解,也促进了日本汉语语法自身的研究。

（3）善于在教学中发现问题,并努力用现代语言学理论加以解决,以此贡献于一般语法理论。问题意识,是日本汉语语法学界的共有理念。从教学实践中发现问题,通过理论研究解决问题。这种从问题出发,然后又会回到问题的过程就会使得这种研究脚踏实地,不是放空炮,而是有的放矢。比如,汉语的疑问词连锁句问题是对外汉语教学中的一个难点和重点。对此,日本当代语法学界给予了持续的关注。这一问题首先由杉村博文（1992）提出,铃木庆夏（2015）提出了法则句理论,而池田晋（2018）[⑦] 进一步提出了多样性理论。这些研究一方面填补了国内汉语语法学界对这一问题研究的不足,另一方面,也对语法理论有所贡献。

---

① 日中对照言语学会 . 日本語と中国語のアスペクト [M]. 东京:白帝社,2002.

② 日中对照言语学会 . 中国語の補語 [M]. 东京:白帝社,2006.

③ 日中对照言语学会 . 日本語と中国語の可能表現 [M]. 东京:白帝社,2008.

④ 日中对照言语学会 . 日本語と中国語のヴォイス [M]. 东京:白帝社,2012.

⑤ 日中对照言语学会 . 日本語と中国語のモダリティ [M]. 东京:白帝社,2015.

⑥ 定延利之 . 日本語学と通言語学の研究との対話 [M]. 东京:くろしお出版,2014.

⑦ 池田晋 . 多様性の複文:疑問詞連鎖構文の形式と意味 [J]. ことばとそのひろがり（6）,2018:59-83.

（4）绵密而严谨的学术匠心精神，含而不露的理论追求。崇尚实学，切忌空谈，这是日本汉语学界的一个良好的学术传统。不是从理论到理论，而是从问题出发，本着十年磨一剑的精神，实事求是地精耕细作。

六、余论

当代日本汉语语法研究是境外汉语研究的生力军，也是海外汉语语法研究最有成就的、因而也是最引人注目的。在近、现代汉语的研究中，太田辰夫的《中国语历史文法》（2013）① 和桥本万太郎在《言语类型地理论》（2000）② 中所提出的语言地理类型学理论都曾对中国乃至世界的汉语研究产生过巨大的影响。今天，我们有理由相信，当代日本汉语语法研究一定会在继承日本中国语研究的优良传统的基础上，在充分汲取当代西方语言学研究之精华的同时，以日语的眼光，走日本汉语语法研究自己的路，为世界语言学视野下的汉语语法研究做出日本学者独特的，应有的贡献。

The Studies of Chinese Grammar in Contemporary Japan

ZHANG Li　WANG Yihuan

(Osaka Sangyo University, Osaka Prefectare Daito；Ritsumeikan University, Nakagyo Ward, Kyoto City)

Abstract: The artide gives a Preliminary attempt to describe and summarize the studies of Chinese grammar in contemporary Japan, which refers to the Chinese grammatical studies developed after the Second World War. The article introduces and describes the current status of Chinese grammatical studies in contemporary Japan from several perspectives such as different stages of Chinese grammatical studies in contemporary Japan, the most presentive studies, the studies of Chinese researchers in Japan, and the common features of Chinese grammatical studies in contemporary Japan. Furthermore, the studies also describe the prospect of Chinese grammatical studies in Japan.

Key words: contemporary Japan; Chinese grammar; Japanese perspectine; internationlization; chinization

（学术编辑：李湘）

---

① 太田辰夫.中国语历史文法 [M].京都：朋友书店，2013.
② 桥本万太郎.言语类型地理论 [M].东京：内山书店，2000.

揭开词类划分之谜之二：
17 世纪西洋汉语文法学家的词类划分 *

李葆嘉

（黑龙江大学 俄罗斯语言文学与文化研究中心，黑龙江 哈尔滨 150006）

摘　要：16世纪末，多明我会士来到马尼拉，向当地华人学习汉语并编写汉语教材，由此形成多明我汉语文法学派。本文梳理 17 世纪西洋汉语文法学家的词类划分：曼萨诺（1620）分为九类、徐方济（1641）分为八类、卫匡国（1652）分为十类、万济国（1682）分为十二类。这些研究具有承传性，其源头为高母美的《中语技艺》（1592）。撰写者立足尽快学会汉语，尤在西方人觉得难以掌握之处关注汉语特点，以往认为套用拉丁文法框架分析汉语词类，甚至扭曲了某些汉语现象。然而撰写者并非"就汉语且为汉语而研究汉语"，其目标是为西方人提供便于学习的汉语知识，由此决定自发采用其母语分析方法。此类研究实际上是基于一般语义关系的理解，在结构类型不同的语言之间寻找对应物。作为对比的产物，早期西洋汉语文法学的成功得益于此，其杂乱同样源于此。

关键词：17世纪；西洋学者；汉语文法学；词类划分

一、引论

汉语词类划分和句子成分分析，皆为近世汉语语法学研究主体，曾引发学界多次争论。争论各方皆据理力争，然而，对词类划分和句子成分分析的西方由来几无深究。近年来翻阅西方古书，方知往日所知云里雾里。寻思当下，亦多据某种西方理论，既无暇剖析其理，亦无意质询其法，拿来就用则难免争论不休。窃以为，务必对所引进理论方法追根求源，沉思缘何而起（元问题、元理论、元方法、元矛盾），又何故而变（万变不离其宗）。一言以蔽之：史明则理明，理明则术无不明。在依据西方原典，追溯古希腊语法到普遍语法关于"言辞成分"（希腊语 λόγου μέρη，拉丁语 pars orationis，英语 parts of speech）或词类的研究轨迹之后，本文着重介绍和分析 17 世纪西洋汉语文法学家的四部著作，梳理其词类（西班牙语 partes de la oraçion）划分及其方法论。

---

* 本专题"揭开词类划分之谜"包括三篇：《揭开词类划分之谜之一：从古希腊语法到普遍语法词类研究的轨迹》《揭开词类划分之谜之二：17世纪西洋汉语文法学家的词类划分》《揭开词类划分之谜之三：18到19世纪英语词类划分的轮回》。

16世纪末，西班牙多明我会①会士来到菲律宾马尼拉，向当地华人（漳州府生意人）学习中国语（主要是漳州话）。此后参照拉丁文法学模式编写汉语教材，取得一系列成果，从而形成"多明我汉语文法学派"。该学派的开创者是西方第一位汉学家、西班牙学者高母羡（Juan Cobo，1546—1592，音译柯伯）。1588年，高母羡到达马尼拉，很快掌握了中国语文（漳州话、古白话、文言）。他不但是汉籍西译（元末明初范立本辑录《明心宝鉴》）的第一人，而且用文言撰写《辩正教真传实录》等，介绍西方科技知识。作为西洋汉语文法学的先驱，高母羡撰有《中语技艺》（*Arte de la Lengua China*，1592）、《中语词汇》（*Arte y Vocabulario de la Lengua China*）和《汉字技艺》（*Arte de la Letras China*）等教材，惜原稿未能流传至今。

高母羡之后，17世纪多明我会士所撰汉语文法学，已知的有如下几部：（1）尼厄瓦（Domingo de Nieva，1563—1606）《中语技艺》（*Arte de la lengua China*，1606前，未见），（2）曼萨诺（Melchior de Mançano，约1579—1630）《漳州话技艺》（*Arte de la Lengua ChiõChiu*，1620）②，（3）黎玉范（Juan Bautista de Morales，1597—1664）《官话技艺》（*Arte de la Lengua Mandarina*，1635，未见），（4）徐方济（Pater Francisco Diaz，1606—1646）《漳州话技艺》（*Arte de la Lengua Chiõ-chiu*，1641），（5）李科罗（Victorio Riccio，1621—1685）《漳州话技艺》（*Arte de la Lengua Chin-chea*，1660前，未见），（6）万济国（François Varo，1627—1687）《官话技艺》（*Arte de la Lengua Mandarina*，1682），（7）马尔库斯（Francisco Márquez，?—1706）《西班牙语–汉语厦门话文法》（*Gramática española-china del dialecto de Amoy*，17世纪末，未见），（8）克鲁兹（Juan de la Cruz，1645—1721）《官话技艺》（Arte de la Lengua Mandarina，17世纪末，未见）。③尼厄瓦1587年到马尼拉，学会漳州话。黎玉范1618年到马尼拉，学会漳州话；1633年来福建，在福安学会官话。徐方济、李科罗、万济国都是黎玉范的忠实追随者，相继到福建传教。其中李科罗是意大利籍多明我会士，1654年从马尼拉到厦门设置多明我会教堂。马尔库斯、克鲁兹，生平未详。

如同古代拉丁文法学派的通用标题 Ars Grammatica 一样，多明我汉语文法学派的书名格式也是保持一致，即 Arte de（la Lengua China//la Lengua ChiõChiu//la Lengua Mandarina）。西班牙语的 arte 来自拉丁语的 ars。多明我文法书名中的 arte，与拉丁文法学家多纳图斯（Aelius Donatus，320—380）《文法技艺》（*Ars Grammatica*，约350）的 ars 用法相同。而多纳图斯的 ars，则承袭古罗马文法学家帕莱蒙（Quintus Remmius Palaemon，1世纪上半叶）的《文法技艺》（*Ars Grammatica*）。向前追溯，帕莱蒙的拉丁文法研究源于古希腊文法学家狄奥尼修斯（Dionysius Thrax，前170—前90）的《读写技艺》（*Téchnē Grámmatiké*），拉丁语的 ars 与希腊语的 téchnē 对应。从古希腊–罗马时期到中世纪，grámmatiké / grammatica 一直被视为与读写知识密切相关的一种技艺，拉丁语的 ars 几乎等同于 grammatica，而且是按其本义理解的才艺（中世纪"三才"之首）。洋溢着人文主义气息的 ars/arte，将文法研究视为借助

---

① 多明我会是欧洲中世纪托钵僧第二大团体。西班牙人多明我（Domingo de Guzman）1215年创立于法国普卢叶。该会提倡学术讨论，传播经院哲学，奖励学术研究。当时欧洲的许多大学，都有其会士任教。16世纪末，多明我会士在菲律宾马尼拉向当地华人宣教。1631年，高奇（Ange Cocchi）来到中国福建福安建堂传教，其后黎玉范（Juan Bautista de Morales）接任。多明我会在中国的活动范围限于台湾及福建地区。

② MANÇANO M. Arte de la lengua Chiõ-Chiu[M]. Barcelona：Biblioteca de la Universidad de Barcelona，1620.

③ CHEN M Y. Unsung trailblazers of China-West cultural encounter[J]. Ex/Change，2003（8）：6-7.

分析技巧而制作的艺术品。因此，多明我汉语文法学的书名，译为"技艺"才能体现其历史文化意蕴。

多明我会士汉语文法学的描述对象，最初是漳州话，40 年后才将目光对准官话。在马尼拉，他们最初是跟前来经商或侨居的漳州人学习中语（la lengua China）即漳州话（la Lengua ChiõChiu），17 世纪中期来到中国福建，才向当地读书人学习官话（la Lengua Mandarina）。高母羡、尼厄瓦书名中的 la Lengua China 为何译为"中语"，也是根据历史语境原则。1702 年，福建莆田人黄嘉略（Arcade Hoang，1678—1716）定居巴黎，曾任路易十四的中文翻译官。法国皇家学术总监比尼昂（Jean-Paul Bignon，1670—1743）先后指定弗莱雷（Fréret，1688—1749）和傅尔蒙（Étienne Fourmont，1683—1745）指导并协助黄嘉略撰著《中语文法》《法中词典》。在向法国王室呈交《中语文法》（Grammaire Chinoise）书稿时，黄嘉略在《致奥尔良公爵信函》中写道："兹者修成通中语一书兼夫小录，以佐西方志士学习中土言语、风俗、礼统者也。"（见许明龙 2004；此引文已与信函手迹图片核对）[1] 据此，当时称之为"中语"。直到 19 世纪，在需要与清王室满语相区别的情况下，西方人才采用"汉文"（Rémusat 1822）[2]、"汉言"（Morrison 1815）[3]、"华语"（Robert 1880）[4] 等名称。

二、曼萨诺《漳州话技艺》（1620）的汉语词九类

如今所见最早西洋汉语文法书，是用西班牙文撰写的《漳州话技艺》（Arte de la Lengua Chiõ-Chiu）。书中有词条 Bang^4 leg^3 sy^3 chap^3 pe^5 ni^1 "万历四十八年"（巴塞罗那大学藏写本，第 48 页），故推测成稿于 1620 年。1967 年，英国汉学家龙彼得（Piet van der Loon，1920—2002）首先在大英博物馆发现《西班牙手稿》（Spanish Manuscript，编号 Add. 25317），其中包括《漳州话技艺》（共 46 页）。[5] 此后，法国汉学家贝罗贝（Alain Peyraube）在西班牙巴塞罗那大学图书馆发现另一抄本《漳州话技艺》（MS. 1027，共 53 页），封面上还题有"中语文法"（Grammatica China）。[6] 这两个抄本来自同一书稿，但巴塞藏本更完整、更清楚。2011 年，德国汉学家韩可龙（Henning Klöter）出版《生意人的语言：十七世纪传教士记录的汉语方言》（The Language of Sanleys：A Chinese Vernacular in Missionary Sources of the Seventeenth Century），把巴塞藏本从西班牙文译为英语并加注。

巴塞藏本封面题有：paxa el uso de fr. Raydo Feyjoó de la orden de Pxedes（多明我会雷多·费乔神父所用），封底有签名：fr. Melchior de Mançano（梅尔基奥·德·曼萨诺神父），抄

---

① 许明龙. 黄嘉略与早期法国汉学 [M]. 北京：中华书局，2004：135.

② RÉMUSAT J P A. 汉文简要 [M]//Essai sur la langue et la littérature chinoises. Paris：Treuttel und Wurtz Verlag，1811.

③ MORRISON R. 通用汉言之法 [M]//A grammar of the Chinese language. Serampore：London Mission Press，1815.

④ THOM R. 华英说部撮要 [M]//The Chinese speaker or extracts from works written in the Mandarin language. Shanghai：Tien-Shih-Chai，1880.

⑤ LOON P. The manila incunabula and early Hokkien studies（part 1）[J]. Asia major，1966，12：1-43；LOON P. The manila incunabula and eearly Hokkien studies（part 2）[J]. Asia major，1967，13：95-186.

⑥ CHAPPELL H，PEYRAUBE A. The analytic causatives of early modern southern min in diachronic perspective[J]. In Ho；et al. 2006：973-1011.

本的研究者或推测为编者。1606 年，曼萨诺（约 1579—约 1630）在高母羡去世 14 年后抵达马尼拉。1617 年任八连区主教，1621 年返西班牙，后去世于意大利。该写本未明确署上作者，也许因书稿以高母羡教材为底本，转抄或加以增订而来。高母羡之后的多明我会士，不可能不参考高母羡教材的抄本。完全独自从头开始编写一本汉语教材，不符传教士的团队意识及研习汉语的传统。也许，高母羡的《中语技艺》就是以这种方式间接流传下来。而目前没有其他资料可以推定《漳州话技艺》的编者，也就只能以抄本上的签名"曼萨诺"为编者。

《漳州话技艺》（巴塞藏本）共 53 页，包括九章。第一章"基于汉语词汇归纳该语言的发音模式"（del modo de pronunçiar esta lengua sacada de los bocabula rio chinas, p1）；第二章"名词变形"（de las di clinaçiones, p4）；第三章"动词变位"（de la conjugaçion de los ueruios, p10）；第四章"副词"（de los adueruios, p16）；第五章"其他辅词或副词"（de otras particula o adueruios, p19）；第六章"连词"（de las coniunçiones, p23）；第七章"否定词"（de los negaçiones, p24）；第八章"问答模式"（del modo de preguntar y responder, p25）；第九章"写作模式"（del modo de conponer, p27）。[①] 这一编撰体例或章节目录，大致上为此后多明我汉语文法学教材所沿袭。下面讨论的词类各章（不包括第一和第八章），其汉译引文，皆参考韩可龙的《漳州话技艺：抄本和译注》（*The Arte de la Lengua ChiõChiu: Transcript and Annotated Translation*）。

（一）名词（包括实体词、形容词、代词、数名词）

《漳州话技艺》的行文方式，基本上是例说法。先就某一语言现象，交代汉语和西语的不同，接着就是举例（例词、例句），同时做些补充或辨析。其目的在于，要使西方人基于母语知识，通过对比寻找汉语和其母语之间的对应物，进而理解和掌握汉语的某一表达式。

> En esta lengua no tienen los[x] nombres diverças termina çiones para distinguir los ca sos pero ai unas particulas con las quales se diferençian los ca sos el genitiuo se diferença pos poniendo le esta particula.gue. el datiuo anteponiendo le esta particula.kitc. El ablatiuo con una d[e]stas tres particulas.cang. cab.tang. el nominatiuo y el acussatiuo y uocatiuo no tienen particulas el nominatiuo se co noçera por ser perssona que açe el acusatiuo [le co] nosera por ser persona que pa deçe el uocatiuo por ser con qui en ablamos et.

> 该语言的名词和表达式不区分不同的格，但有些辅词可用来区分不同的格。属格由后置辅词"个"来区分。与格由前置辅词"乞"来区分。离格的辅词有"共、甲、同"，由其中之一来区分。主格、宾格和呼格则没有此类辅词。主格代表做事者，宾格代表承受者，呼格指的是与之交谈者。[②]

> En esta lengua la misma ter minaçion es sustantiua y adietiua abstracta y concreta

---

① 以上各章后所注页码，是我为写本编排的页码。

② HENNING K. The Arte de la lengua ChiõChiu: transcript and annotated translation[M]// HENNING K. The language of sanleys: a Chinese vernacular in missionary sources of the seventeenth century. Leiden: Koninklijke Brill，2011: 187-188.

conosersea por el modo de a blar esta terminaçion hō es cosa buena buena y bondad.

在该语言中，相同的字词可以兼表实体词和形容词、抽象或具体。这种情况通过说话就可了解。"好"这个词，可以表达"好事""好的"和"善良"。①

在传统拉丁文法中，形容词为名词的次类，所以作者并未专门讲述形容词。但在传统拉丁文法中，代词和名词分属不同的词类，因此该书对代词讲述得比较详尽。

除了下面给出的三个代词，名词没有与单数表达式不同的复数表达式。然而，它们可以通过一些数名词或指明复数的通用标记（signo unibersal）与名词连接加以区分。……三个基本代词"我、汝、伊"的复数与单数形式不同，通过在单数上添加 n 而形成。②

漳州话的三组基本代词（pronombres primitiuos，即人称代词）的单复数是：我（gua²）—阮（guan²）；汝（lu²）—恁（lun³）；伊（i¹）—因（in¹）。派生代词（prononbres diriuatiuos，即物主代词）通过将拥有者放在被拥有事物之前形成，如：我神魂（我的灵魂）、汝神魂、伊神魂。指示代词（pronombres demonstratiuos），如：许（那）、许一人、只（这）、只一人。表疑问的（interrogativos）代词，如：谁、乜（mih⁸，什么）、值（ti²，哪个）。还有反身名词（nonbres uçiprocos），如：佳己、自己、独己。最后例说的是代词的所谓"通用标记"（signos universales），如：不管是乜（任何人）、众（全部）、焦（ciau⁵，所有）、都（所有）、各（每个）、尽（全部）、多（cei⁷，许多）。由此观之，《漳州话技艺》将代词分为六类。

综上，《漳州话技艺》的名词类主要包括：实体词（sustantiua）、形容词（adietiua）和代词（pronombre）。另外还有所谓数名词（nombre numeral）。

（二）动词

比如西语的系动词（拉丁语 sum, est, fui），在该语言中为辅词"是"，可以用于不同的人称。它既没有不同的词尾，也不区分人称或模态，除非通过下文提到的辅词来区分。……关于该语言中系动词所表达的意思：既不是拉丁语中（sum, est, fui）的"在某处"，也不是"有"。这个系动词可以用不同的词替换。当其含义是"担任职务"时，它被动词"做"代替，其含义是"担任"。

在该语言中，同一表达式和单词适用于所有的模态、时态和人称。这些变化与一些表现在时或将来时的名词或副词有关。在通常情况下，时态的不同是已知的。现在时的表达内容没有辅词，只有单词。

像这种词形变化，是通过添加其他辅词或不同的时间、年份或已过天数的词来表达。

---

① HENNING K. The Arte de la lengua ChiõChiu: transcript and annotated translation[M]// HENNING K. The language of sanleys: a Chinese vernacular in missionary sources of the seventeenth century. Leiden: Koninklijke Brill，2011: 194-195.

② HENNING K. The Arte de la lengua ChiõChiu: transcript and annotated translation[M]// HENNING K. The language of sanleys: a Chinese vernacular in missionary sources of the seventeenth century. Leiden: Koninklijke Brill，2011: 191.

至于动词"有"（u²），可以表达我们常用的过去时，如：你有打伊亚无？（你有打他或没有？）①

与名词的例说一样，《漳州话技艺》就是立足于西语的形态变化，在寻找汉语表达的对应物。换而言之，作者的目的就是告诉西方人，在学说汉语时要采取哪些表达式来表达西语中的内容。我们常说西方人用西语框架分析汉语，其实不全然。他们的出发点并非"就汉语且为汉语而研究汉语"。当接触到一种语言结构类型与其母语完全不同的语言时，西方人的当务之急就是用西语中的形态范畴（本质上是通常语言都有的一般语义范畴）来理解和学习汉语的对应表达。

（三）副词

在第四章副词中，作者讨论的只有两种。一种是时间副词（adueruios de tienpo），如：值时（何时）、许时（其时、当时）等。另一种是地点副词（adueruios de lugar），如：只处（这处）、许处（那处）、只砏（这边）、向砏（那边）等。这两种副词，西班牙语中的对应物明显，相对好掌握。

接下来的第五章"其他辅词或副词"，这里的"其他辅词"就是其他副词，作者重点讨论的西班牙人难以掌握的副词。

> 有些辅词特别难以掌握。因此我们在此将它们专门列出，以便了解如何使用。辅词"相"表示相互。
>
> 通过将否定副词前置以表否定，如：许二个人不相惜。……在其他否定短语中，否定词放在动词前面。如：我都不识来。
>
> 辅词"并"表示与它所结合的事物相等。它位于主语之后、谓语之前。当"并"重叠出现时，意味着强调两者平等。"并"可与辅词"共"一起出现……。如：汝共我并大、僚氏父共僚氏子都并并大。……辅词"共"特别难掌握，因为其含义不易理解。有时它的意思是"与"，如前所述。有时它是动词，意思是"帮"，如：汝共我买鱼。
>
> 辅词"着"意味一个人在行动中取得成功，"扠着人"（成功抓到要抓者）。在"着"和动词之间添加否定词表示不成功，"扠不着人"，未能抓住要抓者。
>
> "见"在听觉、视觉和感知方面，与"着"一样。"见"意味着"看到并肯定它是什么"，或"听到并肯定它是这样的事"。如：看不见、听不见；看见、听见；寻见、寻不见。②

以上例说的是："相"（表相互）、"不"（表否定）、"并"（表并列）、"共"（表对象）、"着"（表完成）、"见"（表结果）。其中，作者把"并""共"定为副词。当据后来学者研究，辅词"共"的含义"与"，一般分析为连词或介词；辅词"共"的含义"帮"，一般分析为介词。在《漳州话技艺》中，作者尚未区分汉语的介词和副词，或者说，未能按照拉丁语传统词类体系，将

---

① HENNING K. The Arte de la lengua ChiõChiu：transcript and annotated translation[M]// HENNING K. The language of sanleys：a Chinese vernacular in missionary sources of the seventeenth century. Leiden：Koninklijke Brill，2011：213-223.

② HENNING K. The Arte de la lengua ChiõChiu：transcript and annotated translation[M]// HENNING K. The language of sanleys：a Chinese vernacular in missionary sources of the seventeenth century. Leiden：Koninklijke Brill，2011：245-263

汉语介词独立出来。原因可能在于,虽然多明我学者想从拉丁语或西班牙语的介词出发,寻找汉语中的相似物,但是未能实现。因为汉语的副词数量多,介词数量少,一些词兼属副词或介词。多明我学者分不清,不如都归入副词。至于有一些介词,作者则视为形成名词格变的"辅词"。

(四)连词

汉语的连词很多,但是《漳州话技艺》中提及的极少。

> 该语言有两个连词:"亦"和"併"。"亦"表示同样,如:汝那来,我亦来。"併"表示一起,如:併/卑厘/道山道/力助阮(圣灵的美德也一起帮助我们)。
>
> 前面提到辅词"个"用于形成属格。该"个"还可用作连词,以构成手艺人的名称。如:打铁个人、打银个人。①

"打铁个人、打银个人"即打铁(或银子)的人,即铁匠、银匠。作者提到,前面提到辅词"个"用于形成属格,此"个"即"的"。因此该"个"其实是结构助词。

(五)否定词

> 在该语言中,对"这样做是不对的",如偷窃、打人等有不同的否定。这些表达如:不可偷提、不可打人。……在说"没有"时,如"我不正确""我没有钱"等,你要说:无钱、无理。……对于确定的禁止,否定词是"莫"……。如:莫去郎(不要去)、莫谭郎(不要告诉)。……"未"的意思是"应当有而没有",但通常表示"几乎不"或"刚才不"。如:食饭亚未?有两种回答方式:未食饭;也可仅回答:未。
>
> "袂"表示"不会、不能",对应于"会"即"可以",如:汝会去亚袂?袂做得。第六个也是最后一个否定词为"不",这是所有否定模式中的通常用法。如:汝信亚不信?②

作者列出的六个否定词是"不可、无、莫、未、袂、不"。

(六)普通数词和专有数词

第九章讨论写作模式,作者一开始交代:

> 从前几章中的所说内容可以看出,这种语言的写作模式相对明确。根据确定的规则,子句的构成,首先安排发出行为者,其次安排动词,然后安排承受对象,再添加其他辅词。③

---

① HENNING K. The Arte de la lengua Chiõchiu: transcript and annotated translation[M]// HENNING K. The language of sanleys: a Chinese vernacular in missionary sources of the seventeenth century. Leiden: Koninklijke Brill,2011:263-265.

② HENNING K. The Arte de la lengua Chiõchiu: transcript and annotated translation[M]// HENNING K. The language of sanleys: a Chinese vernacular in missionary sources of the seventeenth century. Leiden: Koninklijke Brill,2011:267-269.

③ HENNING K. The Arte de la lengua Chiõchiu: transcript and annotated translation[M]// HENNING K. The language of sanleys: a Chinese vernacular in missionary sources of the seventeenth century. Leiden: Koninklijke Brill,2011:277.

接下来，作者列出的是数词和时间词（月日、时辰等）。在数词部分除了"普通数词"（列出一到四十一），作者还讨论了"专有数词"。

> 在这种语言中，除了普通数词（numerales comunes）之外，还有其他用于计算特定事物的专有数词（numerales propios）。这些词放在普通数词和名词之间。①

处于普通数词和名词之间的这类词，20世纪40年代中国语法学家始称为"量词"②。其实这类词并不表数量（数量已由数词表达），而是表事物特征的专有类别，因此准确的术语应是"类别词"③。

为了便于西方人学习汉语，《漳州话技艺》列出了大量"专有数词"。无论在西洋汉语文法学史上，还是在中国语法学史上，这都是第一次研究汉语的类别词，故有必要全部引录。

1. 尾：四尾蛇、四尾鳄鱼、四尾水马；2. 坎：四坎店；3. 垃：四垃田；4. 句：四句话、半句话；5. 捆：四捆布、四捆缎、四捆绫、四捆纺；6. 群：四群蜂、四群鸟、四群牛、四群鱼、四群人；7. 载：四载沙、四载石、四载沙、四载灰、四载泥；8. 站：四站路；9. 节：四节道理；10. 层：四层石、四层梯；11. 丛：四丛树、四丛笋、四丛菜；12. 只：四只牛、四只船、四只猪、四只马；13. 升：四升米；14. 墀：四墀厝、四墀店、四墀房；15. 串：四串珍珠、四串鱼；16. 口：四口饭；17. 付：四付盘、四付碗；18. 个：四个钱、一个月、一个日、四个鸟；19. 下：四下、打百下、打伊几下；20. 枝：四枝柱、四枝笔、四枝火、四枝竹；21. 条：一条罪、一条根、一条源、一条瓜；22. 件：四件道理、四件物、四件事；23. 斤：四斤系、四斤鱼、四斤肉、四斤虾、四斤糖、四斤糖霜；24. 茎：四茎蕉；25. 锦：四锦葡萄；26. 扐：四扐布、四扐绸、四扐缎；27. 粒：四粒素珠、四粒麦、四粒米、四粒真珠、四粒星、四粒石；28. 蕊：四蕊花；29. 漏：四漏白糖；30. 门：四门镜、四门乌镜、四门铜镜；31. 领：四领皮、四领席、四领被、四领衣裳；32. 帙：四帙纸；33. 硼：四硼白糖；34. 柄：四柄剑、四柄刀、四柄短剑；35. 把：四把柴、四把菜头、四把草、四把米；36. 平：四平瓜、四平柑；37. 片：四片生姜；38. 匹：四匹布、四匹绫、四匹缎、四匹绸；39. 枪：四枪纸；40. 铺：四铺路；41. 本：四本册；42. 扇：四扇门、四扇窗子；43. 双：四双鞋、四双袜；44. 捋：四捋缎、四捋布、四捋绫、四捋索、四捋带；45. 点：四点钟、四点星；46. 张：四张琴、四张票、四张批、四张纸、四张字、四张案、四张桌、四张床；47. 断：四断柴、四断鱼、四断肉；48. 顿：四顿饭；49. 身：四身衣裳；50. 担：四担沙、四担水、四担泥、四担糖、四担糖霜；51. 头：四头米、四头面、四头麦；52. 块：四块石、四块枋；53. 重：四重衣裳、九重天、四重鞋底、四重厝；54. 对：四对鸟、四对鸽子、四对鸡；55. 位：四位形象、四位官；56. 匹：四匹马、一匹夫；57. 座：一座厝；58. 幅：四幅画；59. 贴：一贴药；60. 员：四员糖；61. 名：四名夫；62. 间：四间厝；63. 级：一级、二级；64. 顶：一顶巾、一顶帽；65. 部：一部册；66. 台：一台戏；67. 乘：四乘轿；68. 第：第一本、第一人；69. 握：一握葱；70. 枚：一枚枣；71. 段：

---

① HENNING K. The Arte de la lengua ChiõChiu: transcript and annotated translation[M]// HENNING K. The language of sanleys: a Chinese vernacular in missionary sources of the seventeenth century. Leiden: Koninklijke Brill, 2011.

② 王力. 中国现代语法 [M]. 上海：商务印书馆，1943.

③ 李葆嘉. 语义语法学导论：基于汉语个性和语言共性的建构 [M]. 北京：中华书局，2007.

一段道理；72. 端：一端事；73. 两：四两银、四两绒；74. 分：四分银、四分绒；75. 尼：四尼金、四尼银；76. 丈：四丈布、四丈地；77. 尺：四尺布、四尺缎；78. 寸：四寸布、四寸缎；79. 斗：四斗米。①

以上共列出 79 个。其中 68（"第"）是表序数的词头，"第一"并非专有数词。13、73 到 79（8 个）是度量衡词。如果排除这 9 个，共有类别词 70 个。除了 1 例是动作类别词（19. 下），其余的都是名物类别词。其中有一些漳州话的特有类别词，如：2. 坎、3. 垃、14. 墀、24. 茎、25. 锦、26. 扒、29. 漏、33. 硼、36. 平、39. 枪、40. 铺、44. 挦、60. 员、72. 端等。在西洋汉语文法学著作中，该书所列类别词最多。

由此可见，多明我会士接触汉语时，尤其关注其特殊的词类。姚小平在《西方语法理论与中国语言事实的初始遭遇》中指出："其实，在表达本身难以数的事物，而又必须取某一单位来计量时，西方语言也会用到量词。"②但与汉语量词相比，西方语言中的量词较少且难成系统。因此，从古到今，西方从未划出"量词"这一词类。

（七）时间词

在专有数词之后，《漳州话技艺》介绍的是时间词（月份、日期、时辰、日内、年份等），此处不赘。

（八）辅词

除了这些分章或分节例说的词类，《漳州话技艺》中还有一类词即"辅词"。主要在第二章中提到，汉语需要通过一些辅词来区分不同的格。比如，属格的"个"，与格的"乞"，离格的"共、甲、同"。属格的辅词相当于结构助词，与格和离格的辅词相当于介词，与第五章中的"其他辅词或副词"有所不同。

作为语法术语，"辅词"（particula）或译为"小品词、小词、助词"。英语的 particle 在 14 世纪晚期，含义是"一点或碎片、一个整体的小部分或分开的东西、事物的微小部分"，来自拉丁语的 particula（一点或一部分、颗粒、少量）。16 世纪 30 年代，英语的 particle 出现在语法研究中，其含义是在句子结构中起次要作用的言词成分。1668 年，英国语言学家维尔金斯（John Wilkins，1614—1672）在《论真实字符和哲学语言》③中划分词类，首先分为完整词（integrals）和辅助词（particles）两大类，后者的作用是伴随、联系或说明完整词的意义。这已经不是 particle 的本义，而是其引申义。因此，particula/ particle 不宜拘泥于其本义，汉译为"小品词、小词"。又为了避免与后来出现的词类"助词"相区别，故适宜译为"辅词"。

综合起来，曼萨诺《漳州话技艺》确定的汉语词类共有九类：名词（包括实体词、代词、形容词、数名词）、动词、副词（杂有个别介词）、连词、否定词、普通数词、专有数词、时间词、辅

① HENNING K. The Arte de la lengua ChiõChiu：transcript and annotated translation[M]// HENNING K. The language of sanleys：a Chinese vernacular in missionary sources of the seventeenth century. Leiden：Koninklijke Brill，2011：290.

② 姚小平. 西方语法理论与中国语言事实的初始遭遇 [M] //中国文法. 白桦，译. 上海：华东师范大学出版社，2011：17-18.

③ WILKINS J.An essay towards a real character，and a philosophical language [M]. London：Gellibrand，1668.

词（相当于介词、结构助词等）。

三、徐方济《漳州话文法》（1641）的汉语词八类

1641年，多明我会士徐方济（Pater Francisco Diaz，1606—1646，音译迪亚兹）在菲律宾编有一部《漳州话技艺》（*Arte de la Lengua Chiõ-chiu*）。他于1635年抵达福建东北沿海一带，在黎玉范的指导下传教。1640—1641年返回菲律宾期间，在巴丹（Bataán）半岛完成此书。该书原稿西班牙文。1730年，德国汉学家巴耶（Gottlieb Siegfried Bayer，or Theophili Sigefridi Bayeri，1694—1738）译编为拉丁文，刊于《中文博览》卷一。在其书封面上的题名是《漳州话文法》（*Grammaticam linguae Chincheo*），在正文中的题名是《漳州府通行的中语文法》（*Grammatica Linguae Sinicae popularis in provincial Chin Cheu*）。

巴耶在《中文博览》中多处提及迪亚兹（即徐方济）：

Praeterea insignem obseruationum copiam ex Martinii grammatica, Coupleti epistolis, Francisci Diasi lexico aliisque monumentis indesesso labore congestam Friderico Sapienti Electori obtulit. Haec nunc bibliothecae Augustae Berolincnsi non exiguo ornamento sunt.[①]

除了一些令人着迷的东西，弗里德里科·萨皮恩蒂选帝侯收藏的还有马尔蒂尼的文法书、柏应理的字母表、迪亚兹的词典和其他资料。令人感到庄严的柏林图书馆现在已经不是摆设。

《中文博览》第二卷中有"孔夫子《大学》或哲学译解"，巴耶多次引迪亚兹的词典释义：[②]

4. [tao]　Franciscus Diasus e familia Dominicanorum sic habet in lexico, Sinico et Hispanico MSto：tao，razon，ley，camino，doctrina，regla…

4. 道　多明我教会弗朗西斯科·迪亚兹在《中国语和西班牙语词典》中收有该字。含义有：道，理性、法律、道路、教义、规则……

45. [puen]　Franc. Diasus explicat, innatus, maturalis, res propria…Sed vt idem annotat, etiam numerale est in libris et vt Martinius in grammatica Sinica, ita *primum* et *principium* signisicat, sicuti *mo* finem.

45. 本　弗朗西斯科·迪亚兹解释为内在的、成熟的、固有的……但同时，它也是表示书的计物词。在马尔蒂尼的《中语文法》中，它是原初的和基本的字符，就如同"末"。

1844年，奥地利学者恩德利歇（Stephan Ladislaus Endlicher，1804—1849）在《汉语文法基础》中提及《漳州话文法》的作者是迪亚兹（即徐方济）。

Die Cin-ceo Grammatik des Pater Diaz（Grammatica linguae sinicae popularis in provincia Chin-Cev）ist in der Gestalt, in der sie von Bayer（Mus.sinic，I，p135-167）

---

①　DIAZ P F. Grammaticam linguae chincheo[M]// Bayer G S. Museum sinicum in quo Sinicae linguae et litteraturae ratio explicatur，Vol.Ⅰ，Petropoli：Typographia Acade- miae Imperatoriae，1730：70.

②　DIAZ P F. Grammaticam linguae chincheo[M]// Bayer G S. Museum sinicum in quo Sinicae linguae et litteraturae ratio explicatur，Vol.Ⅱ，Petropoli：Typographia Acade- miae Imperatoriae，1730：249-252.

bekannt gemacht worden ist, leider ganz unbrauchbar.[1]

　　迪亚兹的《漳州话文法》(《漳州府通行的中语文法》),通过巴耶的书(Mus. Sinic, I, p135-167)而为人所知,然而很遗憾,这些方法完全无用。

巴耶译编的该拉丁文刊本共 33 页(135-167 页),包括八章。第一章 "语音"(De Pronunciatione, p138),第二章 "名词变形"(De Declinatione, p143),第三章 "代词"(De Pronominibus, p145),第四章 "动词变位"(De Coniugationibus, p148),第五章 "副词"(De Adverbus, p153),第六章 "连词"(De Coniunctionibus, p158),第七章 "比较级"(De Gradibus Comparationum, p159),第八章 "数词"(De Numeris, p160)。该拉丁文刊本内容显得过于简略,也许巴耶不懂漳州话而采取的是节译。在未能发现西班牙文《漳州话技艺》抄本之前,也只有依据该拉丁文译编本讨论其中的内容。

(一) 名词(包括实体词、形容词)

关于名词部分的内容,徐方济的论述与曼萨诺《漳州话技艺》的论述基本相同。

Nomina non terminatione aliqua in casus flectuntur, sed nominatiuus, accusatiuus et vocatiuus per se et positu suo cognoscuntur, ceteri casus per particulas: genetiuus postposita particula *gue*, siue *ge*, datiuus praeposita particula *kit*, ablatiuus cum vna ex particulis *cang*, *cab*, *tang*.[2]

这种名词没有格变的词尾,而是由其自身担任主格、宾格和呼格,并由其位置所决定,而另一方面,格变则是由辅词来理解:属格由后置辅词 "个",与格由前置辅词 "乞",离格由辅词 "共、甲、同" 来区分。

　　Nulla est differentia inter substantivum et adiectivum: vt *ho*, bonitas, *ho lang*, bonus homo.[3]

　　实体词(substantivum)和形容词(adiectivum)之间没有区别:比如,"好"(美丽的)、"好人"(善良的)。

作为一个大类,名词包括实体词和形容词等,这在中世纪以前的西方文法学中是传统做法。古希腊文法学家狄奥尼修斯(Dionysius Thrax,前 170—前 90)在《读写技艺》(*Téchn ē Grámmatiké*)中提出,名词包括以下一些次类:专有名词、普通名词、形容词、关系名词、准关系名词……复指名词……行业名词、特殊名词、顺序名词、数词等。[4]此后的拉丁文法书,形容词一直包括在名词之中。12 世纪,法国经院哲学家赫利亚斯(Petrus Helias,1100—1166)在

---

① ENDLICHER S L.Anfangsgründe der chinesischen Grammatik [M]. Wien: Carl Gerold,1844: 167.

② DIAZ P F. Grammaticam linguae Chincheo[M]// Bayer G S. Museum sinicum in quo Sinicae linguae et litteraturae ratio explicatur,Vol.Ⅰ,Petropoli: Typographia Acade- miae Imperatoriae,1730: 134-144.

③ DIAZ P F. Grammaticam linguae Chincheo[M]// Bayer G S. Museum sinicum in quo Sinicae linguae et litteraturae ratio explicatur,Vol.Ⅰ,Petropoli: Typographia Acade- miae Imperatoriae,1730: 144.

④ DIONYSIUS T. 100 BC. Die Lehre des grammatikers dionysios(Dionysios Thrax,Téchnē Grammatiké - Deutsch)[M]. Übersetzt von Wilfried Kürschner,Ancient crammar: content and context,Tome 7,Louvain: Monographies Publiées Par Le Centre International de Dialectologie Générale,1996: 197.

《普利西安〈文法原理〉校订》（1150）① 中，区分了拉丁语的实体名词（nomen substantivum）和形容名词（nomen adiectivum），为形容词的独立开辟了道路。当然，古拉丁语的形容词不独立是有原因的。据法国语言学家布雷亚尔（Michel Alfred Bréal，1832—1915）在《神话与语言学的融合》（1877）② 所考，拉丁语中的形容词 ridiculus（可笑）是从中性名词 ridiculum（可笑的事物）演变而来，其构成与名词 curriculum（课程）、cubiculum（卧室）、vehiculum（交通工具）等一样。当 ridiculum 用于人时有阴性或阳性的词尾变化，ridicula 和 ridiculus 正是由于这种形式特征而演变为形容词，同时其意义也变得宽泛并排除了事物的含义。最先将拉丁语的形容词独立出来的，是 17 世纪中期瑞士学者雷丁格（Johann Jakob Redinger，1619—1688）的《夸美纽斯语言教学》（1659）③。最先将英语的形容词独立出来的，是英国学者莱恩（Archibald Lane，生卒不详）的《学识技艺之钥》（1700）。1767 年，法国学者博泽（Nicolas Beauzée，1717—1789）刊行《普遍语法，即语言必要元素的合理阐述，以之作为研究所有语言的基础》，基于普遍语法立场也把形容词从名词中独立出来。当时学界对形容词是否独立尚存不同看法，博泽的结论很明确，形容词不是表达名称的词，因此不同于名词；名词就是名词，也不必称实体词。④

（二）代词

与曼萨诺的《漳州话技艺》相比，徐方济的《漳州话文法》首先将汉语的代词从名词中独立出来。其例说内容与曼萨诺的内容基本一致。

徐方济先列出人称代词（pronomen）"我（gua）、汝（lu）、伊（y）"及其复数形式 guan、lun、yn，再列出其他各类。指示代词（pronomina demonstratiua），如：许（那）、许一人，只（这）只一人。物主代词（pronomina possessiua），如：我神（我的灵魂）、汝神、伊神。疑问代词（Interrogatiua），如：谁、乜（mi，什么）、值（ti，哪个）。通用代词（Vniuersalia pronomina），如：不管（任何）、尽（全部）、众（全部）、焦（chiau，全部，无例外）、都（所有）、各（每个人）、多（chey，许多，并非所有）。由此观之，徐方济将汉语代词分为五类，比曼萨诺的六类少了反身代词。

（三）动词

徐方济的论述和曼萨诺的这部分内容基本相同，说解了动词的未完成体、完成体和未来时使用辅词（particulis）的情况。

---

① PETRUS Helias. 1140—1150. Summa super priscianum，an updated textbook on Priscian's institutiones grammaticæ[M]. LEO A. Studies and texts 113. Toronto：Pontifical Institute of Mediaeval Studies. 1993.

② MICHEL B. Mélanges de mythologie et de linguistique[M]. Paris：Hachette，1877.

③ REDINGER J J.Komenische Sprach-Lehr. dem ersten häufflein der franckenthalischen lateinischen schul bestimmet[M]. Hanau：Lasche，1659.

④ NICOLAS B. Grammaire générale，ou Exposition raisonnée des éléments nécessaires du langage，pour servir de fondement à l'étude de toutes les langues[M]. Paris：J. Barbou，1767：393-394.

（四）副词

与曼萨诺的副词研究相比，徐方济的研究要深入一些。他将副词分为七种：1. 时间副词（Aduerbia temporis）、处所副词（Aduerbia loci）、否定副词（Aduerbia negandi）、询问副词（Aduerbia interrogandi）、比较副词（Aduerbia comparandi）、关联副词（Congregandi aduerbia）和性状副词（Qualitatis aduerbia）。

（五）连词

徐方济的论述和曼萨诺《漳州话技艺》这部分内容基本相同。

（六）表达比较级的辅词

曼萨诺的《漳州话技艺》在第二章名词变形的最后部分，讨论了形容词的最高级和比较级。

> 形成最高级（superlatiuos）有三种方式：通过原级（positiuo）的重复，以及添加辅词"即是"（ciah⁴ si³）、"到极"（kau⁷-kik⁸），这意味着"达到极限"。"到尽"（kau⁷-cin³）也是一样，但它总是后置。如：好好、即是好、好到极、好到尽。……比较级（diminutives）的表达，通过在原级之前添加辅词"可"（kʰa³）。如：可好、可贤、汝可好我（你比我更好）、汝可好胜我。①

徐方济则专设第七章，讨论形容词（包括在名词中）的比较级和最高级。通过添加辅词"可"形成比较级，如：汝可好、我可惜僚氏胜过宝贝（我爱神胜过所有财富）。并将最高级表达方式归纳为四种。（1）重叠方式，如：好好。（2）添加辅词"即是"（chia si），如：即是好（很好）。（3）添加辅词"到极"（cau keg），如：好到极（极好）。（4）添加辅词"到尽"（cau chin），如：好到尽（尽善尽美）。

二者讨论的内容完全一样，只是次序有别。曼萨诺是最高级在前，比较级在后。徐方济是比较级在前，最高级在后。

（七）数词和固定词

在第八章数词中，除了列出基本数词，徐方济还讨论了"固定词"（certis vocabulis），即量词或类别词。他指出，在官话中，某些名词除了需要数词之外，还必须添加固定词。漳州话也是如此。

综合起来，徐方济所定汉语词类共八种：名词（包括实体词和形容词）、代词、动词、副词、连词、辅词、数词、固定词。读者可能已经觉察到，曼萨诺的《漳州话技艺》与徐方济的《漳州话文法》有较大的相似性。可以认为，这正是多明我文法学派承传性或增订性的体现。与曼萨诺相比，徐方济的汉语词类划分特点是：将代词独立，将副词分为七种次类。

---

① HENNING K. The Arte de la Lengua ChiõChiu: transcript and annotated translation[M]// HENNING K. The language of sanleys: a Chinese vernacular in missionary sources of the seventeenth century. Leiden: Koninklijke Brill, 2011: 209-211.

四、卫匡国《中语文法》（1652）① 的汉语词十类

1652年，意大利耶稣会士卫匡国（Martino Martini，1614—1661，音译马尔蒂尼）从中国返欧，途经印度尼西亚被荷兰人羁押在巴达维亚（今雅加达）。该期间，他用拉丁文编有一份《中语文法》（ *Grammatica Sinica* ），此为17世纪来华耶稣会士编撰的唯一的汉语文法书。与西班牙多明我会士的前赴后继的文法学研究相比，未免孤单冷清。然而，"卫匡国文法"并非西洋汉语文法学史上的一个独立现象。

以往研究者由于未见徐方济《漳州话技艺》、更不知曼萨诺《漳州话技艺》，故误以为卫匡国《中语文法》是"首创、原创、最早"，诸如此类。现略作辨析，匡谬正误。以下引文见于白桦中译本《中国文法》的四篇序言。张西平、李真"序一"提出：

> 意大利耶稣会士卫匡国……的《中国文法》……（稿本，1653）当属这一领域的首创之作。……卫氏之文法是目前已知现存西方人所编写的最早的语法书……②

学术史就是学术史。卫氏之文法肯定不是目前已知现存西方人所编写的最早语法书，没有史实的支撑难免"想当然"。

日本关西大学内田庆市"序二"提出：

> 特别是16世纪以后，以传教士为主开始进行有系统的研究。其中现在可以见到的最早的自成体系的语法书就是这本耶稣会士卫匡国写的《中国文法》。
>
> 本书的主要观点后来为巴耶……的《中文大观：中国语言文字诠释》（……1730）所继承。③

巴耶的《中文大观》（即《中文博览》）中刊有卫匡国《中语文法》、徐方济《漳州话文法》），内田庆市未曾翻阅《中文大观》，而空言"主要观点后来为巴耶……所继承"。只要打开《中文大观》，看到徐方济的书，也就会明白卫匡国的书不可能是"现在可以见到的最早的自成体系的语法书"。

姚小平"序三　西方语法理论与中国语言事实的初始遭遇"提出：

> 巴耶（《中文大观》）……是在欧洲正式刊行的第一部论述汉语的专著。……卫匡国的《中国文法》虽未湮没，却始终没有公开发表。④

与内田庆市一样，姚小平也未翻过巴耶的《中文大观》。但是，姚小平提及迪亚兹（即徐

① MARTINI M. Grammatica sinica [M]//BAYER G S. Museum sinicum in quo sinicae linguae et litteraturae ratio explicatur，Vol. I，Petropoli：Typographia Acade- miae Imperatoriae，1652.
② 张西平，李真. 序一 [M] //中国文法. 白桦，译. 上海：华东师范大学出版社，2011：2.
③ 内田庆市. 序二 [M] //中国文法. 白桦，译. 上海：华东师范大学出版社，2011：7；8.
④ 姚小平. 序三·西方语法理论与中国语言事实的初始遭遇 [M] //中国文法. 白桦，译. 上海：华东师范大学出版社，2011：15.

方济 ）：

> 1640—1641 年间在菲律宾，道明会士弗朗西斯科·迪亚兹又编写了一部汉语语法。可是，由于迄今尚未发现任何手稿或抄本，迪亚兹的语法甚至连书名也已不存，这些就仅只是空头记录，难以作为"有案可查的始点"。[①]

然而，徐方济的这部文法书是否真的失传？是否如柯蔚南（South Coblin1999，姚小平、马又清译 2003 ）[②]或冈萨雷斯（González-Lluhera 1926 ）[③]所认为的那样，连书名都已不知？我在《中国转型语法学》中已考，迪亚兹（即徐方济）的汉语文法书名为"漳州话技艺"，并指出刊于巴耶《中文博览》。[④]也就是说，并非"空头记录"。

姚小平进一步对卫匡国的书提出一些质疑：

> 白佐良认为，卫匡国在注音时有可能借鉴了迪亚兹于 1640 年编成的《汉西字汇》。
>
> 同时，它们牵及的早期历史在我们眼里依然扑朔朦胧，有不少疑点尚待澄清，例如：……《中国文法》在多大程度上是卫匡国的独创，他是否借鉴过早先已有的成果（如……迪亚兹的汉语语法，须知卫匡国对迪亚兹的《汉西字汇》并不陌生）？诸如此类的问题，我们不妨先搁置起来。也许有一天，会突然在世界的某个角度发掘出关联文本，书稿、信件、日记等等，到那时种种疑团自会开释。[⑤]

只要读过白珊（Sandra Breitenbach）的长文 The Biographical, Historical, and Grammatical Context of Francisco Varo's Arte de la Lengua Mandarina，产生这些质疑也就顺理成章。如有比卫匡国更早的汉语文法书，将有助于厘清其关系。遗憾的是，姚小平当时不知曼萨诺、徐方济的文法书已经发现。

作为"卫匡国文法"的版本专家，意大利罗马大学东方学院汉学家陆商隐（Luisa Paternicò）"序四　从《中国文法》到《中国语文文法》：卫匡国语法的流传与不断丰富的过程探讨"中认为：

> 卫匡国不仅是向欧洲人介绍中国历史与地理的第一人，而且也应看作是官话语言学的开拓者。
>
> 总之，我们已可以证实卫匡国的文法是有史以来第一部手写的，并第一部出版的中国官话语法。[⑥]

---

① 姚小平.序三·西方语法理论与中国语言事实的初始遭遇 [M] //中国文法.白桦，译.上海：华东师范大学出版社，2011：23.

② 柯蔚南.英译出版前言 [M]// 华语官话语法.姚小平，马又清，译.北京：外语教学与研究出版社，2003：5.

③ LLUHERA G M. Preface to Gramática de la lengua castellana，by Antonio de Nebrija，1492 Salamanca[M]//Antonio de Nebrija，Gramática de la lengua castellana（Salamanca，1492 ）：muestra de la istoria de las antiguedades de España，reglas de orthographia en la lengua castellana. Oxford：Oxford University Press，1926：42.

④ 李葆嘉.中国转型语法学：基于欧美模板与汉语类型的沉思 [M].南京：南京师范大学出版社，2008：88-91.

⑤ 姚小平.西方语法理论与中国语言事实的初始遭遇 [M]// 中国文法.白桦，译.上海：华东师范大学出版社，2011：23.

⑥ 陆商隐.序四·从《中国文法》到《中国语文文法》：卫匡国语法的流传与不断丰富的过程探讨 [M]// 中国文法.白桦，译.上海：华东师范大学出版社，2011：40；41.

囿于所见，陆商隐的这些说法实属无根之谈。一方面，在西洋汉语文法学史上，黎玉范编撰了多明我文法学派的第一部《官话技艺》（1635），其内容为其学生万济国发扬光大。换而言之，陆商隐不知"官话文法学的开拓者"是黎玉范。另一方面，龙彼得和贝罗贝已经先后发现曼萨诺的《漳州话技艺》（1620）两种写本，比卫匡国（1652）要早32年。换而言之，陆商隐不知，已充分证实，卫匡国文法并非有史以来第一部手写的中国话文法。此外，据陆商隐所考，"卫匡国文法"可能有两种早期的印刷本。1696年，有一《中语文法》（*Grammatica Linguae Sinensis*，共15页）刊于法国东方学家泰夫诺（Mélchisedec Thévénot，1620—1692）的《文集》第二卷《旅游奇集》（*Relations de divers voyages curieux*，Paris：Thomas Moette）。1772年，有一英译本《中文文法概略》（*A Compendium of the Chinese Grammar*）刊于《中国旅行者》（*The Chinese Traveler：Containing a Geographical, Commercial and Political History of China*. Vol. I. London，p256-266，共11页）。① 这两种印刷本，皆未署作者，或以为是卫匡国，但也可能是徐方济。只有逐句对照，才能最终确定。此外，刊出者出于猎奇，不仅内容太简（15页、11页），而且隐而不彰（后人难以找到），与1703年作为专书刊于广州的万济国《官话技艺》（104页）不可同日而言。

近年来，西方学者对早期西洋汉语文法学的研究显露出两种立场，一种是挖掘多明我文法学派的成就和湮没的书稿，推崇万济国的《官话文法》（如英国龙彼得、德国白珊、美国柯蔚南、法国贝罗贝、德国韩可龙等），另一种是推崇卫匡国的《中语文法》（如意大利白佐良、陆商隐师生），而对前者的研究视而不见或不够重视。白佐良、陆商隐所考"卫匡国文法"的多个抄本，值得重新推敲，因为有可能混淆或掩盖了"徐方济文法"。白佐良曾找到五种抄本，其中存于英国格拉斯哥大学图书馆的三个抄本，都是巴耶1716年从柏林皇家图书馆里收藏的写本转抄而来。② 在这最早的巴耶三个抄本（巴耶《中文博览》刊出了"徐方济文法""卫匡国文法"）中，仅"格拉斯哥—文法A"扉页上署有卫匡国原名，其余抄本不排除来自徐方济的《漳州话技艺》（否则巴耶《中文博览》刊出的"徐方济文法"从何而来）。因此，要厘清这些抄本的性质以及相互之间的关系，务必以徐方济《漳州话技艺》和卫匡国文法最初抄本为基础，将其后所有抄本的内容进行逐句、逐节的对比。

作为中国学者，我们没有这种学术史研究中的民族情结。我曾提出，16到17世纪之交，西方传教士在研习汉语的过程中，形成了萌发于中国澳门的"耶稣会语音学派"以及成长于菲律宾马尼拉的"多明我文法学派"。耶稣会士主要是制定汉语罗马字、编写汉语会话手册、编纂《葡-词典》以及刊行汉语罗马字专书《西儒耳目资》，而多明我会士除了制定汉语记音系统，主要从事汉语文法分析，编写教材（文法书、词表或词典、学习汉字的书）并进行课堂教学。③ 根据其体例和内容的对比，卫匡国借用或参考了徐方济的《中语-西班牙语词典》（1640）和《漳州话技艺》（1641）。甚至不排除以徐方济《漳州话技艺》为底本加以改写或仿作。至于"卫匡国文法"抄本正文之后收录的汉字330个部首，包括取自徐方济《卡斯蒂利亚语解释

① 陆商隐.卫匡国《中国语文文法》对欧洲"中文钥匙"的影响 [J].北京行政学院学报，2013（2）：124-128.

② 陆商隐.序四·从《中国文法》到《中国语文文法》：卫匡国语法的流传与不断丰富的过程探讨 [M] //中国文法.白桦，译.上海：华东师范大学出版社，2011：28.

③ 李葆嘉.中国转型语法学：基于欧美模板与汉语类型的沉思 [M].南京：南京师范大学出版社，2008.

的中文字典》和自定的，①其注音也参考了徐方济字典；附录部分词条则是摘录于徐方济字典。从学术史的立场来看，卫匡国的《中语文法》实际上是多明我汉语文法学传统的耶稣会新版本。②

巴耶的《中文博览》（1730）卷一封面上写有:《中语文法两卷》（*Grammaticae Sinicae duos libros*）。该刊本第一卷是《中国语言》（此部分单独标注为 1-56 页，根据全书应是 175-230 页），包括九章：第一章"语音"（De Vocibus, p5）。第二章"名词与变格"（De Nomine et Declinatione, p17），第三章"代词"（De Pronominibus, p20），第四章"动词与变位"（De Verbis et Coniugatione, p23），第五章"副词和介词"（De Adverbiis et Praepositionibus, p31），第六章"连词"（De Coniunctionibus, p40），第七章"叹词"（De Interiectionibus, p42），第八章"比较级"（De Gradibus Comparationum, p43），第九章"数词"（De Numeris, p44）。该刊本第二卷是《中国文学》，因并非讨论文法，故在此不赘。

白佐良意大利文翻译，白桦中译的《中国文法》（2011）分为三章，下设各节。第一章 1. 汉语词条（Vocum Sinensium Numerus）；2. 词条首先以拉丁语的发音注音（Harum Vocum Prima Juxta Latinos Explicatio）；3. 五个声调的发声法（Quomodo 5 Toni Pronunciantur）。第二章 1. 名词及其变位（De Nominibus et Eorum Declinatione）；2. 代词（De Pronominibus）；3. 动词的变位（De Verborum Coniugationibus）。第三章 1. 介词（De Praepositionibus）；2. 副词（De Adverbis）；3. 感叹词（De Interiectionibus）；4. 不常用连词（De Coniunctionibus Quibus Raro Utuntur）；5. 名词的原级、比较级和最高级（De Nominibus Positivis, Comparationis et Superlativis）；6. 代词附录（Appendix de Pronominibus）；7. 数词和数量词（De Numeris, Eorumque Particulis Quas Numericas Vocabo）。下面讨论的内容，主要依据白桦的中译本（需要辨析）。

（一）名词（包括实体词、形容词）

由于位置的变化，同一个词可分别做实体词（substantivum）、形容词（adjectivum）和动词（verbum）③。例如，"打""去"只是动词，不能当名词，而"爱""想"既是名词，又是动词。如果这些词后边有什么东西，就有动作的意思，所以是动词；相反，要是这些词条要阐明什么，即是名词。如在"我爱你""我想他"里是动词，在"我的爱""我的想法"中则是名词。至于形容词，如果不是因为位置不同，与名词的区别不大。实际上，形容词总是在名词之前，如：好人；同一个形容词，如果被后置则变成名词。如：人之好（善良）。

卫匡国并未把形容词作为独立的词类，而是散见于几处。除了把形容词归入传统的名词，又把某些形容词视为副词次类，如：善、妙、好、巧等。另外有些形容词见于叹词（感叹语），如：苦、奇。④

---

① 白佐良 . 导言 [M] // 中国文法 . 白桦，译 . 上海：华东师范大学出版社，2011：50.

② 李葆嘉 . 西洋汉语文法学三百年鸟瞰 [J]. 华东师范大学学报，2020，52（3）：1-24.

③ 白译本（卫匡国 . 中国文法 [M]. 白佐良，白桦，译 . 上海：华东师范大学出版社，2011）第 109 页误为"副词"。

④ 姚小平 . 西方语法理论与中国语言事实的初始遭遇 [M] // 中国文法 . 白桦，译 . 上海：华东师范大学出版社，2011：11-23.

（二）代词

《中国文法》的代词部分十分简单。先列出"我、你、他"及其带"们"的复数形式，再列出"谁"，以及"个个"（任何人、不论谁）、"自家""自己"（两者相同）、"这个""那个"等。最后列出"这个人""这只牛""那匹马"。因为太简单，所以该书后半部分有《代词附录》，包括两条。一条是"基本代词（primitivae，即人称代词）和指示代词（demonstrativae）"，如：我、你、他、这个。一条是"派生代词（derivativis）由辅词'的'构成"，如：我的、我们的。又补充"如表祖国、王国和城市的名词放在物主代词（possessiva）后边，物主代词与派生代词和表尊称的词语没有区别"，如：我的国、我的府（所在州府）。

据卫匡国所举词例，其所分人称、疑问、通用、反身（此术语未出现）、指示、物主六类，与曼萨诺、徐方济的分类大体相同，但例说极不充分。

（三）动词

《中国文法》区分了三个基本时态，单独动词表达的仅为现在时，表示过去时要在其后加"了"，将来时要在之前加"将"。基本时态之外，又有已完成行为的表达，如：我爱过了；或延续未完成过去状态的表达，如：那时间爱。又列出三种语式：主动式，如：我爱、我打你；被动式，如：我被他的爱、我被他爱；祈愿式，如：我巴不得爱、巴不得我爱你。

（四）介词

在拉丁语中，"前"（prae＋夺格，在之前）、"后"（post＋宾格，在之后）、"上"（super＋宾格，在之上）、"下"（sub＋夺格，在之下）属于介词。[①] 因此，卫匡国也把汉语的"前、后、上、下"处理为介词。与动词组合时介词必须前置，如：前作（先做事）、后来（后来到）、上去（向上去）、下走（向上走）等。与名词组合时介词则后置，如：房前、门后、桌子上、地下。还举出加"面""头"而组成的"上面、下面、里头、外面"等。

此外，作者最后提到两个词"为""到"，如：为天主到那里、到脚底下。也只有这两个词，才是现在通常认为的介词。

（五）副词

《中国文法》将副词区分为21小类。1. 表祈愿：巴不得。2. 表回应：是、自然。3. 表肯定：真的、真真的、果然。4. 表否定：不、莫、无、不可、不然。5. 表不定：或、或者。6. 表选择：宁、可。7. 表比较：更、更多、更好。8. 表联合：同、一同。9. 表转折：另、另外。10. 表状态：谨、强、苟且。11. 表时间：今日、明日、昨日、前日、后日。12. 表处所：这里、那里、各处。13. 表次数：一次、二次。14. 表次序：第一、头一、后来、终。15. 表偶然：或然。16. 表异同：如、比如、不同。17. 表性质：善、妙、好、巧。18. 表约量：少、多、够。19. 表唯一：但（仅仅的意思）。20. 表不全：差不多。21. 表时间的前后：前来、十年前、前我来、十年后、后来到。

与徐方济《漳州话技艺》的副词七种相比，卫匡国的分类细得多。但是，其中有些词，后来的研究者认为并非副词，比如，表祈愿的归入心理动词，表不定和选择的归入连词，表时间、

---

① 崔梦君. 卫匡国《中国文法》研究 [D]. 重庆：四川外国语大学，2018.

处所的分别是时间名词、处所名词,而表性质的则是形容词。

(六)叹词

《中国文法》实际上讨论的是感叹语。第一类表忧伤,如:苦、苦恼、可怜。第二类表赞赏,如:奇。第三类表惊叹,如:嗟呼、哉。前两类都是形容词构成的感叹独语辞。汉语和欧语中,都有不少形容词可作感叹独语辞。虽然功能上属于感叹,但是就自身词性而言不属于叹词。第三类是汉语特有的语气助词。此前的西洋汉语文法研究,都没有把它们作为独立词类。

(七)连词

《中国文法》将"不常用连词"分为四类:第一类连系连词,如:及、而、又、亦、即;第二类语尾辅词(particulae terminativae),如:也、矣;第三类表选择,如:亦不;第四类表相反,如:虽是、然、既然、若、盖。其中第二类的"也、矣",后来的研究者认为是句尾语气助词。也许,卫匡国认为这是子句之间的连词。

(八)表达比较级的辅词

曼萨诺《漳州话技艺》第二章名词变形的末尾,顺带讨论了形容词的最高级和比较级。徐方济的《漳州话文法》专设第七章比较级(De Gradibus Comparationum),卫匡国的《中语文法》也单列第八章比较级(De Gradibus Comparationum)。曼萨诺、徐方济举例解说的是包括在名词中的形容词。与巴耶刊本的标题(De Gradibus Comparationum)不同,白桦中译本标题是"名词的原级、比较级和最高级(De Nominibus Positivis, Comparationis et Superlativis)",这就难免使读者感到困惑——名词怎么会有级?当然,可以理解为指的是名词中包括的形容词。然而问题在于,卫匡国却认为,"果"和"房"是物质名词(substantivis nominibus),加辅词"子"则成"果子""房子"。根据其词义,这些名词的限制成分都是绝对而简单的。接下来就讲,比较级可通过词义为"更"的辅词来完成,这些辅词包括"更、多、过"等。无论是最多还是最少的最高级,都可以用辅词组成,如:绝、绝好、上好(极好)、绝小(最小)、得紧、第一(第一好,最好)。其实,比较级和最高级例说的都是形容词,只是标题上出现"名词",又一开始就讲物质名词的限制成分是绝对而简单的,由此令人费解。只能推定,卫匡国对汉语的程度表达尚未厘清。

此外,卫匡国的最高级辅词中有个"得紧"(tè kin),如:小得紧(最少)、好得紧(好极了,最好)、大得紧(大极了,最大的)、不好得紧(最差的),[①]也令人不得其解。通过与此前多明我汉语文法学著作对比,可以找到答案。曼萨诺的最高级辅词中有"到极"(kau^7-kik^8)、"到尽"(kau^7-cin^3)、徐方济则有"到极"(cau keg)、"到尽"(cau chin),两者一致。显而易见,卫匡国的 kin、曼萨诺的 cin^3 和徐方济的 chin 同音,记录的是同一个字词。据此,卫匡国的"得紧"应为"得尽",而徐方济的"到极、到尽"应为"得极、得尽"。也许,当时听音记字,未找到"本字"就用了音近字。

---

① 卫匡国.中国文法[M].白桦,译.上海:华东师范大学出版社,2011:131.

（九）数词

《中语文法》列出常见数词 22 个：一个、二、两个、三、四、五、六、七、八、九、十、一十、二十、百、一百、二百、一千、一万、二万、十万、一百万、百百万。

（十）计物辅词

卫匡国说明，以上数词与这里所说"计物辅词"（Particulis Quas Numericas Vocabo）不同。接着列出 39 个常用类别词。

1. 一盏灯；2. 一张纸（桌子、椅子等）；3. 一只舡（狗、鸡）；4. 一对鞋（袜）；5. 一乘轿子；6. 一炷香；7. 一个妇人；8. 一座房子（城）；9. 一棵米（树）；10. 一幅布；11. 一朵花；12. 一位人；13. 一根带；14. 一间房子；15. 一领道袍；16. 一面旗；17. 一门铳；18. 一枚墨（药）；19. 一把刀；20. 一匹缎子；21. 一本书；22. 一管笔；23. 一台戏；24. 一套纸；25. 一头牛；26. 一条路（蛇）；27. 一顶巾（头巾——引注）；28. 一首诗；29. 一双鞋子（袜子）；30. 一匹马；31. 一扇门；32. 一尊像（佛像——引注）；33. 一串念珠；34. 一点盐；35. 一句话；36. 一团土（棉花）；37. 一封书（书信——引注）；38. 一重天；39. 一包石头（银子）。

其中，第 9 类，卫匡国混淆了一"棵"树、一"颗"米的同音不同字。卫匡国指出，除了常见词序之外，有时数词放在中间，如：牛一头、马一匹。

（十一）辅词

这里的辅词排除了上述计物辅词，指的是散见于相关例说中的其他辅词。如词缀"子"、构成人称代词复数的"们"、构成人称代词所有格和领属关系结构的"的"等，以及表达时态的辅词"了、将、过"，表被动式的"被"，还有表比较级的"更（又归于副词）、多、过"，表最高级的"绝、绝好、上好、绝小、得紧、第一"，以及"不常用连词"中的语尾辅词"也、矣"。

综合起来，卫匡国所定汉语词类共十种：名词（包括实体词和形容词）、代词、动词、副词、介词、连词、叹词、数词、计物辅词、辅词。《中语文法》的词类划分，比徐方济的词类划分有所完善。在西洋汉语文法学著作中，第一次分出了介词和叹词，尽管相当粗陋，甚至其成员并不准确。尤其是介词，可能还纠结于找不到汉语和西语之间的合适对应物。

五、万济国《官话技艺》（1682）的汉语词十二类

因为学习汉语的对象不同，高母羡、曼萨诺和徐方济这些先驱描写的都是漳州话。约 1635 年，黎玉范编撰第一部《官话技艺》，转向研习通行官话，开始在马尼拉进行官话教学。作为多明我教会在远东宣教的引导者，他在曼萨诺担任八连区主教的次年，即 1618 年来到马尼拉，很快学会漳州话。曼萨诺 1621 年返西班牙之后，黎玉范 1625 年被任命为八连区主教。1633 年来到福建，为了深入了解中国文化、提升中国语言素养，他在福安向当地读书人进一步学会了通语官话。1640 年黎玉范回到马尼拉，随后因"礼仪之争"前往欧洲。1648 年率领万济国（Francisco Varo，1627—1687，音译瓦罗）等年轻会士重返马尼拉。在为万济国入华宣教

的准备期间，黎玉范亲自教其官话（当用其《官话技艺》稿本）。1649年，黎玉范率领万济国等返回已经阔别11年的闽东教会。

万济国随后在福安、福州一带宣教。黎玉范1664年去世于闽东福宁教堂。约从1667年起，万济国开始编撰其《官话技艺》（*Arte de la Lengua Mandarina*）。一方面，基于其前辈黎玉范的传统，万济国采用过黎玉范的资料。[①]另一方面，参考西班牙文法学家内布利亚（Elio Antonio Nebrija，1444—1522）的《拉丁文导论》（*Introductiones Latinae*，1481）。直到1682年，万济国的《官话技艺》才最终完成。后经其学生石铎琭（Pedro de la Piñuela，1650—1704，音译皮尼韦拉）修改，1703年刊于广州（杨仁里教堂印刷室）。石铎琭26岁时来东方，不久便投奔到多明我会福建教堂，师从万济国。当时万济国正在编写《官话技艺》，师徒二人便以此为课本。几年后，石铎琭便可用汉语撰写和传教。万济国去世后，石铎琭担任起增订刊行其师遗作的重任。没有他的努力，万济国的著作也许就不会广为流传。

全书共十六章，其中有12章讨论词类（partes de la oracion）：第三章"名词和代词的变格"（Delas declinaçiones del nombre, y pronombre, p19）；第四章"实体名词、形容名词、比较级和最高级"（Delos nombres Substantivos, Adjectivos, Comparativos, y Superlativos, p27）；第五章"动作名词、抽象名词、指少辅词、反复辅词、行业辅词和性别辅词"（Delos nombres Verbales, abstractos, diminutivos, frequentativos, de officios, y de los generos, p34）；第六章"代词"（Del Pronombre, p38）；第七章"叹词、连词、否定词、疑问词和条件式"（Dela Interjeçion, Conjunçion, Negaçion, Interrogaçion, and condiçional, p42）；第八章"动词及其词形变化"（Del Verbo y sus Coniugaçiones, p49）；第九章"被动动词和被动语态"（Del Verbo passivo, y passivas, p55）；第十章"介词和副词"（De las Prepositiones, y Adverbios, p58）；第十一章"造句模式"（Del modo de formar las oraçiones, p68）；第十二章"数词与量词"（De las Numeros y Numerales, p71）；第十三章"各种辅词"（De diveras Particulas, p80）；第十四章"官话的谦恭用语"（De las palabras corteses de la lengua Mandarina, p86）。

面对不采用形态变化手段的中国官话，万济国与其前辈一样，为了便于欧洲人学习和理解，则要按照拉丁文词类体系对官话词汇进行分类。

> De à qui es, que ninguna voz por si sola cōsiderade tiene propiamte razon de verdadero caso, ni verdadera parte de la oracion: juntos poesunos terminos con otros, y colocados segun ellos san, se dan à entender los casos de las declinaçiones, y nias ocho partes de la oracion, qe son nomhe, pronombre, verbo, partiçipio, preposiçion, aduabio, interjeçion, y conjunçion; y assi segun que ruede; las explicaiemos.[②]

该语言中没有语音自身变化可视为具有真实的格的实际理由，也没有真正的词类。通过将一些词与其他词放在一起，并依据彼此的位置，变格的情况能被理解，有八种词类，即名词、代词、动词、分词、介词、副词、叹词和连词。我们将依此顺序来解释它们。

实际上，《官话技艺》的内容并非如此。一是对八种词类的顺序有所调整（把叹词、连词

---

① 白朗．弗朗西斯科·瓦罗的《中国官话语法》（广州，1703）：生平、历史和语法传统 [M]// 华语官话语法．姚小平，马又清，译．北京：外语教学与研究出版社，2003：导论33-34.

② VARO F. Arte de la lengua mandarina[M]．广州：杨仁里教堂印刷室，1703：20.

调到动词之前），二是描写的词类不止八种，而是穿插讨论了官话的若干特殊词类。现将这些词类的定义或说解逐一检索辨析，以确定万济国划分的官话词类。

（一）名词（包括实体词、形容词）

万济国首先写道：

> 在官话中，所有名词都没有形态变化，它们的格也没有变化。它们只能通过一些对应的辅词加以区分，或通过其前后的词加以区分。[1]

在第四章中，《官话技艺》认为形容词属于名词类，没有给形容词以独立地位。

> 名词是有格但没有时态的言辞成分。一类是实体词（substantivos），另一类是形容词（adjectivos）。实体词是可在句中单独使用的成分，而形容词离开实体词则不能单独使用。
>
> 形容词通常借助后置辅词"的"构成。……因为形容词不能单用，需要辅词"的"的帮助。由此当形容词位于实体词之前时就不必用"的"，因为它已有实体词支撑，与之可以形成言辞成分。……有时形容词被置于实体词之后，然后在这两者中间插入"是"（sum, es, fui），以及辅词"的"紧接形容词之后。[2]

至于在第五章中例说的动作名词（如可爱、可恶、可恨）、抽象名词（如善、恶），这些都是名词的次类。《官话技艺》此处的动作名词（nombres verbales），与第八章动词及其词形变化中的动名词（gerundios）不同。此动作名词是指借助"可"把动词变成所谓"名词"（现归形容词）。而动名词则是指借助辅词而"格变"的所谓属格动名词、与格动名词、宾格动名词、离格动名词。此外，在本章中例说的指少、行业和性别之类的词都属与名词有关的辅词。这些都不是独立的词类，应当归入辅词。

（二）代词

> 代词是在句子中代替名词起作用的成分，并指代某个和特定的人。有些是基本代词（primitivos），另一些是派生代词（derivarivos）。基本代词不是派生而来，而派生代词则由基本代词构成。其中包括指示代词（demonstrativos），因为它们表示和指出某物。……其中有些可以用作关系代词（relativos），当它们指向先行的某个词时。其他的是物主代词（posesivos），表示领有。还有一些是相互代词（reciprocos）。[3]

作者首先讨论了基本代词（人称）及其派生的物主代词，以及相当于拉丁语反身代词的"己、自己、自家"。还有相当于拉丁语疑问代词和不定代词的汉语表达式。如：疑问代词 quis（谁、什么、哪个）由"谁、是谁、是哪"来表示，或者也说"甚么"。不定代词 quilibet（无论谁）由辅词"凡、但凡"来表示；每年、每月由"每"来表示。quisq〈ue〉（任一）由"不论、不拘"

---

① VARO F. Arte de la lengua mandarina[M]. 广州：杨仁里教堂印刷室，1703：19.

② VARO F. Arte de la lengua mandarina[M]. 广州：杨仁里教堂印刷室，1703：27-19.

③ VARO F. Arte de la lengua mandarina[M]. 广州：杨仁里教堂印刷室，1703：38-39.

这两个辅词来表示。接下来,分别讨论的是指示代词,如:这、那、此、且、兹;关系代词,如:的、者、他、之、其、凡、但凡;相互代词,如:相、向、互、对。《官话技艺》一共讨论了八种:基本代词、物主代词、反身代词、疑问代词、不定代词、指示代词、关系代词、相互代词,其中的不定代词("凡、但凡"现在一般归入副词)、关系代词("的、者"现在一般归入结构助词)、相互代词(现在一般归入副词),此前西洋汉语文法学著作中尚未提及。

(三)叹词

叹词表达内心的各种情感,通过辅词"嗟""嗟乎"等释放情感。……就像我们语言中写不出我们表感叹的方式一样,官话里的感叹方式也同样无法写出,因为它是唏嘘呼啸,并没有文字形式。[①]

万济国的叹词例说很简略。但举出的是叹词,而非由其他词性表达的感叹独语辞。

(四)连词

连词在句子之间表示结束句子和并联句子,它由以下辅词"及、并、亦、也、又、而"表现。这些辅词可有多种不同用法,因为有些只能连接词语而不能连接子句;而有些则只能连接子句却不能连接名词。[②]

万济国的连词例说也很简略,区分了字词之间的连词和句子之间的连词。在该章中例说的否定词、疑问词和表条件式的词都并非连词,而是其他辅词。

(五)动词

动词是一种言辞成分,它有语态(modos)和时态(tiempos),但没有格。就如名词没有变形一样,官话中的动词也没有变位,因为其音节始终不变。因此他们使用特定的辅词,有时前置、有时后置,以表示动词的时态和语态,就像拉丁语的动词那样。应该注意,据安东尼奥·德·内布利亚所言,动词有主动的和被动的。[③]

接下来,作者在本章中例说的分词、动名词都不是汉语中的独立词类,只是作者为西班牙人学习官话所提供的可对应语言现象。

分词(partiçipio)是句子的另一成分,相当于形容词,它有格和时态,就像我们描述的名词的格和动词的时态那样。

分词有时态和格。因此它由……关系代词的后置辅词呈示,例如现在分词……将来分词由"要、会、将"三个辅词之一前置,并后置"者、的"呈示……关于分词的变格,随其辅词而变,按照名词的格变。

---

① VARO F. Arte de la lengua mandarina[M]. 广州:杨仁里教堂印刷室,1703:42.
② VARO F. Arte de la lengua mandarina[M]. 广州:杨仁里教堂印刷室,1703:42.
③ VARO F. Arte de la lengua mandarina[M]. 广州:杨仁里教堂印刷室,1703:49.

动名词（gerundios）都是通过不同的辅词组成的。属格动名词由后置辅词"的"呈示，紧随其后的是表时间的辅词"时"。与格动名词由前置辅词"以"呈示。宾格动名词没有确定它的特定辅词，必须查看先行词和随后内容。离格动名词由前置辅词"为"呈示。①

作者提到，构成将来分词的辅词是"要、会、将"，表属格动名词的后置辅词是"的"，表时间的后置辅词是"时"，表与格动名词的前置辅词是"以"，表离格动名词的前置辅词是"为"。

（六）介词

介词是一种言辞成分，它附着在其他成分之前。在这些其他成分中，有些我们称之为宾格，另一些则称之为离格。②

组成介宾结构的介词有：于、为、近、过、因、对、上、向、外、里、间、下、后等。用于离格的介词有：与、合、共、同、从、自、于等。

（七）副词

副词是一种言辞成分，它与其他成分相连并修饰它们，强化或弱化其意思。
如果句子中有副词，习惯上将之置于动词前。……如果句子中有两个动词，副词必须位于它所针对意义的动词之前。③

作者立足于西班牙人的学习需求，按字母顺序列出西班牙语的若干副词，然后用汉语副词对释。没有将汉语副词进一步归纳次类。另外，在第七章中讨论的否定辅词，现在都归入副词。

（八）数词

口语流畅在很大程度上还取决于对数词（Numeros）、计物量词（Numerales de cosas）的认识，以及计算时间、小时、天、周、月、年和世纪的方式。……既然先知数词、后知计物量词很重要，我们将让前者成为以下所有内容的第一段。
在第六章第三节第一段，我们已经说明了序数词（Ordinal Numerals）是由辅词"第"来表示，它必须放在数词之前。④

数词包括基本数词，以及加上辅词"第"的序数词。

① VARO F. Arte de la lengua mandarina[M]. 广州：杨仁里教堂印刷室，1703：49；54.
② VARO F. Arte de la lengua mandarina[M]. 广州：杨仁里教堂印刷室，1703：58-59.
③ VARO F. Arte de la lengua mandarina[M]. 广州：杨仁里教堂印刷室，1703：60；70.
④ VARO F. Arte de la lengua mandarina[M]. 广州：杨仁里教堂印刷室，1703：71；74.

（九）计物量词

量词（Numerales）主要由辅词"个"表示，通常放在数词后面。除非被计算事物有其本身的特定辅词，在这种情况下我们不用"个"，而要用合适的辅词。

此处的量词（Numerales）即计物量词（Numerales de cosas）。作者说明：

掌握了计算事物的辅词，我们才能把这门语言说得更准确。既然我们从一开始就应该熟悉它们，那我就在此列举一些比较常用的，以便大家学习。它们都放在数字的后面。①

万济国《官话技艺》列出的计物量词如下：

1. 一餐；2. 两层楼；3. 三节；4. 四锉；5. 五 kiēn 或四头（牲口——引注）；6. 六匹；7. 七张（纸——引注）／章；8. 八只或八号船；9. 九阵（战阵——引注）；10. 八张像（肖像——引注）；11. 一栋房子；12. 两块碗；13. 三串；14. 四重（层——引注）；15. 五封书（书信——引注）；16. 六位（人的尊称——引注）；17. 七盒墨；18. 八杆（竿子——引注）；19. 九下；20. 十棒；21. 十鞭；22. 一粒或一颗米；23. 二捆或两缚；24. 三把；25. 四领（衣服——引注）；26. 五匹（布料——引注）；27. 六条；28. 七帖药；29. 八叶（页——引注）；30. 九句（词语——引注）；31. 十枝；32. 一枚针；33. 两块；34. 三双或三对；35. 四部（书——引注）；36. 五尾；37. 六套（成捆——引注）；38. 七行（行列——引注）；39. 八亩田；40. 九段（段落——引注）；41. 十个（件——引注）；42. 一担或一挑；43. 两本；44. 三张（桌椅——引注）；45. 四件或四椿（同桩——引注）事；46. 五顶轿；47. 六头岭；48. 七篇文章；49. 八群；50. 九条路；51. 十把（扇子——引注）。52. 一顶帽；53. 两枝烛；54. 三张（床单——引注）；55. 四城；56. 五把（刀剑——引注）；57. 六卷（书——引注）。

作者提醒，此外还有很多量词，可以从实际的用法中去把握。

（十）辅词

第十三章是各种辅词，作者说明：②

第十三章将说明某些辅词的用法，对此充分了解将有助于新来教士更好地办事。

接着列出一些辅词，加以例说。

"一"，用于两个重复的词之间形成重复作用，如：看一看、等一等、试一试、走一走。

"得"，处于否定词"不"的中间，后接动词或副词，使句子形成肯定语气，如：不得不是、不得不然、不得不去、不得不罚他。

"著"，其含义是能够达到目的，用于讲、说、做等动词，如：讲得著、听得著（或听著）、拿著（或拿得著）、著了、讲不著。

---

① VARO F. Arte de la lengua mandarina[M]. 广州：杨仁里教堂印刷室，1703：72.
② VARO F. Arte de la lengua mandarina[M]. 广州：杨仁里教堂印刷室，1703：80.

"替"，其意是"代替"或"为某人做某事"，如：替他做、替他洗。

"然"，用来构成肯定性副词，如：自然、该然、卒然（或忽然）、必然、果然、亦然。

"今"，用来表示当前的时间，如：今时、今早、今日、今夜、今月、今年、今世。

此外，在第三章名词中提及，形容词通常借助后置辅词"的"构成；在第八章动词及其词形变化中，列出表动词时态和语态的特定辅词。还有第五章中的指少辅词、反复辅词、行业辅词和性别辅词，第七章中的否定、疑问和条件式辅词，这些都应当归入辅词类。

指少辅词，由"些、少、小、微、略"等辅词组成。每个词的意思都可从其用法中领会。

反复辅词，如：常常、惯习、时时、年年、非常（不常）、罕见等。

行业辅词，行业名称有多种不同的表示方式，有一种是表行业名词后加辅词"的"，如：开铺的、做买卖的、剃头的。

性别辅词，汉语的名词不但没有格变，而且也没有性。因此，所有词的性都一样。但是，中国人有一些辅词，用它们来区别人类的男女和动物的雄雌。

否定辅词。否定有几种表达方式。一种是完全否定，一种是极端完全否定；一种是疑问断言否定，一种是禁止否定。

疑问辅词。疑问语气有多种表现形式，一种是表示怀疑的，另一种是表示好奇的或询问原因的，还有一种是询问时间的。

条件辅词。条件式一般由以下辅词表示：若是、若、假如、如、譬如、比喻、比方、既是、虽、虽然。所有这些辅词都要放在动词之前。①

此外，还有序数辅词，如"第"等。万济国的辅词是个庞杂的类。不但包括一些构词的词素，而且还包括结构助词、助动词、副词、区别词、语气词、连词等。

（十一）时间词

在第十二章数词与量词中，作者还专门列举了汉语的时辰、日子、星期、月份以及年份（包括六十甲子表）的表达方法。作者提醒，对于一个教士来说，学会这种计算年份的方法是他学好这门语言的必要环节。这些时间词充满了中国的文化特色，从教学和应用出发，可以作为一个独立的词类。

（十二）谦恭词

在十四章，作者提出：

在我看来，在另一种文法的引导下，在此适合包括谦恭词（palabras corteses）、礼貌举止和正式社交中的书面表达。②

作者列出了一系列谦恭词，如"令、贵、尊、高、敝、贱、寒"的用法。这些词语在当时官话中必用，应当作为一个独立的词类。

---

① 瓦罗.华语官话语法 [M].姚小平，马又清，译.北京：外语教学与研究出版社，2003：54-79.

② VARO F. Arte de la lengua mandarina[M].广州：杨仁里教堂印刷室，1703：86.

通过对万济国关于这些词类的定义及其例说的理解和鉴别,《官话技艺》的词类可以确定为十二种:名词(包括实体词和形容词)、代词、叹词、连词、动词、介词、副词、数词、计物量词、辅词、时间词、谦恭词。与前面三位相比,《官话技艺》的词类研究有了飞跃。除了形容词没有独立成类并专门研究,总体的词类格局已接近后人的一般研究。而西洋汉语文法学中的形容词独立要等到19世纪初,英国汉语文法学家马礼逊(Robert Morrison,1782—1834)的《通用汉言之法》(1815),参照英语形容词独立,① 设立《论形容词》一章,② 讨论了形容词的等级。

六、高第丕和张儒珍《文学书官话》(1869)③ 的汉语词十五类

17世纪多明我汉语文法学派的词类划分,只是西洋汉语文法学家研究汉语词类的初步阶段,此后的18世纪罗曼汉语文法学派和19世纪日耳曼汉语文法学派对汉语词类有进一步的研究。纵观300年西洋汉语文法学著作60余种,其中划分最详的汉语词类体系,在此值得一提。

1869年,美国传教士高第丕(Tarleton Perry Crawford,1821—1902)和清代学者张儒珍(浙江镇海人,1811—1888)合编的《文学书官话》(Mandarin Grammar),在山东登州刊行。此为第一本用中文行文的西方汉语文法学著作。所谓"文学书",即"文法书"。该书共分二十一章。其中第三章到第十七章,讲述汉语词类。第十八章论字换言、第十九章总讲话样,讨论汉语词性互转,即字词功能的转位。根据语义和功能,《文学书官话》将汉语词类分为十五种。

1. 名头(相当于名词——引注)一类的话(相当于词——引注)有三支,叫定名、实总名、虚总名。名头是最要紧的一类的话,可算君字(句中的主词——引注)。

2. 替名(相当于人称代词)一类的话,是代替名头的。就是"我、你、他、我们、你们、他们、自己"。"我、你、他"是替一个的,"我们、你们、他们"是替一个多的。"自己"是无定的。

3. 指名(相当于指示词)一类的话就是"这个、那个、别的、这些、那些、这里、那里、甚么、此、第、头、今、明、初、正、谁、所"。这些话都是属名头的。

4. 形容言(相当于形容词)是属名头一类的话,显出他的样儿来。就是"大、好、小、硬、黑、白、红、高、重、方、长、男、女、公、母、真、假、冷、苦、穷"。

5. 数目言(相当于数词)一类的话有两支,叫死数、活数。死数就是"一、二、三、四、十、百、千、万、亿、兆、京、赃、单、双、两"。活数就是"多少、几、都、各、全、独、总、通、等、合、奇、切、凡、大凡、个个、有个、大家、老、些、普、浑、们"。

6. 分品言(相当于类别词)一类的话,就是"条、张、只、个、把、枝、位、套、科、根、

① LANE A. A key to the art of letters: or English a learned language[M]. London: A and J Churchil, 1700: 144.
② MORRISON R.通用汉言之法[M]//A grammar of the Chinese language. Serampore: London mission press, 1815: 68-81.
③ 高第丕,张儒珍. 文学书官话(Mandarin grammar)[M]. 山东:登州府,1869.

块、本、顶、间、亩、件、句、封、管、捆、包、匹、斤、升、斗"。这样的话是分出名头的品类。

7. 加重言（相当于程度副词）一类的话，就是"最、顶、更、点、些、极、好、甚、太、狠、得狠、越发"。这样的话是属形容言连（以及——引注）数目言、随从言，加重他的意思。

8. 靠托言（相当于动词）一类的话分两支，叫动字、静字。动字就是"走、飞、想、讲、写、打、吃、来、去、行、开、爱、恨、信"，这样的话都是活动的。静字就是"是、有、值、站、躺、坐、死、住、在、为"，这样的话都是寂静的。靠托言必有名头或是替名为他的根本。动字是显出他根本的行为来，静字是显出他根本的形势（性状——引注）来。名头为君字，靠托言为臣字（句中与名词配合的词——引注）。

9. 帮助言（相当于助动词）一类的话，就是"能、会、该、应该、当、应当、可、可以、愿意、情愿、肯、喜爱、好、敢、要是、有、把、被、教"。这样的话都属靠托言，帮助他的意思。

10. 随从言（相当于介词、副词）一类的话，就是"才、先、就、再、早、晚、常常、永远、忽然、现在、已经、然后、立刻、前后、往上、往下、往前、往后、快、慢、缓、急、直、一直、必、必定、实在、真是、大约、许、这样、怎么、轻轻的、慢慢的、悄悄的、难、随便、便意、背地里"。这样的话都是随（伴随——引注）靠托言，调理他的意思。

11. 折服言（相当于否定词）一类的话，就是"不、没、未、勿、否"。这样的话能属（用于——引注）形容言、数目言、加重言、靠托言、帮助言、随从言，颠倒他的意思。

12. 接连言（相当于连词）一类的话，就是"与、和、同、连、像、又、而、而且、但是、若是、或、或是、只是、还是、就是、既然、虽然、果然、如果、为、因为、使得、免得、所以、宁肯"。连接言有个时候只连接两三个字，有个时候连接两句话，也有个时候连接两段意思。

13. 示处言（相当于处所词）一类的话，就是"里、内、内里、中、中间、外、上、下、周围、前、后、从、直到"。这样的话都是属一个名头，而且显示出别的名头的地处，或是形势的地处来。

14. 问语言（相当于疑问词）一类的话，就是"么、甚么、为甚么、怎么、呢、岂、多会、几时、可不是"，这样的话是问的味气（语气——引注）的记号。

15. 语助言（相当于助词、叹词）一类的话，就是"啊、罢、咳、哎、哟、罢了"。这样的话都是味气的记号。

显而易见，有中国学者合作，也就自然结合了中国传统的字类研究成果。其中词类名称用"言"，盖受英语 parts of speech（言辞成分）的影响。《文学书官话》的汉语词类划分体系，与30年后面世的《马氏文通》（1898）的字类划分，显得更切合汉语特点。

七、余论

可以设想，16世纪晚期，西班牙人远涉重洋，落脚马尼拉。在当地，看到许多来自中国大陆的"生意人"（Sangleya），知道"马尼拉的生意人居住的城市叫漳州"（Una çuidad que se llama cham cheu de donde son las Sangleyos de Manila）。也许此前，西班牙人已从葡萄牙人那里听说过"中国人"（Chins，见于1502年葡萄牙语文献）和"中国"（China，见于1512年葡萄牙语文献）。西班牙多明我会士与侨居马尼拉的中国漳州府生意人打交道，最初也只能手势比画、实物指示，不可能找到兼懂西班牙语与中国语的人。只有自己慢慢地学，很艰难地，开始学上了几句日常口语。交往日趋频繁，学会的口语越来越多，甚至可以用中国语（漳州话）主动询问生意人，以了解中国语言知识。他们时常感到的困惑是，自己母语中的形态变化，在汉语中没有，生意人用的是另外的表达方式。由此促使他们有意识地寻找两种语言之间的语义对应物。也许，一些多明我会士把这些对比要点一条条记录下来，日积月累，为进一步汇总这些知识提供基础。在他们之中，中国语说得最好的开始考虑编写教材。难点是语音分析（采用西班牙字母记录，最难的是声调掌握），重点是词类分析（最难的是名词格变、动词时态和语态，还有程度表达的等级），最后还要附带对话与行文模式。语言难学的还是词汇，于是感到有必要编撰一份双语对照词表或词典。如果要进一步读写中文，就必须学习汉字。这就是高母羡编撰的《中语技艺》、《中语词汇》（*Arte y Vocabulario de la Lengua China*）和《汉字技艺》（*Arte de la Letras China*），由此组成了西班牙人最初学习中国语文的三部教材。于是，多明我会士通过课堂教学来传授中国语，在马尼拉开始了最初的"对外汉语教学"以及最早的"汉语水平测试"（1604）。

高母羡的《中语技艺》稿本递相传抄，此后的多明我会士又根据其学习心得递相增补。随着他们来到中国福建，描述的对象从漳州话转向中国通行的官话。黎玉范编撰了第一部《官话技艺》（1635），开始在马尼拉进行官话教学。多明我会士的研究影响了耶稣会学者。作为徐方济《漳州话文法》（1641）的修订版，卫匡国的《中语文法》（1652）把多明我学派的成果带到了欧洲。此后的欧洲学人出于好奇，1696年，有一传抄的《中语文法》（*Grammatica Linguae Sinensis*，共15页）刊于法国泰夫诺的《文集》第二卷《旅游奇集》，内容太简且流传有限。直到1703年，万济国的《官话技艺》（1682）刊于中国广州，传教士或欧洲人才有了第一部学习官话的印刷教材。

综上所述，17世纪多明我汉语文法学派的研究具有承传性，从技术层面来说是增补性。通过曼萨诺《漳州话技艺》、徐方济《漳州话文法》、卫匡国《中语文法》、万济国《官话技艺》这几本书的章节体例及具体例说的梳理和比较，显示其相似度极高，或者说一脉相传，其源头即高母羡的《中语技艺》。虽然该书原稿亡佚，然而其主要内容却以传抄并递相增补的方式得以流传，也许正是这些增补本后出转精，才使最初的底本湮没。

就词类划分而言（见表1），多明我文法学派立足尽快学会汉语，尤其在西方人觉得难以掌握之处关注汉语的特点。然而，与相对完善的汉语词类系统尚存距离，特别在一些词的归类上稀里糊涂。也许，这些研究者首先是传教士，而非专业语言学家或接受过语言调研训练的学者，囿于帮助西方人快速掌握汉语的应急策略，他们难免缺乏汉语语感、充分的汉语知识以及系统分析方法。就方法论而言，所谓"用拉丁文法框架分析汉语"，从不同角度可能有不同表述。站在汉语的立场，这是套用拉丁文法框架分析汉语（甚至扭曲了汉语的某些现象）。然而，站在当时西方人急于了解和掌握汉语的立场来看，这些撰写者并非"就汉语且为汉语而研究汉语"，他们的目标非常明确，就是为西方人提供快速学习的汉语知识，由此决定了他们自然而然地基于所熟悉母语及其有限分析方法来理解汉语。有一常常被忽视的事实，在句子中，名词之间的语义关系（格关系）、动词的时态和语态（本质上是语义表达），无论在什么语言中都存在。只是西方语言采取屈折变化手段（语义的标记化，或标记化的语义），而汉语采取的是词序和虚词手段。因此，西洋汉语文法学家实际上是基于这些一般语义关系的理解，在两种结构类型不同的语言之间寻找话语表达即语义交流的对应物。一言以蔽之，早期西洋汉语文法学本质上就是对比的产物。而不同语言之间对比的基础，不可能是某一语言单方面的特点，而务必植根于一般语言的语义性。

表1　四家词类划分对照表

曼萨诺9	名词			连词	动词		副词	数词	量词	辅词	时间词	否定词
徐方济8	名词	代词		连词	动词		副词	数词	量词	辅词		
卫匡国10	名词	代词	叹词	连词	动词	介词	副词	数词	量词	辅词		
万济国12	名词	代词	叹词	连词	动词	介词	副词	数词	量词	辅词	时间词	谦恭词

基于对比方法，就行文方式而言，多明我文法学派基本上是例说法。先就某一语言现象，简明交代汉语和西语（西班牙语、拉丁语）之间的不同，接着就是举例（例词、例句），如果有必要则加以补充说明或辨析。其目的就是，要使西方人基于其母语知识，通过对比找到汉语和其母语之间的对应物，由此理解和掌握汉语的某一表达式。作为对比的产物，多明我文法学也就难免削足适履，其成功之处得益于对比，其杂乱之处同样源于对比。

既然西洋汉语文法学是为西洋人学习汉语服务的，17到19世纪的中国学人未加注意也就不足为怪。直到19世纪和20世纪之交，在"智民富国"思潮的背景下，才有了《马氏文通》的应运而生。马建忠的汉语词类划分借鉴了《普遍唯理语法》的分类系统，[1] 还可能受到马若瑟（Joseph Marie de Prémare，1666—1735，音译普雷马赫）《汉语札记》（*Notitia Linguae Sinicae*，1728年完成于广州，拉丁文版1831年刊于马六甲，英译版1847年刊于广州）[2] 的影响。[3]

进入20世纪以来，汉语词类划分则转向接受英美系统的影响。由于当时的中国语言学家并不知晓西洋汉语文法学论著，当然不可能从中吸收经验或教训。

Unraveling the Mystery of Word Classification Division II: Word Classification by Western Chinese Grammarians in the 17th Century

LI Baojia

（Research Center of Russian Language, Literature and Culture, Heilongjiang University, Harbin, Heilongjiang 150006）

Abstract: At the end of the 16th century, Dominicans came to Manila to learn the Chinese l-anguage from local Chinese people. They compiled the Chinese textbooks, thus establishing the Dominican School of Chinese Grammar. This paper combs and compares the word classification

① 陈国华.普遍唯理语法和《马氏文通》[J].国外语言学，1997（3）：1-11.

② PRÉMARE J M. Notitia linguae sinicae[M]. Malacca：Anglo-Chinese college，1831.

③ 刘亚辉.马若瑟《汉语札记》与《马氏文通》文言虚字对比研究[M].北京：语文出版社，2016.

of Western Chinese grammarians in the 17th century: Mançano (1620) divided them into nine categories, as a comparison to Diaz (1641) into eight categories, Martin (1652) into ten categories, and Varo (1682) into twelve categories. The studies of the Domingo School are inherited, and their origin is *Arte de la Lengua China* (1592) written by Cobo. These studies are based on learning Chinese as soon as possible, especially focusing on the features of Chinese that Westerners find difficult to understand. In terms of methodology, it can be argued that applying the framework of Latin grammar to analyze Chinese word classification ddistorts Chinese language phenomena to some extent. However, these writers did not "study Chinese in itself and for its own sake". Their goal was to provide Westerners with easy-to-learn knowledge for the Chinese language, which inevitably led them to adopt the analysis method in their familiar mother tongue. Such studies are based on a general understanding of semantic relations, looking for correspondences between languages with different structural types. Early Western Chinese grammar is the product of contrast, and its success, as well as confusion, is also due to contrast.

Key words: 17th century; western scholars; Chinese grammar; word classification

（学术编辑：李湘）

高丽朝鲜时代科举韵书与中国韵书的关系 *

张民权

（南昌大学 中文系，江西 南昌 330031）

摘　要：历史以来，作为中国邻邦的高丽及后来朝鲜，与中国各个主要历史朝代亲善往来，实行事大慕华的一贯政策，朝贡不断，接受中国的儒家汉字文化，包括科举文化。从唐五代以来，高丽派遣大批优秀学者参加中国的科举考试，所谓"宾贡"，获取功名后又回国从事文化管理工作，为高丽后来实行科举制度奠定了良好的基础。从五代末高丽仿照中国实行科举之初，至金朝大定年间，使用的科场韵书都是《切韵》《唐韵》之类的韵书。金朝崛起，先后灭辽亡宋（北宋），高丽对金称臣，自此之后使用的是金朝《礼部韵略》。金末衰弱，高丽人开始自己修撰科场韵书，这就是《韵略》和《三韵通考》。它们都是根据金人后期《礼部韵略》改编的。朝鲜李氏王朝建立之后，朝鲜人依据《新刊韵略》编写了《排字礼部韵略》。而高丽人编写自己的科举韵书是从金末开始的，故本文在阐述其历史渊源时，从宋金时代历史出发，着重金朝政权及其科举制度的建立，以及金朝《礼部韵略》的编撰，然后阐释高丽朝鲜科举韵书《韵略》《三韵通考》《排字礼部韵略》与《新刊韵略》的关系。

关键词：高丽科举；科举韵书；《新刊韵略》；《韵略》；《三韵通考》

一、引言

中国科举制度源远流长，至少从隋唐开始，比较完善的科举考试制度已经建立。唐朝进士科目有诗赋考试一科，并以此取士，此风流传不衰，经宋金元一直不改。不仅如此，海外日本、高丽和越南等也受此风影响，科举取士，实行诗赋考试等。

诗赋是韵文，必须按照韵书押韵。不用过多怀疑，盛唐及五代，诗赋考试依据的是陆法言《切韵》及其唐人增修本，其诗赋取韵之范围，就是人们心目中的《切韵》193 部或 195 部，后来发展为《唐韵》的 206 韵，宋朝《广韵》即依次编撰，当时可能还没有编纂像宋代《礼部韵略》之类的简本韵书，也就不会有后来宋金时期官家规定的韵部"同用""独用"之功令。[①] 与此同时，相邻的日本、高丽和越南等国科举考试，其科场官韵标准使用的也可能是《切韵》《唐韵》之类的韵书。

据文献资料，日本实行科举制度较早，大致在神龟五年戊辰（唐开元十六年，728）始行进

---

* 本文为国家社科基金冷门绝学专项"元代《礼部韵略》系韵书文献整理与研究"阶段性成果，项目编号19WYB033。本文研究曾在 2021 年四川西南交通大学音韵学会议上做纲要性发言。

① 至少没有发现这样的文献记载，虽然唐诗中有些合韵现象，但不是官方"功令"。

士考试，至公元十世纪承平年间（931—938）后衰微结束，前后230余年。越南实行科举取士制度，始于李朝仁宗太宁元年（1075，北宋熙宁年间），十九世纪后，法国殖民者禁止阮朝官方文书汉文的使用，在全国范围内停止汉文教育，1919年，科举制度废除。[①] 高丽实行科举制度是在中国的唐五代时期，高丽王朝之初的光宗王昭时期（949—975），此时为中国唐朝之末的五代时期。光宗九年（958），光宗采纳五代周人双冀建议，正式实行科举考试。其初使用的韵书应为中国《切韵》系韵书。

女真族政权金朝建立，实行科举考试，其时高丽使用的韵书可能是金朝的《礼部韵略》。虽然举行科举较早，但其编撰科场使用的"官韵"书却至少要到海陵王完颜亮后期，[②] 最保守的说法是金世宗大定初。

其时高丽王朝与宋朝关系一般，而与金朝较好，为藩属国，每年都要遣使朝贺，所以会采用金朝《礼部韵略》，当然，此前一定是《切韵》类韵书。金朝入主中原，北宋王室贵族不得已南渡躲避，开始了南宋王朝的延续。虽然宋朝仍实行科举取士，继续沿用先朝编写的《礼部韵略》，但高丽人科举取士并没有使用，至少从目前掌握的材料看，没有使用宋人编写的《礼部韵略》。从《大金礼集》记载看，金朝避讳都要牒报高丽国。[③] 否则，高丽贺表等就会牵涉到金主庙讳字。[④]

宋人《礼部韵略》始编于北宋真宗景德二年（1005），主修者有陈彭年、晁迥、丘雍、戚纶，其正式颁行使用是景德四年（1007）。[⑤]

景德年间编写的《韵略》没有流传下来，近年（2012）在江西抚州南城发现了北宋英宗治平年间《礼部韵略》，以及日本真福寺本藏北宋哲宗时期的《礼部韵略》，弥足珍贵，它们都是官修韵书的翻刻或补修本。此外还有南宋时期诸多私家注释修订本，如无名氏《附释文互注礼部韵略》和毛晃《增修互注礼部韵略》等等，但上世纪八十年至清朝以前的人们都是把它们看成宋代《礼部韵略》。

那么，金朝为什么不采用宋人《礼部韵略》呢？

这要从金朝历史及科举制度说起。

二、金朝建立及其科举制度实行

女真族建国是从太祖完颜阿骨打开始的。女真族初归附契丹辽，故又叫"女直"，避辽兴宗耶律宗真讳。北宋末政和年间，阿骨打统一女真各部落，建国"大金"政权，公元1115年建

---

① 以上参见刘海峰.中国对日、韩、越三国科举的影响[J].学术月刊，2006（12）；崔晓.从日本汉诗看古代日本贡举制度[J].世界历史，2012（1）；黄轶球.越南汉诗的渊源、发展与成就[J].学术研究，1962（4）.

② 据《金史·选举志》，贞元元年（1153）定贡举程试条理格式，是否编撰了科举韵书，不可考。

③ 《大金集礼》卷二十三《御名》记载，如天会十四年（1136）六月降下御名音切及同音字号，下礼部检讨，并"牒报高丽、齐、夏国。"

④ 《大金集礼》同卷条："皇统三年（1143），学士院看详，高丽贺表内犯太庙讳同音，缘元初不经开牒，至有犯讳。"

⑤ 宋·张淏《云谷杂纪》卷二："本朝真宗时陈彭年与晁迥、戚纶，条贡举事，取《字林》《韵集》《韵略》《字统》及《三苍》《尔雅》为《礼部韵》。凡科场仪范悉着为格。"又王应麟《玉海》卷四十五《景德新定韵略》条："景德四年十一月戊寅，诏颁行《新定韵略》，送胄监镂板。"

元"收国"。随后雄心勃勃,先后灭辽亡宋。金人铁蹄沦陷宋之汴京是在北宋末钦宗赵桓靖康元年(1126,金太宗天会四年),之后宋室南渡,开始偏安一隅的南宋王朝。通过签订系列屈辱条约,称金朝为"伯"(比父亲还大),自称宋朝为"侄",以换取相对喘息苟安的南宋政权存在。据《金史·太宗本纪》,天会四年春正月,金攻宋,渡河破滑州,汴京危在旦夕,宋太上皇帝徽宗出奔。之后宋金议和,"宋以康王构、少宰张邦昌为质。辛巳宋上誓书地图,称侄大宋皇帝,伯大金皇帝。"天会八年(1130年),南宋(赵构)向大金皇帝上降表称臣,从此,南宋成为金朝的属国。此为当时宋金政治关系。

靖康之前,高丽与北宋关系甚好,据历史文献记载,宋建国之初,太祖赵匡胤建隆三年(962)、乾德元年(963)、乾德三年(965)等,高丽国王昭多次遣使来贡方物。① 以后太宗真宗朝科举取士,宋朝又多次接受高丽国"宾贡"进士。如《宋史·外国列传·高丽》载太宗淳化三年(992)高丽国遣使宾贡事,略曰:

> 三年,上亲试诸道贡举人,诏赐高丽宾贡进士王彬、崔罕等及第,既授以官遣还本国,至是(陈)靖等使回,治上表谢曰:"学生王彬、崔罕等入朝习业,蒙恩并赐及第,授将仕郎守秘书省校书郎,仍放归本国。窃以当道荐修贡奉,多历岁年,盖以上国天高,遐荒海隔,不获躬趋金阙,面叩玉阶,唯深拱极之诚,莫展来庭之礼。……"

按《宋史》卷五《太宗本纪》,宋太宗淳化三年,高丽宾贡进士达四十人。其曰:"戊戌亲试礼部举人,辛丑亲试诸科举人,戊午以高丽宾贡进士四十人,并为秘书省秘书郎遣还。"此条记载可以与上段内容互相印证。

王应麟《玉海》卷一百十六《选举》"咸平宾贡"条,亦有记载。曰:

> 太平兴国五年(980),高丽康戬举进士,初肄业国学。咸平元年(998)二月戊申,赐高丽宾贡进士金成绩及第,附春榜。景祐元年(1034),高丽宾贡进士康抚民召试舍人院,四月三日赐同出身。

以上皆可见高丽与北宋王朝的关系。而自南宋开始,高丽与宋关系疏远,主要是南宋向金称臣以后。

从南宋与金的地理对峙关系可以看到,宋金边界线大致以淮水为界。淮水以北的广大地区包括辽之幽燕十六州汉族区域及北宋地区等皆为金之占领地,黄河以东及黄河以北的山东山西以及黄河以南的河南北部等,皆为沦陷区,而南宋主要压缩在淮水以南的长江两岸的狭小地区。

讨论高丽与宋金之间的关系变化,是非常有必要的。

金人聪明之处在于,北宋灭亡后,立即实行科举取士,以笼络占领地契丹、北宋之汉族士民。天会五年(1127)八月,太宗诏曰:"河北河东郡县职员多阙,宜开贡举取士以安新民。其南北进士,各以所业试之。"此所谓"南北选"。《熙宗本纪》天眷元年(1138),"诏以经义词赋两科取士。"

何谓"南北选"?《金史》卷五十一《选举志》载曰:

> (天会)五年,以河北河东初降,职员多阙,以辽宋之制不同,诏南北各因其素所习之

---

① 李焘.续资治通鉴长编[M].北京:中华书局,2004.

业取士，号为南北选。熙宗天眷元年（1138）五月，诏南北选各以经义词赋两科取士。海陵庶人天德二年（1150），始增殿试之制而更定试期三年，并南北选为一，罢经义策试两科，专以词赋取士。

注意上述历史记载，金人科举一开始就有诗赋考试，不过是"北人"。所谓"北人"，应该是亡辽之契丹士族（其中也有女真族——熟女真）包括汉族人，[①] 而原属北宋管辖而今受金统治下的汉族人则为"南人"，因为"南人"在北宋科举里是诗赋和经义兼考，对经义比较熟悉。当然，这是大致而言，而没有绝对的"南北"地域界限。海陵王虽然"并南北选为一，罢经义策试两科，专以词赋取士"，但其实后来并没有如此而为，这些可以从《金史》记载的人物传记中看出来。而诗赋是韵文，需要以某种韵书为用韵标准，当时金朝刚刚建立，不可能编写像宋人那样的《礼部韵略》，何况宋朝为臣属国，出于民族"尊严"所在，金人绝不会采用之。[②] 道理很简单，宋金对峙，作为战胜国的金朝，绝不会采用战败国的宋朝《礼部韵略》。因此，金朝之初科举诗赋考试科目等虽仿照唐辽宋等，但"官韵书"还应该是《切韵》《唐韵》之类的韵书，但在"同用""独用"功令上，参考了宋人《广韵》和《礼部韵略》。

关于金朝科举制度，《金史·选举志》记载颇为详核。曰：

> 辽起唐季，颇用唐进士法取人。然仕于其国者，考其致身之所自，进士才十之二三耳。金承辽后，凡事欲轶辽世，故进士科目兼采唐宋之法而增损之。其及第出身视前代特重，而法亦密焉。若夫以策论进士取其国人，而用女直文字以为程文，斯盖就其所长以收其用。

又说：

> 金设科皆因辽宋制，有词赋经义策试律科经童之制。海陵天德三年（1151），罢策试科，世宗大定十一年（1171）创设女直进士科。初但试策，后增试论，所谓策论进士也。明昌初又设制举宏词科，以待非常之士。故金取士之目有七焉：其试词赋、经义、策论中选者谓之进士，律科经童中选者曰举人。……凡词赋进士，试赋诗、策论各一道，经义进士，试所治一经义、论策各一道。其设也，始于太宗天会元年（1123）十一月，时以急欲得汉士，以抚辑新附。

以上两段文字大致可见金朝设科取士的政策。考试科目应该与唐辽宋大致相仿，只是进士科目分为词赋进士、策论进士、经义进士等，而策论进士是为了照顾女真民族人而设。《金史·选举志》曰："策论进士，选女直人之科也，始大定四年（1164）。世宗命颁行女直大小字，所译经书，每穆昆选二人习之。寻欲兴女直字学校。"虽然进士有三种，但还是以词赋进士为多，如《金史·哀宗本纪》记载：哀宗正大元年（1224），"甲辰，赐策论进士孛术论长河以下十余人及第，经义进士张介以下五人及第；戊申，赐词赋进士王鹗以下五十人及第。"从三者比例中可以看出，词赋进士占绝大多数。

---

① 据清修《钦定重订契丹国志》卷二十三《试士科制》材料，辽国科举考试以诗赋为主，"圣宗时止以词赋法律取士。词赋为正科，法律为杂科。"按圣宗为耶律隆绪统和年初（983）至太平年末（1030）。

② 有些学者断言，金人《礼部韵略》参酌的是宋人景德《韵略》，这是对当时宋金历史关系不了解，故出这番"悬测"言论，殊不可取。详见文内分析。

三、金朝《礼部韵略》编写及其修订过程

金朝之前，科举取士有唐、辽和宋朝，其科举取士皆以诗赋考试为主。虽然金朝科举制度有自己的一些特性，但其中一条主线很清楚，就是历史的沿袭性。故《金史·选举志》言，辽科举因唐制，而金因辽宋制，所以推论金初科场诗赋使用的是《切韵》系韵书。凡科举诗赋考试，主考官都会将韵书置于考场，以备士人临时翻阅。金朝也是如此，参见下引金人许古《新刊韵略序》。

起初，金人之所以使用《切韵》系韵书，究其原因，其时金初建国时间很短，从金太祖阿骨打（在位八年）建国之后，经金太宗完颜晟（十二年）、熙宗完颜亶（十四年）到海陵王完颜亮（十二年）三朝，总共不到五十年，历史积累太短，缺少一定数量的学者文人及相应的文化基础，可以想象，朝廷的文化大臣都是亡辽大臣，而北宋的文臣官员绝大数都随着宋室南渡跑到南方去了。所以短时间内，金朝不可能编写出像宋代《礼部韵略》那样的韵书，由于两国特殊政治关系，而金朝在文化上又不愿"屈尊"依傍宋朝，故只能使用唐五代以来的先朝唐韵书。

依据现在一些文献，金人后来确实编写了自己的《礼部韵略》，其编撰时间大概在金世宗大定中，这点，我们在《王文郁〈新刊韵略〉源流及其历史嬗变》等论文中曾做过初步的研究。[①] 我们认为，金朝《礼部韵略》今虽不存，上世纪初（1908年后）在西夏故地黑水城出土的《韵略》残卷即为金代早期《礼部韵略》。可惜残卷仅存数页，难见全貌，韵部只存平声支（部分）、脂、之（残缺）、皆（略有残缺）、灰、咍、真（部分）等八个，计有110组小韵，270多个韵字。此乃天之未丧斯文也。然而，根据《韵略》残卷韵目次序"十灰""十一真"，以及韵目下标注的韵部同用和韵内同用韵的标写，它属于所谓"平水韵"106韵模式无疑，王文郁《新刊韵略》韵部次序即如此。因为"真"不避讳，所以可以断定此非契丹辽国之《礼部韵略》。可惜残卷太少，更多的金人避讳信息及其所体现的韵书时代特征等，难以作详细的考究。

但此书在韵字收录及编排形式上与后来《新刊韵略》或有不同，此残卷以现存韵字推考，原书大致6000余字，其韵字收录参照了《广韵》《集韵》乃至宋《礼部韵略》等，如皆韵末"澴"字："埋沦流丨。乌怀切。"《广韵》及《新刊韵略》均无此字，仅见于怀小韵户乖切，"澴，北方水名也。"《集韵》皆韵崴小韵乌乖切下见此字："浍澴，水不平貌。"又如残卷灰韵后三字，残卷为两个小韵，捼（乃回切）和桅（苏回切）鞲（鞍带），而《广韵》《新刊韵略》却为一个小韵：捼（索回切。击也）桅（毸桅，凤舞，出《楚辞》）鞲（鞍之边带也）。可见，金之初期《礼部韵略》与《新刊韵略》不同，不是按照现存《广韵》编写的。又如残卷灰韵"缞"字，注曰："正。本作衰也。苴丨缌丨。"（竖线丨代表韵字"缞"）而《广韵》《新刊韵略》注释却为："缞，丧衣，长六寸博四寸。亦作衰。"《新刊韵略》也没有"苴丨（缞）缌丨（缞）"两个词藻。如果有兴趣对照的话，可以发现残卷《韵略》与《广韵》和《新刊韵略》有很多不同之处。因此，可以断定，残卷为金朝早期韵略无疑。

有些学者从现存《新刊韵略》反切注释等与认为《广韵》类似相同出发，就推论金朝《礼

---

① 参张民权.王文郁《新刊韵略》源流及其历史嬗变 [J].励耘语言学刊，2021（1）；又张民权.中国韵书《新刊韵略》在高丽朝鲜时代的传播 [J].民俗典籍文字研究，2020（26）.

部韵略》采用了"早被宋人废弃的景德《韵略》",① 认为《平水韵》是北宋景德《韵略》的改并与增补。② 先是宁继福（忌浮）先生有这种看法，其观点很具有代表性，具体研究详见于其著作《古今韵会举要及相关韵书》之《礼部韵略考》中，其后青年学者如张渭毅和李子君等一大批研究者，在一些论著中也同意之，并坚持这种看法。如李子君曰："据宁忌浮先生考证，金朝诗赋科考的《韵略》，是以景德《韵略》为蓝本，稍加修订而成，修订的最主要内容是将 206 韵并为 106 韵。金朝《韵略》原刊本早佚，刊行于正大六年（1229）的王文郁《新刊韵略》是它的代表，此即后世所称的'平水韵'。"③ 这只是引述性言论。再看李子君论文《〈新刊韵略〉〈广韵〉考异》中的研究结论：

> 综合考量两书异同，笔者认为，《新刊韵略》与《广韵》有直接的传承关系，它在减缩删并景德《韵略》基础上，还参考了宋代《集韵》《礼部韵略》和同时代的《五音集韵》等韵书，并适当吸收了一些金代实际语音。④

其实，这种看法颇有歧误，因为从黑水城残卷《韵略》的编撰看，金初《韵略》韵字音义注释等与《广韵》并不完全一致。《新刊韵略》是后来礼部韵的私人修订本，其性质犹如宋无名氏《附释文互注礼部韵略》一样，现在我们看到了北宋官修《礼部韵略》原本，即日本真福寺本和江西抚州南城本《礼部韵略》，与《附释文互注礼部韵略》相比，多有差异。我们不能以后来的《新刊韵略》编排而说明先前的金国《礼部韵略》。⑤ 这些学者忽略了金代《礼部韵略》的编写，实际上是个不断发展和完善的过程。或鉴于先前礼部韵不足，后来金朝礼部才改为以《广韵》韵字编排为基准。

下面是黑水城残卷《韵略》部分韵部残页（见图 1）。图片虽然有些模糊，但韵字注释等基本上可以看清楚。有兴趣的读者可以与《广韵》比较。⑥

---

① 宁先生《古今韵会举要及相关韵书》云："大金国的《韵略》，显然是拿早被宋人废弃了的景德《韵略》作蓝本，稍加修订而成。修订的最主要内容是将 206 韵并为 106 部。"（宁忌浮. 古今韵会举要及相关韵书 [M]. 北京：中华书局，1997：131.）

② 宁忌浮.《平水韵》考辨 [J]. 中国语言学报，1995（7）.

③ 李子君.《礼部韵略》系韵书源流考 [J]. 华夏文化论坛，2012（7）：131.

④ 李子君.《新刊韵略》《广韵》考异 [J]. 华夏文化论坛，2014（12）：188.

⑤ 李子君在上段文字中说《新刊韵略》参考了"同时代的《五音集韵》"，考韩道昭《五音集韵》编成于金泰和八年（1208），而王文郁依据的金朝《礼部韵略》在此间已修订完毕，所言《新刊韵略》参考了《五音集韵》，这种说法值得商榷。在本文中，作者以反切同异为比较，有些《新刊韵略》反切与《广韵》相异者，完全是金人避讳而改，如二冬韵冬、琼、松三个小韵，《广韵》切下字为宗，因太祖诸子之名讳（如宗峻、宗干、宗尧）而改为"冬"字。有些是《新刊韵略》本不误而作者自误者，如咸韵缄小韵古咸切，而作者误作古衔切；遇韵赴小韵芳遇切而误作方遇切；或缺少版本校勘而误者，如盐韵嫌小韵户兼切，而误作户帘切，鍼小韵奴兼切而误作奴廉切，等等。此类错误不胜枚举。

⑥ 其韵目下标注的同用韵以及韵内之同用韵的鱼尾标记，以及竖线丨代替韵字的做法，与后来的《新刊韵略》一致。注意支韵小韵排列以及韵字注释特点——省略训释甚至反切注音，如○皮（丨肤）○卑（下也）……

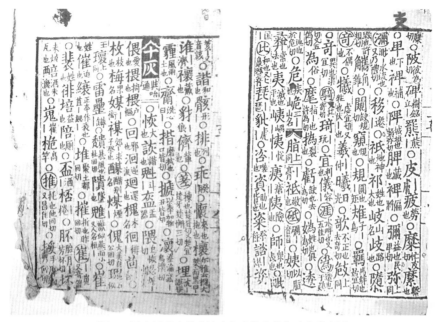

图 1　黑水城出土的《韵略》残卷支韵和十灰韵部分

　　请观察上面附录的黑水城《韵略》残卷支韵部分编排，其小韵排列，是按照小韵声类特点排列的，从图上可以看出残卷前半部分是唇音字系列：○陂○皮○糜○卑○陴○弥；后半部分是牙喉音系列：○移○祈○隳○窥○规○羁……，与宋朝《礼部韵略》的编排特点相同（但韵字收录多寡有异）。而后面脂韵的小韵编排又与《广韵》相同，编排体例不一。这可能是金朝初编《礼部韵略》特点，所以，金朝《礼部韵略》有一个前后修订的过程。

　　此外，关于金朝《礼部韵略》的性质，他们还有一个错误的认识：宋景德《韵略》与《广韵》同时编撰，而景德《韵略》是《广韵》的"略本"，故由此推论金人《礼部韵略》就是宋景德《韵略》的翻刻或曰改编本，因为《新刊韵略》编排与《广韵》相同。景德《韵略》与《广韵》的详略关系，虽然清代戴震等人有所论述，但戴震的看法没有经过论证。例如李新魁先生在解释宋《礼部韵略》时，就用戴震的话申说之。其曰：

　　　　《礼部韵略》，宋代初年，与审定《切韵》改撰《广韵》的差不多同时，为适应科举应试的需要。主持科举考试的礼部就颁行了比《广韵》较为简略的《韵略》，这部《韵略》，由于撰于宋景德年间，一般称之为《景德韵略》。它事实上是《广韵》的略本。戴震《声韵考》说："是时无《礼部韵略》之称，其书名《韵略》，与所校定《切韵》（案即《广韵》）同日颁行，独用、同用例不殊。明年，《切韵》改赐新名《广韵》，而《广韵》《韵略》为景德、祥符间详略二书。"可知《景德韵略》与《广韵》是同时产生的。到了景祐四年（公元1037年），即在《集韵》成书当年，宋仁宗命《集韵》的编纂者丁度等人"刊定窄韵十三处"，对《景德韵略》再加刊定，改名为《礼部韵略》。①

　　上面言论是是非非。但后面一句话是对的，即景祐年间，丁度等人在景德《韵略》基础上

① 李新魁.实用诗词曲格律辞典 [M].广州：花城出版社，1999：73.

再加刊定,改名为《礼部韵略》。李新魁先生在《汉语音韵学》中也有这个观点。曰:"这个《景德韵略》事实上是《广韵》的略本,所以称为'韵略'。"①

景德《韵略》与《广韵》为详略两种韵书,它是"金朝《礼部韵略》取自宋景德《韵略》"的推论前提。实际上,这些看法都是错误的。笔者早年发表《〈礼部韵略〉与〈集韵〉关系之辨证》一文,②做了详细的辩证。后来我们继续研究,发表《金代〈礼部韵略〉及相关韵书研究》一文,③我们认为:第一,所谓景德《韵略》和后来丁度编撰的《景祐韵略》,都是同一种韵书,《景祐韵略》是在景德《韵略》基础上的修订,其修订的主要内容就是删定"窄韵十三处"。《广韵》是《切韵》的修订本。《礼部韵略》与《广韵》没有编撰上的关系,其编撰是从科场实际使用出发,主要表现在小韵按照声类相从的原则编排,在小韵反切上兼顾声韵结构洪细开合的特点,④有利于科场考生临时检阅,这是吸收了等韵学的研究成果,体现了宋人的音韵学思想和学术创新之观念。如果说,《广韵》是继承传统,而《礼部韵略》则是宋人创新。同时《集韵》的修撰也是在《礼部韵略》的基础上编写的,其小韵顺序编排及其反切基本上与《礼部韵略》一致,但其中有些小韵顺序编排仍有差异,包括反切等。是先有《礼部韵略》而后才有《集韵》,而不是所谓的"《礼部韵略》是《集韵》未定稿的简缩",或者是"《礼部韵略》是从《集韵》未定稿简缩并稍作修订而成的"。⑤第二,金人《礼部韵略》的编撰与宋人《礼部韵略》没有关系,至多是少数韵字的斟酌采纳上。

所以,黑水城残卷《韵略》的发现,有着非常重要的意义。它让我们看到了金朝早年《礼部韵略》的编写风貌,如此,学术界关于金朝《礼部韵略》乃至宋朝景德《韵略》的种种似是而非观念的迷雾,将一一澄清,其中一些错误观点,将不攻自破。关于宋金《礼部韵略》关系及其性质的认识,尽管学术界有很多学者附和之,但本人坚信:真理不是以人数多寡乃至"讻讻满庭"者所决定的,真理需要依赖文献语言事实和深入细致的研究推理,事实胜于雄辩,有时候,真理往往在少数人手里。因为这些学者没有看见或者是没有认真研究过黑水城残卷《韵略》,故有许多悬测之言。

除黑水城残卷外,金人《礼部韵略》的编写,王文郁《新刊韵略》和张天锡《草书韵会》等均可说明之。《新刊韵略》是金朝《礼部韵略》修订增补本,在韵书中,金人避讳字都做了相应的处理,或缺笔或小韵改变次序,或改变反切上下字,如骁,古尧切改为古聊切,太祖名讳旻,武巾切改为武中切等,可以说明它的时代性;《草书韵会》是根据金《礼部韵略》韵字摘录的,其韵字基本上可以与《新刊韵略》对应,一些避讳字的缺失也可从中得到反映。

《新刊韵略》许古"序"也透露了金人《礼部韵略》的一些信息,其曰:

> 科举之设久矣。诗赋取人,自隋唐始。厥初公于心,至陈书于庭,听举子检阅之。及世变风移,公于法,以防其弊,糊名考校,取一日之长,而韵得入场屋。比年以来,主文者

---

① 李新魁.汉语音韵学[M].广州:中山大学出版社,2019:38.

② 张民权.《礼部韵略》与《集韵》关系之辨证[J].汉语史研究集刊,2008(11).

③ 张民权,田迪.金代《礼部韵略》及相关韵书研究[J].中国语言学报,2014(16).

④ 读者有条件和兴趣可以参阅日本真福寺本北宋《礼部韵略》或无名氏《附释文互注礼部韵略》等,其韵字编排即如此,限于篇幅,本文不举例,请谅解。

⑤ 宁忌浮先生和李子君、张渭毅等都有类似观点,可参阅张渭毅.再论《集韵》与《礼部韵略》之关系[J].南阳师范学院学报,2010(11):26;李子君.论《礼部韵略》与《集韵》的差异[J].吉林大学学报,2012(3):77.

避嫌疑,略选举之体,或点画之错,辄为黜退。错则误也,误而黜之,与选者亦不光矣。

　　近平水书籍王文郁携"新韵"见颐庵老人,曰:"稔闻先《礼部韵》,或讥其严且简;今私韵岁久,又无善本。文郁累年留意,随方见学士大夫,精加校雠,又少添注语,既详且当。不远数百里,敬求韵引。"仆尝披览,贵于旧本远矣。

　　这里说明了几个重要问题,第一,王文郁《新刊韵略》是"先《礼部韵》"的修订本,所谓"精加校雠,又少添注语,既详且当""贵于旧本远矣"。这种修订本如同宋无名氏《附释文互注礼部韵略》一样:基本韵字及其音义注释保留,但增补了一些训释和词藻。而先《礼部韵》是"其严且简"。"严"是指押韵之严,不许出韵,"简"是指韵书编排注释简略,甚至连反切注音都省略了(参见图1)。这些,我们可以从黑水城《韵略》看出来。第二,自唐宋以来,官方《礼部韵略》是"陈书于庭,听举子检阅之",金代科举《礼部韵略》也是如此,所谓"韵得入场屋"。

　　许古"序"作于金哀宗正大六年(1229),其时金朝还没有灭亡。由此可以推论,王文郁《新刊韵略》其时还没有使用于金代科举,其使用时间是在蒙古帝国征服金朝以后。所以,从编撰成书时间上看,《新刊韵略》主要是根据金后期《礼部韵略》修订的。

　　按许古(1157—1230)字道真,河间人,明昌五年(1194)词赋进士。宣宗朝自左拾遗拜监察御史,以直言极谏,为当朝权臣所嫉恨,两度削秩。《金史·列传》记载甚详,曰:其所言"皆切中时病,有古诤臣之风焉"。哀宗立,召为补阙,迁右司谏致仕。正大七年(1230)卒,年七十四。许古"平生好为诗及书,然不为士大夫所重,时论但称其直云"。(《金史》卷一百九《列传》第四十七)

　　《新刊韵略》有多种版本,目前大陆藏书有上海图书馆藏抄本和北京图书馆清抄本,此外,我国台湾图书馆藏元刻本,使用时必须校勘。同时,元代还有几部根据《新刊韵略》的改版本,曰《文场备用排字礼部韵略》,日本有藏本,我国台湾及北图均有藏本,北图本略有残缺。此外还有《魁本排字通并礼部韵注》,名异实同,全本藏台北故宫博物院。它们对校勘《新刊韵略》很有用处。不叙。

　　下面,我们讨论高丽时代《礼部韵略》问题。

四、高丽人编撰科场韵书《礼部韵略》的历史背景

　　上文讨论,金人入主中原后,宋室南渡,南宋王朝对金称臣,为突出大金国的强盛地位,金人编撰了用于科场取士的《礼部韵略》。金之前,高丽国对辽称臣,辽灭,对金称臣,成为金之藩属国。《金史》载高丽自金太宗天会四年(1126)起,每年都要遣使来贺。《金史·太宗本纪》天会四年六月,"丙申朔,高丽国王王楷奉表称藩。"此时正是北宋王室刚刚覆亡之际。又五年"高丽夏遣使来贺"。因此,无论是从地缘政治(朝鲜半岛与中国东北相邻),还是从当时宋金对峙强弱关系看,高丽国都与金朝关系很近。

　　正是从此时起,高丽王朝与金朝关系密切,而与宋朝关系疏远。所以一旦金人编写了科场韵书,高丽人就会采用之。

　　那么,高丽人在什么时候编写了科场韵书呢?那一定是在金朝衰弱或行将灭亡的时候,对

高丽失去管束力。现在我们知道，高丽人也编撰了礼部韵书《韵略》和《三韵通考》。它们的编撰应该是在金末衰弱之后编写的。这个时间点可能就是在金末卫绍王（1209年即位）时期，此时正是蒙古成吉思汗大举进攻金国时期。从卫绍王即位至金哀宗天兴三年（1235）金朝灭亡（此年哀宗死末帝即位），三十余年中金朝与蒙古一直处于交战中。而高丽与金朝的关系也随之中断，战火纷飞，道路艰险，不可能有使节往来。于是乎高丽人编写了自己的科场韵书，这本韵书的名字就叫作《韵略》。此时为高丽高宗王皞（1213—1259）执政时期。

随着金国灭亡（1235），高丽与金国的关系也成为历史，这时候，应该着眼未来的高丽与蒙古的关系了。1259年，高丽高宗薨，世子王禃继位，是为元宗，在位十五年（1260—1274）。此时正是忽必烈践政时期，蒙古人灭金以后，接着便进攻高丽，于是乎蒙古人与高丽人的战争频仍。为了改善高丽与蒙古的关系，元宗与忽必烈采取和亲政策，迎娶忽必烈女儿为世子忠烈王做妻子，成为儿女亲家，并对元朝称臣，暂时缓和了高丽与蒙古的关系。元宗文化方面的一大建树，就是在科举考试上，编撰了新的考场韵书《三韵通考》，一直使用到高丽末。李氏朝鲜建立后一段时间内还在使用，直到世祖李琜时代（1455—1468）编辑了《排字礼部韵略》为止。

那么，为什么要编撰《三韵通考》呢？也完全是高丽与蒙古元朝的关系导致，因为高丽《韵略》从编撰形式上看，与金朝《礼部韵略》没有本质上的不同，而《三韵通考》就不一样了，其编撰方式是平上去三声连贯，上下一致。参见图2。

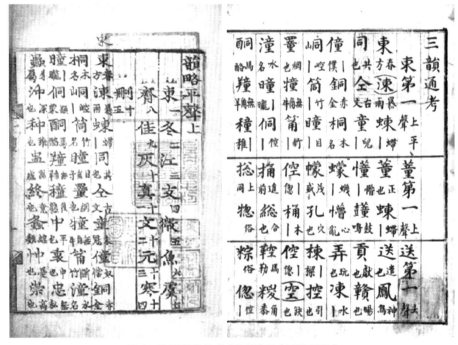

图 2   高丽科举韵书《韵略》和《三韵通考》

其实，《三韵通考》的底本还是《韵略》，其韵部划分都是106部，韵字收入以《韵略》为基础，略略增收了一些，最大不同是编排形式不一样，采用平上去三声上下三栏对应，此或是有意无意地进行韵书编排的革新，以躲避蒙古人的嫌疑，因为蒙古人后来也编写了《礼部韵略》。^①或诘之曰：为什么不直接采用我们元朝的科举韵书？

　　李氏王朝建立后，作为官韵的《三韵通考》虽然使用了一段时间，但随着《排字礼部韵略》的编撰问世，《三韵通考》便退出了科场。因此朝鲜王朝从世祖开始 1460 年开科取士至 1894 年全面废除科举制度为止，科场韵书都是《排字礼部韵略》，前后使用了四百余年。

　　以上为高丽科举韵书《韵略》和《三韵通考》产生的时代及其历史背景。

五、《新刊韵略》与高丽朝鲜诸韵书的关系

　　然而，考察这些韵书的编撰，它们与中国韵书《新刊韵略》有着密切的关系，可以说，其底本就是金人《礼部韵略》的修订本，这个修订本比金初《礼部韵略》增收了一些韵字，并对原有的避讳字和新登基的金主避讳字做了适当的调整，而这些修订内容反映在《新刊韵略》中。因此，我们习惯上将王文郁《新刊韵略》视为金《礼部韵略》，因为金《礼部韵略》不存，姑且而为之，就像历史上人们将宋无名氏《附释文互注礼部韵略》视为宋代《礼部韵略》一样。

　　忽略一些细小枝节，如编排形式和韵字增损等因素，仔细考察这些韵书的韵字编排及其小韵次序等，都有一个内在的一致性，他们与《新刊韵略》是一致的。高丽时代韵书《韵略》和《三韵通考》在韵字收录和释义上与金《礼部韵略》一致，参见图 2。《韵略》版本很多，日本和韩国均有数种版本收藏，日本藏有两种年代较早的版本，一是残卷本，一是嘉靖本，残卷本后数页稍有破损，但因为排字印刷，每行字数相同，缺损之字仍可补足计算出来。韩国图书馆藏有九行本、七行本等多种。这些韵书其文字内容基本一致，除个别释义不同外，韵字收录和排序基本相同。与《新刊韵略》比较，《韵略》缺略字很多，有近百字。这些缺字或有意无意之所为，其中以省略同一个韵部内又音重复出现的韵字较多。《韵略》增字不多，比照之下，残卷本大致为 15 字左右，嘉靖本有 25 个左右。例如蒸韵增"崩"字，哿韵增"䙰"字，梗韵增"憬""暻"等，各本相同。统计《韵略》全书韵字，残卷本为 9220 字，嘉靖本 9235 字，《新刊韵略》9311 字。

　　《三韵通考》版本亦较多，后出版本多有增字现象，其原始底本韵字大致也是 9220 个左右，如奎章阁本 9227 个。后来一些版本韵字有所增加，如央图本增加凡 665 个。关于《三韵通考》源流及其版本等，本人做过一系列研究，日后将会陆续发表。^②

　　参照图 2，兹将高丽韵书《韵略》文字训释仅列《韵略》一东部分，括号内为注释文字。

　　　东（春方），涷（暴雨），蝀（蝃丨）。同（共也），仝（古文），童（儿丨），僮（奴仆），铜（赤金），桐（木名），峒（崆丨），筒（竹名），瞳（目瞳），罿（网也），犝（无角牛），箘（断竹），潼（水名），曈（丨昽），侗（颎蒙），酮（马酪），羭（无角羊），穜（穜穋），中（平也），衷（中

────────────

①　元朝《礼部韵略》不存，其增修本有无名氏《文场备用排字礼部韵略》，元统间刊刻，日本和我国台湾均有藏本，北京图书馆有残卷本。另外，元阴时夫《韵府群玉》和严毅《诗学集成押韵渊海》等，其韵字收录也是以元《礼部韵略》为基础。参张民权.严毅《押韵渊海》与元代《礼部韵略》研究 [J].经学文献研究集刊，2021（26）.

②　参张民权.朝鲜汉字韵书《三韵通考》产生之历史背景 [J].华夏文化论坛，2021（25）；《三韵通考》与高丽韵书《韵略》源流关系考 [J].华夏文化论坛，2022（27）.

也），忠（无私），虫（豸属），冲（深也），种（稚也），盅（器虚），终（竟也），螽（蝗类），忡（忧也），崇（高也），……

对照比较《三韵通考》，其注释文字差异甚小，图片文字清晰，在此省列，读者可以比较。通过比较，可以帮助本文前面的观点，《三韵通考》是根据《韵略》编写的。两种韵书的不足也是共同的：没有小韵与反切注音，似乎不符合"韵书"的要求，盖编者是从诗赋押韵出发，只需考虑某个韵字所在韵部就行，至于反切音释似乎不是很重要。

下面讨论《排字礼部韵略》。

朝鲜时代韵书《排字礼部韵略》与《新刊韵略》版式完全一致，其韵字注释及其收录词藻等（参图3），两书皆为五卷。看得出，前一种韵书是后一种韵书的直接复刻本，除了极少数韵字不同外，其差别几乎可以忽略不计。这些韵字差别可能是朝鲜人刊刻时校勘所致或有所添加。朝鲜《排字礼部韵略》书后一般附录具有检索性质的韵字一卷，曰《新刊排字礼部玉篇》，《玉篇》者，字书也。此书将《排字礼部韵略》全部韵字按偏旁部首编排，部首凡364个，统辖所有韵字，另有"篇部下无字"70个。每个韵字一般标注直音，偶尔标注反切，并注明其四声和韵部所在。《玉篇》韵字范围比《排字礼部韵略》略大一些，与《韵略》所收韵字比较一致，如梗韵增加的"憬""暻"等字即见于其中。其编撰可能是早年配合《韵略》所作，而《排字礼部韵略》复刻时将它附录于后。

《礼部玉篇》的编排性质与清朝人编写的《佩文诗韵》检索书的编排性质相同，如嘉庆年间姚文登的《初学检韵》之类。但这种为官韵书编排索引的著作形式，直到近300年后才有清代人的著作，于此可见朝鲜人的学术发明矣。

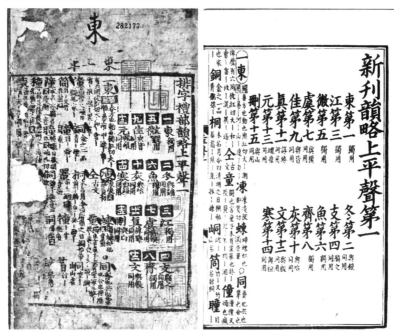

图3　朝鲜韵书《排字礼部韵略》（嘉靖箕城本，北京大学图书馆藏）；王文郁《新刊韵略》（北京图书馆藏）

朝鲜韵书《排字礼部韵略》大致编撰于明代前期，也就是在明代宗景泰年间至英宗天顺年间（1450—1464）。后来刊本甚多，流传下来的版本也很多，在韩国各地图书馆保留的不同年代的版本主要有三类：

甲种本（明天顺甲申本）。卷内平声末留有原书牌记："大德庚子良月梅溪书院刊行"。五卷，卷首载明英宗天顺甲申年（八年，1464）金孟和黄从兄序言。

乙种本（明嘉靖箕城本）。[①] 刻本五卷，前后无序跋，韩国国会图书馆等有藏本。

丙种本（万历仙岩书院本）。前有万历四十三年（1615）孙起阳序，后有丁敏道、朴㙫同年后跋后识。韵书部分仅有四卷，上声去声混编为一卷，韩国延世大学等藏本甚多。现代影印本有韩国著名学者俞昌均先生序刻本。

另外还有时在清康熙年间翻刻的上述三类版本。

中国大陆及海外收藏的版本也很多，台北故宫博物院及辽宁省图书馆收藏有明天顺甲申本。北京师范大学藏有天顺甲申本（复刻本），北京大学藏有嘉靖本等系列。

这些韵书皆为《新刊韵略》的翻刻本，只是将原韵书中的"新添""重添"的避讳字做了调整。天顺本最为珍贵，因为其卷一卷二之末保留了元刻牌记："大德庚子良月梅溪书院刊行"。由此我们知道《新刊韵略》还有一个大德四年（1300）梅溪书院刊本，"排字"编排，这个本子国内失传，其版式保存在朝鲜韵书《排字礼部韵略》中。这些可以从下列韵书对比中看出来（见图4）。比如上世纪末敦煌莫高窟出土的韵书残页《排字韵》，通过与朝鲜甲申本版式比较，即是属于这种刊本。[②]

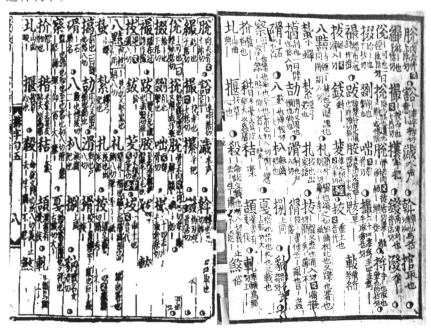

图4　左为敦煌《排字匀（韵）》入声第八页；右为朝鲜《排字礼部韵略》甲申本相应入声（北师大本）

---

① 据报载，2015年10月，韩国以《儒教雕版印刷木刻板》向联合国教科文组织申请文化遗产中，有汉语韵书《排字礼部韵略》，刊刻年代为天顺四年（1460），其刊刻版式与箕城相同，是现存韵书中较早的版本，可惜未能刻印，具体内容不详，故权且以笔者所见韵本言之。

② 以上内容参见张民权.朝鲜刊本《排字礼部韵略》述要[J].民俗典籍文字研究，2015（16）；张民权.中国韵书《新刊韵略》在高丽朝鲜时代的传播[J].励耘语言学刊，2021（30）.

两相对照，朝鲜韵本在板式和韵字编排上与敦煌残卷本完全一致。有些错误或俗写也相同，如濊（水声）和坆（又音代），按"代"为"伐"之误（朝鲜本"坆"误作"拔"）。由此可以推论两点：一是敦煌《排字韵》就是大德四年的梅溪书院《新刊韵略》，二是朝鲜韵书《排字礼部韵略》之底本就是梅溪书院本《新刊韵略》。

也许读者会问，朝鲜时代还有高丽韵书《韵略》和《三韵通考》，为什么朝鲜人舍弃而不用呢？

答曰：元灭明立，高丽又归附于明朝。其后高丽王朝被李氏推翻，建立朝鲜王朝，朝鲜王朝亦对朱明王朝称臣。明朝虽然也实行科举制度，但没有诗赋考试一科，所以没有编写《礼部韵略》，尽管编写了《洪武正韵》，但不是用来科举考试的。尽管明朝没有诗赋考试，但民间对近体诗的写作热情不减，近体诗使用的是"平水韵"106部，也就是金元《礼部韵略》的分韵部分。前面说过，《韵略》和《三韵通考》都是高丽王朝的官韵书，朝鲜人当然不愿意使用，但等了很久，明朝人没有编写官韵书，只好自己编撰。

鉴于前朝韵书的缺点，朝鲜人直接选用了金末王文郁的《新刊韵略》，况且元朝人也使用它改编成《礼部韵略》。[1] 此韵书既有小韵反切，又有韵字训释和词藻，而且选用的是"排字形式"的大德间梅溪书院本。故名曰《排字礼部韵略》（见图5）。

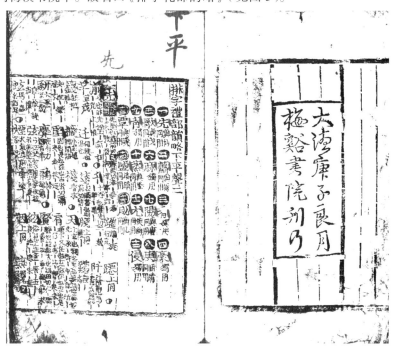

图 5　朝鲜韵书《排字礼部韵略》天顺甲申本（辽宁图书馆藏）

英宗天顺本卷首有朝鲜人金孟序言一篇，序作于天顺甲申年，曰《圣朝颁降排字礼部韵略序》。其序略曰：

吾东方科举尚矣，其在高丽，独双冀倡浮华之文，识者讥之。然文章经世之器，词气

---

① 张民权.严毅《押韵渊海》与元代《礼部韵略》研究 [J].经学文献研究集刊，2021（26）.

发越之士，皆由此出，故至于今不替。恭惟我太祖以圣文神武而开国，太宗专事文雅，表里坟典，犹且神劳棘围，讳留成均，壁图纱笼，尚新于时。领议政府事翼成公黄喜惧夫，以九二见龙之才，应九五飞龙之德，际会风云，捷巍科，典文衡，余四十年，期间以学士掌选，无虑数十，深知是篇，约而博，简而要，尤切于科场，欲刊广布，未就而卒。今其孙黄从兄义止，来倅清道郡，牛刀治暇，请善刻缁流，出家传一本，始手不半年而断工。其继祖父之志，以辅我圣朝设科举士，右文兴化之意，大矣哉！

序中提到的黄喜（1363—1452），字惧夫，号厖村，谥翼成，享年九十，由高丽入朝鲜，是朝鲜王朝著名宰相，为相三十年，辅佐太祖、太宗、世宗、文宗四朝，于经史无所不通。太宗朝知贡举事，所谓典文衡数十年。其重要贡献就是认定《新刊韵略》的学术价值和文化价值，敦促其孙黄从兄刻写成书。书后有黄从兄跋文一篇，追述祖父酝酿刻书过程，曰："国朝颁降《礼部韵略》，非特切于科举，上自王宫，下至庶人，大而简檄期会，小而名物钱财，莫不悴以用事。"

按天顺甲申本还不是最早的版本，在其之前有刻于天顺四年庚辰本，是为世祖李瑈六年（1460），比现在见到的甲申本还早四年。但此版本今佚，仅见于 2015 年 10 月韩国发布的《儒教雕版印刷木刻板》介绍中，韩国以此向联合国教科文组织申报文化遗产成功。

又按先是世宗二十八年（1446）丙寅颁布《训民正音》，但遭到多数人的反对，也难用于科举考试，同时也违背了自高丽以来"至诚事大，一遵华制"的事大慕华之传统。故黄喜等极力敦促刊刻《排字礼部韵略》也是有来由的。所以，朝鲜世祖即位（1455）之后的科举，即采用了《排字礼部韵略》，一直使用到朝鲜王朝结束（1894）。

六、结语:《三韵通考》之流变

以上我们以金朝建立以及金朝科举制度与科举韵书编撰为铺垫，对高丽朝鲜科举韵书与中国韵书之关系做了梳理，并着重从高丽与金朝、朝鲜与明朝的政治关系等方面，做了历史事实的深入发掘，通过研究，我们从中可以看到中国文化对周边国家的影响和历史传播。

高丽朝编写的科举韵书为《韵略》和《三韵通考》，李氏朝鲜王朝建立，编辑了《排字礼部韵略》以及相应的《礼部玉篇》。这些韵书与中国韵书《新刊韵略》有着直接的关系。所谓高丽朝鲜时代科举韵书与中国韵书的关系，主要是《新刊韵略》。当然，高丽早期科举诗赋用韵标准是《切韵》或言《唐韵》之类。

值得一提的是，《三韵通考》之后，朝鲜人以此韵书为基础又编写了很多相关韵书，如《增补三韵通考》《华东正音通释韵考》之类。因为《三韵通考》虽然是汉字韵书，但朝鲜人视之为自己民族的韵书作品，它在编排形式上与中国韵书迥然有别，故以之为基础，产生了大量的增补类韵书。这些韵书或增加韵字，或增加音义注释，其中最有价值的是音释，参照朝鲜训民正音而注释"华音"和"俗音"，是我们研究近代汉语语音的宝贵资料。此类韵书中《奎章全韵》（原名《正音通释》）为朝鲜正祖年间官方编修，纂作于正祖十三年壬子（乾隆五十七年，1792），主修者李德懋。该书编撰上最大特点是将《三韵通考》平上去相承的三栏版式，改版为平上去入四栏编排，不仅如此，还在韵末增加一些古韵通转"叶读"音，故全书收录韵字 13345 字，成为《三韵通考》增补类韵书的集大成者。而这些韵书也就成为实实在在的"汉字"

类朝鲜韵书，尽管如此，他们还是属于中国韵书《新刊韵略》源流与嬗变（参图 6），在韵书史的研究上具有重要的历史价值。这些韵书的研究成果，我们将另文发表。

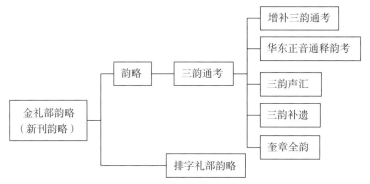

图 6 《新刊韵略》对高丽朝鲜的影响及源流关系

The Relationship between Rhyme Books of Imperial Examination in Goryeo Joseon Period and Chinese Rhyme Books

ZHANG Minquan

（Department of Chinese Literature, Nanchang University, Nanchang, Jiangxi, 330031）

Abstract: As a neighbor of China, Goryeo and later Korea had friendly exchanges with the major historical dynasties of China, and carried out a consistent policy of great admiration for China, paying tribute continuously, and accepting the Confucian culture of Chinese characters, including the imperial examination culture. From the Tang Dynasty to the Five Dynasties, Goryeo sent a large number of outstanding scholars to take part in China's imperial examinations.They passed the imperial examinations and then returned to China to engage in cultural management after gaining fame, which laid a good foundation for the later implementation of the imperial examination system in Goryeo. They were called "*Bingong*". From the end of the Five Dynasties, when the imperial examinations were carried out in Goryeo in imitation of China, to the Dading years of the Jin Dynasty, the rhyme books used in the imperial court were *Qie Yun* and *Tang Yun*. After the rise of the Jin Dynasty, the Liao and the Song (Northern Song) were destroyed successively, and Goryeo proclaimed themselves ministers to Jin. Since then, the Jin Dynasty has used the Jin Dynasty's *Li Bu Yun Lue*. With the decline of the Jin Dynasty, the Goryeo people began to write their own rhyme books, which are called *Yun Lue* and *San Yun Tong Kao*. They are adapted according to *Li Bu Yun Lue*. After the establishment of the Lee Dynasty in Korea, the Korean people wrote *Pai Zi Li Bu Yun Lue* which is based on *Xin Kan Yun Lue*. Goryeo people began to write their own imperial examination rhyme books from the late Jin Dynasty. Therefore, in this article, starting from the history of the Song and Jin Dynasties, focused on the establishment of the Jin regime and the imperial examination system, as well as the compilation of the Imperial Examination Rhyme book of the Jin Dynasty, and then explains the relationship between rhyme books of Imperial examination in Goryeo Joseon Period and Chinese rhyme books.

Key words: the Goryeo imperial examination; imperial examination rhyme books; *Xin Kan Yun Lue*; *Yun Lue*; *San Yun Tong Kao*

（学术编辑：陈明娥）

中国语文学的海外津梁

——高本汉及其《汉文典》

郑 伟

（华东师范大学 中国语言文学系，上海 200241）

摘　要：瑞典汉学家高本汉是中国语言学史上一位值得纪念的学者。他在中国语言学研究领域，尤其是汉语历史音韵学方面，有较多经典的论著。本文围绕高氏《汉文典》（1940/1957），介绍了该书初版问世之前的学术史背景，由此阐明高氏学术观点的发展脉络。并通过介绍该书的基本内容和观点等，指出该书对当时的学术界所产生的深远影响。由此可见高本汉与其《汉文典》在沟通中外学者的中国语文学研究方面所作出的重要贡献。

关键词：高本汉；《汉文典》；音韵学史；语文学

一、《汉文典》的成书背景

瑞典汉学家高本汉（Bernhard Karlgren，1889—1978）的名著《中国音韵学研究》[①]（*Etudes sur la phonologie chinoise*，1915—1926）的第四卷"方音字汇"部分尚未出版之前，他在汉语中古音（Ancient Chinese，或译 Middle Chinese）之外，已经开始积极投身于汉语上古音（Archaic Chinese，或译 Old Chinese）的探索当中。

第一部涉及上古音方面的著作，是《中日汉字分析字典》[②]（以下简称"《分析字典》"）。高氏在该书明确提出了上古汉语的十条谐声原则（the principle of phonetic compounds），可以说是在清儒段玉裁"同声必同部"假设基础上所做出的重要推进。共涉及端透定、知彻澄、庄初崇生、章昌禅船各组内部互谐（第1~4、7条），端透定与精清从心邪不互谐（第5条），精清从心邪与庄初崇生互谐（第6条）、书母与章昌禅船大都不互谐（第8条），精清从心邪、庄初崇生大都不与章昌禅书船互谐（第9条），端透定还可与章昌禅船互谐、但不与书母互谐（第10条）。即使有可商之处，高氏在拟定谐声条例方面，还是颇为缜密与谨严的。

从谐声关系出发，为上古音构拟复声母，是《分析字典》的引人注目之处。例如高氏指

---

①　董同龢先生《韵镜校注·序》对高氏的批评是："高本汉氏作《中国音韵学研究》，奠定近代音韵学研究的基础，他那本大著中，不能令人满意的地方，有不少是由于等韵资料不足而来的。"参龙宇纯.韵镜校注[M].台北：艺文印书馆，2014：序1.

②　KARLGREN B. Analytic dictionary of Chinese and Sino-Japanese[M]. Paris：Librairie Orientaliste Paul Geuthner，1923.

出："在一个谐声系列中，存在着相当多的舌根音与边音 [l] 交替的情形"。① 如：各 kâk（格 kɐk）：络烙 lâk 略 ljak；京 kjɐng（鲸 gʰjɐng）：凉谅 jang；监 lam（轞 ɣam）：蓝滥 lâm。② 高氏由此认为："毫无疑问，在远古有复声母存在的痕迹，但它们很早就单声母化了。上面的例子显示，有古老的 *kl- 存在。但是同样明显的是，并不是所有的字都有 *kl- 音，因为如果是这样，它们应该都发生同样的变化。所以我们必须假设几种可能性。"③ 比如，就有"各 *kâk：络 *klâk"和"各 *klâk：络 *glâk"两种可能。高氏认为，"我们只须注明在这些系列中一些字可能有 kl- 或 gl- 的音。至于精确的音值则在未来汉藏语的比较研究中有获得的可能"。④ 此外，《分析字典》还讨论了中古照三组与见组字之间的谐声问题，如：氏 ẓiḙ（<*dʰ-）：祇忯 gʰjiḙ。

高氏还注意到"使吏"的谐声问题，于是给"使"字构拟了复声母 *sl-。⑤ 但具体音值，未能遽断，认为 *ṣl-、*sl- 都有可能。⑥ 再如给谐声字"黑墨"拟音时，基于"墨"mək 由"黑"χək 加上词头 *m- 所构成，遂将"墨"字拟作 *m-χək。⑦

简单声母方面，知、章二母的上古拟音，《分析字典》沿袭了高氏在《中国音韵学研究》中关于中古音系的认识，分别拟作了 *t- 和 *ᶫt-。此外，高氏采纳了"照二归精"的说法（中古以后韵图的位置排列上，照二在二三等，精组在一四等，亦形成互补关系），将照二（庄）、精二母均拟作 *ts-。⑧ 此外，根据中古喻四字的谐声关系，高氏推断其上古音阶段应有 d-、g-、z- 等不同来源。例如：甬 iwong<*d-（通 tʰung）；匀 iuĕn<*g-（钧 kiuĕn）；羊 iang<*z-（祥 ziang<*dz-）。再如根据中古匣 ɣ-、群 g- 两母的互补情形，推断其上古音阶段都应为 *g-。

《分析字典》没有给阴声韵部构拟塞韵尾，但为与入声字相谐的去声字（如"内纳""例列"谐声）构拟了 *-b、*-d 韵尾。到了 Karlgren（1928），高氏批评了德国汉学家西门·华德根据古藏文有浊塞尾，把上古入声拟作浊塞尾的做法。⑨ 高氏进而提出了一个与之前相反的假设："说不定还并不是韵尾辅音的性质影响到字的性质，倒还许那调是本来有的，因调而影响到韵尾的性质呐"。⑩ 于是，"列""例"和"白""怕"两组字被分别拟作 *līăt-（列）、*liʾăt（例）和

① KARLGREN B. Analytic dictionary of Chinese and Sino-Japanese[M]. Paris：Librairie Orientaliste Paul Geuthner，1923：31.

② 本文的中古拟音不标星号，上古拟音则标上星号，以示区别。引用其他学者的观点及材料时，除了遵照一般习惯，将高本汉所用的送气符号由后单引号'改作前单引号'之外，拟音一般依照原文，不作改动。

③ KARLGREN B. Analytic dictionary of Chinese and Sino-Japanese[M]. Paris：Librairie Orientaliste Paul Geuthner，1923：31.

④ 此处高氏论述的中文译文遵照龚煌城先生的文章。相关的学术史回顾，亦可参看龚煌城.上古汉语与原始汉藏语带 r 与 l 复声母的构拟 [J]. 台大文史哲学报，2001（54）：1-36.

⑤ KARLGREN B. Analytic dictionary of Chinese and Sino-Japanese[M]. Paris：Librairie Orientaliste Paul Geuthner，1923：173.

⑥ 参龚煌城.从汉藏语的比较看上古汉语的词头问题 [J]. 语言暨语言学，2000（2）：39-62.

⑦ KARLGREN B. Analytic dictionary of Chinese and Sino-Japanese[M]. Paris：Librairie Orientaliste Paul Geuthner，1923：54.

⑧ KARLGREN Bernhard. Analytic dictionary of Chinese and Sino-Japanese[M]. Paris：Librairie Orientaliste Paul Geuthner，1923：25.

⑨ SIMON W. Tibetisch-Chinesische worgleichungen，ein versuch[J]. Mitteilungen des Seminars für Orientalische Sprachen，1927（30）：147-161，1928（31）：175-204.

⑩ KARLGREN B. Problems in archaic Chinese[J]. Journal of the royal asiatic society，1928（4）：769-813；高本汉.上古中国音当中的几个问题 [J]. 赵元任，译.历史语言研究所集刊，1930（3）：351.

bʰɒk-（白）、*pʰak（怕）。

《分析字典》还提及中古带 -n 尾字与带零韵尾字之间的谐声关系，如：番 bi̯wɒn/phi̯ɒn：播 puâ 幡 buâ/puâ 鄱 buâ；难 nân：傩 nâ。尽管到了 Karlgren（1928、1933）才有更为详细和合理的讨论，但问题已经提出来了，同时也引起了西门·华德（Simon，1927—1928）等西方汉学家的重视。如西门氏曾将与"番"谐声的"播"上古音拟作 *puâđ（此处的 [đ] 表示舌尖浊擦音）。[①] 高氏反对该说，而主张上古音发生的语音变化是 -an>-aⁿ>-a。其中高氏写作 -aⁿ 指的是元音鼻化。[②]

高本汉《汉语词类》（*Word Families in Chinese*，1933，以下或简称"《词类》"）[③] 再度作了修正，放弃了之前的"鼻音化"的观点，该文列出了收 -n 尾字与元音收尾字之间有语音关系的 130 个例字（组）。包括谐声（"顾近""难傩""浑挥"）、押韵（如《诗经》"泚鲜""迩近"、《易经》"幡翰"、《老子》"牝死"）、词族（"几近""衣隐""水准""饥馑"）等，提出这部分中古阴声韵字应来自上古的 *-r 尾字。同时还举了汉藏同源词作为佐证，包括：藏 lus（身体）～汉 thiei（体）、藏 'bras（米）～汉 miei（米）、藏 'phur（飞）～汉 pjwei（飞）、藏 khor（回复）～汉 kjwei̯（归）。[④]

高氏《词类》在构拟与中古明母谐声的晓母字的上古音时，与《分析字典》亦有不同。后者是复声母 *mx-，前者则改作了 *xm-，如"悔" *xmwəg、"昏" *xmwən。[⑤] 随后李方桂有所辨议，"因为我们完全不知道，上古汉语的'悔'是否有唇音声母、是什么形式，'悔 xuâi'这个词可以立刻排除。（原文脚注：高本汉提议 xm-。但'悔'的声母大也可以是 mx-，或甚至是不带音的 m̥-。对于这样的声母，我们没有明确的答案。）"[⑥] 关于上古汉语清鼻音的假设，由李方桂先生肇其端，它是在高本汉复声母 *mx- 拟测方案基础上的进一步修正，随即又得董同龢先生从谐声字等角度（如"每悔""莓蕻""尾炜""微徽"）大力播扬，"从音韵演变方面说，在问题之内的差不多都是合口音。说一个 m̥- 因受后面 -w-（或 -u-）的影响后来变作 x-，不也是很自然的吗？尤有进者。近年李方桂、张琨两先生在贵州一带调查若干闽南语与苗瑶语的方言，正发现不少清鼻音的存在"。[⑦]

高本汉《诗经研究》（*Shi King Researches*，1932，下文简称"《诗研》"）[⑧] 是一篇主要讨论上古韵部与中古韵类对应关系的长文。高氏在该文中交代其写作主旨，一是讨论上古音阶段

① 龚煌城.从汉、藏语的比较看汉语上古音流音韵尾的拟测 [C]//西藏研究论文集，1993（4）：1-18.
② KARLGREN B. The authenticity of ancient Chinese texts[J]. Bulletin of the museum of far eastern antiquities，1929（1）：165-183.
③ KARLGREN B. Word families in Chinese[J]. Bulletin of the museum of far eastern antiquities，1933（5）：9-120.
④ 龚煌城认为，高氏在《汉语词类》一文中所提出的七个汉藏同源词，真正可靠的只有三列，除了这里提到的和汉语"飞""归"对应的藏文词例，还有一例是：藏 gnyis（二）～汉 ńi（二）。参龚煌城.从汉、藏语的比较看汉语上古音流音韵尾的拟测 [C].西藏研究论文集，1993（4）：1-18.
⑤ KARLGREN B. Word families in Chinese[J]. Bulletin of the museum of far eastern antiquities，1933（5）：93.
⑥ LI F K. Archaic Chinese *-i̯wəng, *-i̯wək, and *-i̯wəg[J]. Bulletin of history and philology academia sinica，1935（5）：65-74；李方桂.论中国上古音的 *-i̯wəng、*-i̯wək、*-i̯wəg[M]//李方桂.汉藏语论文集.吴昭瑾，林英津，译.北京：清华大学出版社，2012：86.
⑦ 董同龢.上古音韵表稿 [M].南京：历史语言研究所专刊单刊甲种之廿一，1944：13.
⑧ KARLGREN B. Shi King researches[J]. Bulletin of history and philology academia sinica，1932（4）：117-185.

喉塞韵尾在各类字中的分布，二是以《诗经》为重要依据，阐明其在上古韵部分类方面的见解。文章重申高氏于 1928 年所提出的给"怕""例"等去入相关的去声字构拟 -k、-t 等韵尾的新主张，并以"害曷""载则"等假借字组及"度""覆""塞"的去入二读等材料作为佐证。[①] 随后着重讨论了以下三组《切韵》诸韵类的上古音值[②]：一、-âi（咍）、-i（之）、-i̯ə̯u（尤），例字如：来 *ləg、灾 *tsəg、子 *tsi̯əg、载 *tsək、值 *dʰi̯ək；二、-a（歌）、-i̯a（戈）、-uo（模）、-i̯wo（鱼）、-i̯u（虞）；三、-ə̯u（侯）、-i̯ə̯u（尤）、-âu（豪）、-au（肴）、-i̯äu（宵）、-ieu（萧），例字如：侯 *gʰu ~ 取 *tsʰi̯u、母 *mug ~ 久 *ki̯ug ~ 来 *ləg ~ 基 *ki̯əg ~ 休 *χi̯og ~ 老 *log ~ 包 *påg ~ 陶 *di̯åg ~ 萧 *siåg ~ 高 *kog ~ 郊 *kåg ~ 庙 *mi̯åg ~ 苕 *dʰi̯åg。西门（Simon，1927—1928）为《诗经》与入声字押韵的阴声字构拟了擦音尾 *-γ，高氏（1928）将其改作 *-k 或 *-g。在讨论上古鱼（铎）部拟音时，高氏为以下这几组字提供了上古拟音：

1. 各 *klâk⁻ ~ 路 *glak；2. 橐 *tʰâk⁻ ~ 蠹 *tʰâk；3. 蒦 *gwâk⁻ ~ 護 *gʰwâk；4. 斥 *tʰi̯ak⁻ ~ 诉 *sâk；5. 昨 *dzʰâk⁻ ~ 胙 *dzʰâk；6. 错 *tsʰâk⁻（入声）和 *tsʰâk（去声）；7. 恶 *·âk⁻（入声）和 *·âk（去声）；8. 莫 *mâk⁻（入声）和 *mâk（去声）；9. 谟 *mâk⁻（入声）和 *mâk（去声）；10. 度 *dʰâk⁻（入声）和 *dʰâk（去声）。[③]

　　1929 年底，李方桂先生自美返国，任职于历史语言研究所。随后相继在海南、广东作语言田野调查。据李先生的回忆："赵元任当时在研究汉语，特别是汉语方言。我说：'我不想研究汉语方言。已经有了一个人，再加上其助手等等，就足够了。'于是，我只好在别的学科摸索。我研究的内容之一是藏语。……我也搞过汉语研究，上古汉语音韵学；因为赵元任对古汉语历史音韵学不感兴趣，他只对方言感兴趣。我也写过一些汉语历史音韵学方面的文章"。[④] 李先生在汉语上古音和藏语、美洲印第安语和侗台语的田野调查研究等方面，可以说是完美继承了其导师、美国结构主义语言学家和文化人类学家萨丕尔（Sapir Edward）的学术风格。在乾嘉诸儒已有的研究成果基础上，李先生运用结构主义的分布分析方法，于 20 世纪 30 年代连续发表了多篇论文，[⑤] 开创了汉语上古音研究的崭新局面。

　　上文已经述及，当时在这一领域已有影响的学者，只有高本汉、西门·华德等少数西方汉学家（国内有相同志趣的学人，则有王静如、董同龢、林语堂、闻宥等几位）。尤其是高本汉，对李方桂先生的上古音研究而言，自然是不可忽略的参考。如李方桂（1931）批评高本汉（1928）"基 kji、来 lâi、久 ki̯ə̯u、福 pi̯uk 所以押韵的原故是因为他们原来有 -g 韵尾，（基 *kjig、来 *lâg、久 *ki̯əg）"的说法，进而指出"他们押韵的原故不但是因为只有个 -g 的韵尾并且因为他们的主要元音也相同：'基'是 *ki̯əg，'来'是 *ləg，'久'是 *ki̯əg，'福'是

① KARLGREN B. Shi King researches[J]. Bulletin of the museum of far eastern antiquities，1932（4）：118-119.
② 高氏《诗研》原文的各个中古韵类后面并未标出韵目，我们根据李方桂方案加以补订，以清眉目。所举例字的上古拟音皆依照高氏的方案。参李方桂. 上古音研究 [J]. 清华学报，1971，新 9（1-2）：6-7.
③ KARLGREN B. Shi King researches[J]. Bulletin of the museum of far eastern antiquities，1932（4）：158.
④ 李方桂. 李方桂先生口述史 [M]. 王启龙，邓小咏，译. 北京：清华大学出版社，2003：44.
⑤ 李方桂. 切韵 â 的来源 [J]. 历史语言研究所集刊，1931，3（1）：1-38；LI F K. Ancient Chinese -ung, -uk, -uong, -uok, etc. in archaic Chinese[J]. Bulletin of history and philology academia sinica，1932，3（3）：375-414；LI F K. Archaic Chinese *-i̯wəng, *-i̯wək, and *-i̯wəg[J]. Bulletin of history and philology academia sinica，1935（5）：65-74.

*pǐuək"。① 这里需要说明的是，"基""久"分属中古之韵与尤韵，上古同属之部，但李先生提供的拟音方案，二字除声调外，声韵全同，实则无法解释从上古到中古韵母分化的条件。到了李方桂先生的《上古音研究》，②"期""旧"（分别与"基""久"同类，故可类比）二字的拟音分别为 *gjəg、gwjəgh，即为中古尤韵牙喉音字的上古音增加了合口介音 -w-，这就圆满解决了问题。

高本汉《诗研》的发表在李方桂（1931）后，于是对李文的观点多有辩论。例如李先生采用高氏阴声韵尾具 -g 尾的旧说，而没有采用高氏区分 -k 与 -g 两种韵尾的新说。而李方桂先生（1932）在《诗研》发表后不久，撰文专论来自中古冬韵和东三韵的字在《诗经》中押韵的情形，亦即古音学史上所谓"东冬（终）分部"的问题。高氏主张终部字"弓" *kiung 来自更早的 *kiuəng，因为高氏假设，"*-iung 和 *-əng、*-iəng 非常相似，以至于能够押韵"。③ 但李文指出，高氏"这样的假设是没有根据的"，因为李先生发现"只有 -iung（东三）与 -iəng（蒸）、-əng（登）押韵，而不是 -ung（东一）与 -iəng（蒸）、-əng（登）押韵"，"高本汉的系统里没有 *-ung 的地位。这是不可能的，我已证明上古汉语有一整组的 *-ung 和 *-iung，我们的系统里，*-iuəng 属于'弓'类、*-iung 属于'中'类，是更能令人满意的"。④ 按李先生后来给蒸部字"弓"和终部字"中"所拟的上古音分别是 *kwjəng（带唇化声母）、*trjəngw（带唇化韵尾），二部的主元音相同，⑤ 可见看法略有改变。

再到李方桂先生（1935），仍在围绕高氏（1932）展开辩论。李先生说："在以前的论文里，我将中古的 -ung（东）、-uk（屋）构拟为上古的 *-ong、*-ok，主要是基于它们常常与 -ång（-ɒŋ，江）、-åk（-ɒk，觉）押韵事实。现在高本汉巧妙地解决了这个难题，他假设 -ång 来自早起的 *-ŭng。那么把 -ung（东）、-uk（屋）认为古已有之，就没有困难。同样地，-iwong（钟）、-iwok（烛）也可以推回到上古的 *-iung 和 *-iuk。这样，对《诗经》里若干 -iu（虞）、-əu（侯）与 -uk（屋）、-iwok（烛）的例外押韵，可以有比较好的解释。我也接受他为 -uong（冬）、-uok（沃）、-iung（东三）、-iuk（屋三）、-âu（-ɑu，豪）、-iəu（尤）构拟的 *-ong、*-ok、*-iong、*-iok、*-og、*-iog 等（他认为主要元音是 -ô-[ɔ]）。引入一个松的元音，也使得我在宵部的 -m-（段玉裁的第二部）显得无用武之地。我应该将中古的 -âu（豪）、-au（肴）、-iäu（-iɛu，宵）、-ieu（萧）、-âk（铎）、-åk（觉）、-iak（药）、-iek（锡）构拟为 *-ɔg、*-ɔ̆g、*-iɔg、*-iɔg、*-ɔk、*-ɔ̆k、*-iɔk、*-iɔk。"⑥

高本汉与《诗研》同年发表的，还有一篇《老子韵考》（*The Poetical Parts in Lao-tsï*，下

① 李方桂 . 切韵 â 的来源 [J]. 历史语言研究所集刊，1931，3（1）：4.

② 李方桂 . 上古音研究 [J]. 清华学报，1971，新 9（1-2）：29.

③ KARLGREN B. Shi King researches[J]. Bulletin of the museum of far eastern antiquities，1932（4）：126.

④ LI F K. Ancient Chinese -ung，-uk，-uong，-uok，etc. in archaic Chinese[J]. Bulletin of history and philology academia sinica，1932，3（3）：375-414；李方桂 . 东、冬、屋、沃之上古音 [M]// 李方桂 . 汉藏语论文集，吴昭瑾，林英津，译 . 北京：清华大学出版社，2012：48，49.

⑤ 李方桂 . 上古音研究 [J]. 清华学报，1971，新 9（1-2）：30，32.

⑥ LI F K. Archaic Chinese *-iwəng，*-iwək，and *-iwəg[J]. Bulletin of history and philology academia sinica，1935（5）：65-74；李方桂 . 论中国上古音的 *-iwəng、*-iwək、*-iwəg[M]// 李方桂 . 汉藏语论文集 . 吴昭瑾，林英津，译 . 北京：清华大学出版社，2012：81.

文简称"《老韵》")。① 后者将研究对象扩展到西周至秦汉时期。高氏在此文中提出《老子》押韵比《诗经》自由的观点。董同龢（1938）予以批评，指出高氏若干韵语判断失误之处。

董氏对东阳通叶、之幽通叶、鱼侯通韵三种现象表示肯定，并归结为楚方音的特色。② 无疑是比高本汉研究更进了一步。

事实上，高本汉在 20 世纪 30 年代，已经将研究触角延伸至中国考古学。③ 所以在 1931 年至 1940 年这一段时间，高氏的研究成果有不少并不属于汉语历史音韵学领域。

二、《汉文典》的内容及其评价

上文介绍了在《汉文典》（*Grammata Serica*，1940）④ 发表之前，高本汉在上古音研究领域做了哪些较为重要的工作。这些成绩都是高氏编写《汉文典》的铺垫。陈梦家所撰高本汉《汉文典》一书的书评开头对该书的内容有一个较详细的介绍："全书共四七一页，内一三九页是'叙述'和附表，三三二页为上古文字的'字汇'。关于叙述部分，第一是绪论，叙述作者的方法与材料的抉择。……其次述上古音至中古音的演变，列上古韵二十六部。……其次述中古音至现代北平语的演变。其次述中古音与日译汉音。其次'诗经'韵。'字汇'部分共录所谓先秦文字七六一七个，依谐声系统分为一二六〇组。每组依其所定的上古韵二十六部，分列先后排次。每一组中尽可能地从甲骨文金文和石鼓文中采录其古体的写法，所以全'字汇'连重文在内共九八五六字。每一个字的音值有三：上古音，中古音，现代北平语。此字附有采自不同书的解释。"⑤

张世禄先生在给中译本《汉文典（修订本）》所写的"编译前言"说："《汉文典》是一部古汉语工具书。字典正文前附有长篇导言，详细阐明了高氏研究汉字形、音、义的理论依据和方法；又附有研究汉语语音史的论文《从上古汉语到中古汉语》《从中古汉语到官话》，研究日语译音的论文《中古汉语和日语汉字》⑥；还附有《〈诗经〉韵谱》。字典正文模仿朱骏声的《说文通训定声》，把所收汉字统系于一千多个谐声字族之中，字族依上古韵部排列；每一个字族中，先列声符字、独体字，后列会意字、形声字等，凡见于甲金文的，择要描录甲金文；而每一汉字，又先列上古音、中古音和现代音，次列字的本义、引申义和假借义，每一义项均标明书证出处。字典最末尚有余论一篇，阐述汉语同源字的内部屈折和音义通转现象。"正如张先生所说，"如果说《中国音韵学研究》是高氏关于中古汉语的精彩论述，那么《汉文典》就是他毕生研究上古汉语的结晶"。⑦

① KARLGREN B. The poetical parts in Lao-tsï [J]. Göteborgs Högskolas Ärsskrift，1932（3）：1-45.
② 董同龢. 与高本汉先生商榷自由押韵说兼论上古楚方音特色 [J]. 历史语言研究所集刊，1938，7（4）：533-543.
③ 郑伟，赵清泉. 青铜、纹饰与分期：高本汉的学术转向 [J]. 出土文献，2021（1）：124-136.
④ KARLGREN B. Grammata serica[J]. Bulletin of the museum of far eastern antiquities，1940（12）：1-471.
⑤ 陈梦家. 关于上古音系的讨论（附录高本汉《中国文法绪论》及其他）[J]. 清华学报，1942，13（2）：1.
⑥ 张世禄先生将此篇名误写作"上古汉语和日语汉字"，今改。《修订汉文典》（1957）并未再附那三篇论文。可能是作者出于篇幅的考虑，也有可能是觉得与初版《汉文典》相比，没有什么大的改动。
⑦ 高本汉. 汉文典（修订本）[M]. 潘悟云，杨剑桥，陈重业，等，编译. 上海：上海辞书出版社，1997：前言.

在《汉文典》之前，高氏对于汉语上古音的探讨都是由具体问题（如去入相关字的韵尾构拟）或具体材料（如《诗经》《老子》）切入，没有提供其对上古音系的系统构拟，而《汉文典》便完成了这一步。该书在附录"从上古汉语到中古汉语"一文中所拟上古单辅音声母 33 个，依次是：舌根音 [k kʰ g gʰ ŋ x]、舌面音 [t tʰ ḍ ḍʰ ŋ ɕ]、舌尖音 [t tʰ d dʰ n l s z ts tsʰ dz dzʰ]、舌尖后音 [ʂ tʂ tʂʰ dz]、唇音 [p pʰ bʰ m]、喉音 [ʔ]。其中送气的 [gʰ ḍʰ dʰ dz bʰ] 演变为中古的全浊声母群、澄、定、从、并等。不送气的 [g ḍ d dz] 与中古声母的对应，则需要分别论之。高氏认为，上古 *g- 仅出现在三等，变作中古云母（如"王"*giwaŋ>jiwaŋ），gʰ- 变作中古群母或匣母（如"乾"*gʰian>gʰiɛn、"河"*gʰa>ɣa）。上古 *ḍ- 变作中古禅母 dz-，并进一步擦化为 z-（如"禅"*ḍian>ziɛn），ḍʰ- 演变为中古船母（如"蛇"*ḍʰia>dzʰiɛn）。上古 *d- 与 *z- 都仅出现在三等，且都变作中古以母（如"榆"*diu>iu、"羊"*ziaŋ>iaŋ）。上古 *dz- 也只在三等出现，变作中古邪母（如"祥"*dziaŋ>ziaŋ）。

介音方面，高氏将所设想的中古音有强弱介音（如 -i-[j]、-w- 与 -i-、-u- 的分别）安排在了上古音系中。

高氏《汉文典》将上古音系划分为 26 个韵部，并列出了每一韵部所包含的各个上古韵类，但未注明每一个韵部的名称，仅能通过其所举例子加以考索。下面列出我们拟定的各个韵部的名称，再括注高氏所举的韵部排序及每部所含各个韵类的读法，以见一斑。

歌₁部（韵部 I，ɑ, wɑ, a, wa, i̯ɑ, ia, wia）；歌₂部（韵部 VI，ɑr, wɑr; i̯ar, i̯war; ăr, i̯wăr）；元部（韵部 IV，ɑn, wɑn, an, wan, i̯an, i̯wan, ăn, wăn, i̯ăn, i̯wăn）；月部（韵部 V，ɑt, wɑt; at, wat; i̯at, i̯wat; iat, ăt, wăt; i̯ăt, i̯wăt; ɑd, wɑd; ad, wad; i̯ad, i̯wad, iad, ăd, wăd; i̯ăd, i̯wăd）

鱼部（韵部 II，ɔ, wɔ, i̯ɔ; o, wo; i̯o, i̯wo）；阳部（韵部 XVI，ɑŋ, wɑŋ; i̯aŋ, i̯waŋ; ăŋ, wăŋ; i̯ăŋ, i̯wăŋ）；铎部（韵部 XVII，ɑk, wɑk; i̯ak, i̯wak; ăk, wăk; i̯ăk; ɑg, wɑg; i̯ag, i̯wag; ăg, wăg; i̯ăg）

侯部（韵部 III，u, i̯u）；东部（韵部 XXV，uŋ, i̯uŋ; ŭŋ）；屋部（韵部 XXVI，uk, i̯uk; ŭk; ug, i̯ug; ŭg）

至部（韵部 VIII，iet, iwet; i̯ĕt, i̯wĕt; ied, i̯ĕd）

脂部（韵部 XI，ər, wər; i̯ər, i̯wər; iər, ær, wær; i̯ær, i̯wær）；真部（韵部 VII，ien, iwen; i̯ĕn, i̯wĕn）

文部（韵部 IX，ən, wən; i̯ən, i̯wən; iən, iwən; æn, wæn; i̯æn, i̯wæn）；物部（韵部 X，ət 无字，wət; i̯ət, i̯wət; iət, iwət; æt, wæt; i̯æt, i̯wæt; əd, wəd; i̯əd, i̯wəd; iəd, iwəd; æd, wæd; i̯æd, i̯wæd）

覃部（韵部 XII，ɑm, am, i̯am, iam; ăm, i̯ăm, i̯wăm）；盍部（韵部 XIII，ɑp, ap, i̯ap, iap; i̯ăp, i̯wăp; ɑb, i̯ăb）

侵部（韵部 XIV，əm, i̯əm, iəm; æm, i̯æm; um, i̯um）；缉部（韵部 XV，əp, i̯əp, iəp; æp, i̯æp; wəb, i̯əp）

耕部（韵部 XVIII，ĕŋ, wĕŋ; i̯ĕŋ, i̯wĕŋ; ieŋ, iweŋ）；锡部（韵部 XIX，ĕk, wĕk; i̯ĕk; iek, iwek; ĕg, wĕg; i̯ĕg, i̯wĕg; ieg, iweg）

蒸部（韵部 XX，əŋ, wəŋ, i̯əŋ; æŋ, wæŋ; i̯ŭŋ）；职部（韵部 XXI，ək, wək; i̯ək, i̯wək; æk, wæk; i̯ŭk; əg, wəg; i̯əg, i̯wəg; æg, wæg; i̯ŭg）

终部（韵部 XXII，ɯŋ，iɯŋ，ʊ̆ŋ）；觉部（韵部 XXIII，ɯk，iɯk，iɯk；ŏk；iɯg，iɯg，ŏg）

药部（韵部 XXIV，ok，iok，iok；ŏk；ɔk；og，iog，iog；ŏg）

综观高本汉提出的上古韵部，与清代学者相比，无疑有其进步之处，分类也更加细密。不过也有其缺陷，比如对阴声韵部的分析便不太够，不当分而分者（如歌部分作两类）和当分而未分者（幽、之、支、宵部等皆未分出，都放在了相应的入声韵部之中，以阴声韵带 -g、-d 尾；至部还包含了质部，也是没有必要的做法）。

之前高氏所坚持的拟测方案，到了《汉文典》也可见有放弃的。例如给去入相关的入声字、去声字分别拟测 -kˉ、-k 之类韵尾音段加上韵律特征的做法，也没有沿袭至《汉文典》。

将上古汉语送气与不送气浊声母分别构拟，是高氏的创举之一。高氏坚持认为从上古到中古都有浊送气声母，从系统对称性角度言之，拟测相应的不送气浊声母是值得肯定的做法。高氏对 [g ɡ̊ d dʑ dz] 诸声母的拟测以严格的声韵条件和谐声行为为依据，是较为科学的做法。此外，高氏明确指出上古音的研究范围，即"代表上古汉语的周初首都语音"，也是值得肯定的。当然，有些现在看来是不正确的观点，比如认为《切韵》反映长安方音，从高氏《诗经研究》[1] 便有提及，而且一直比较坚持。[2]

三、《汉文典》的学术反响

《汉文典》甫一出版，遂引起国内学人的关注。如当时年轻的音韵学家周祖谟先生在《审母古读考》（成文于 1941 年 10 月 10 日）中，对此便有所评价。周先生说"高本汉（B. Karlgren）之《汉语分析字典》及《诗经研究》，复谓谐声中审母不与端照相通，其古音当与《切韵》无异"，又说"高本汉《中国文字》（*Grammata Serica，Script and Phonetics of Chinese and Sino-Japanese*，1940）分审母二等之古音为三类：（a）s-，限于二等独立韵，在 [a ă ɛ å] 一类元音之前。（b）ʂ-，限于三等韵及三四等通韵，在 -i- 介音前。（c）sl-，限于本纽字得声一类及本纽字有来纽又音者。按高氏所拟之古音，s-、ʂ- 有分，一在 -i- 介音前，一不在 -i- 介音前，立说甚细，足资依据。惟'数洒帅史'诸字高氏皆拟为 sl-，恐非汉语所有。此固为揣度之辞，然愚意以为中国古代之语言与文字均极流动，同一形体其所代表之语言未必限于同源"。[3]

据《赵元任年谱》所记："1940 年 9—11 月，阅读高本汉（B. Karlgren）的 *Grammata serica：script and phonetics in Chinese and Sino-Japanese*（文法系列：汉字语音与汉－日语音稿本），并写书评发表在美国语言杂志（*Language*）上。对此著作的评价：'It is the world premier, so to speak, of a vocabulary of Archaic Chinese（可以这么说，它是世界上首次展出

---

① KARLGREN B. Shi King researches[J]. Bulletin of the museum of far eastern antiquities，1932（4）：27.

② 高本汉《汉文典（修订本）》（中译本）"导言"指出："我们所以认为《切韵》所代表的中古汉语是活的语言（长安方言）的记录，而不是隋代各种方言的人为综合，是因为绝大多数差得很远的现代方言都能够把《切韵》音作为它们系统而逻辑地发展而来的母语"。到了 1954 年出版的《中上古汉语音韵纲要》中，仍坚持此观点，"我们用'中古汉语'（Ancient Chinese）指代《切韵》纂集的公元六〇〇年左右的语言，这实质上就是陕西西安方言，这一方言在唐朝成为一种共通语（Koine），除沿海的福建省以外，全国各州县的知识界人士都说这种语言"（高本汉. 中上古汉语音韵纲要[M]. 聂鸿音，译. 济南：齐鲁书社，1987：2）。

③ 周祖谟. 审母古读考[M]// 周祖谟. 汉语音韵论文集，上海：商务印书馆，1957：130，139-140.

的一本中文字汇）'。（元任私人文件夹，元任 1940 年 10 月 7 日给 Elisséeff 教授的信）"①

关于陈梦家所写《汉文典》书评一文的背景，根据近来子仪所搜集的史料，②包括以下一些：1941 年 12 月，陈梦家在昆明写作《文法绪论》（引者按：即《汉文典》）。在此之前，朱自清曾与陈梦家谈及高本汉关于《尚书》的研究（据朱氏 1941 年 11 月 28 日日记），"梦家告卡尔格林（引者按：即高本汉）谓《尚书》之《无逸》《多方》《康诰》中皆为韵文。""读陈梦家的《高本汉中国文法之评判》，渠对古音的意见颇可贵"（朱氏 1942 年 2 月 4 日日记）。"卡尔格林关于《经典释文》的评论对我很有启发"（朱氏 2 月 11 日日记）。"将《中国文法绪论》的翻译稿归还陈（梦家）"（朱氏 2 月 12 日日记）。同年 7 月，陈梦家重录《文法绪论》一文。

奥德里古尔（Haudricourt A. G.）《怎样拟测上古汉语》说："《汉文典》第 71—72 页高本汉承认他的拟法不足以解释古时候的吴语，但他却下结论认为吴语是个混合的方言。第六世纪传到日本的第一套汉字读音难道会比第八世纪京城方言还要混杂吗？戴密微（Bulletin de la linguistique de Paris 43，2，142）说'以吴语分为数种方言的假设去解说吴音不整齐的地方是一个压根儿无根据而很有问题的说法。我们从日本文献中所能得到关于吴音形成情况的资料，没有任何地方可以支持这个说法的史实。'"③

唐代中外关系史家张广达先生在论述王国维的国学成就时，也注意到了《汉文典》，"高本汉（Bernhard Karlgren，1889—1978）的《修订汉文典》（Grammata Serica Resensa，1957）将'中''史'分开，断定中国古文字中'史''吏''事'之间实际上没有差别，当是遵循王国维的见解。"④

如果对 20 世纪 20 年代末至 40 年代末这一段的学术史略作梳理，我们能够轻易地发现，高本汉对中国国内知识界的影响是何等的深远。高本汉和他的代表作《汉文典》，在沟通海内外的中国语文学研究方面所起的关键性作用，也是不言自明。《汉文典》是一部工具书，自出版以后，海外汉学家几乎都在沿用其对于汉字的数字标记习惯（称为"GSR"某某号字）。高氏自陈编纂此书的理由："竟没有一本中国或西方的辞书不是将最杂乱的材料堆积在一起的，因此在很多方面都会使人误入迷途"，在高氏看来，属杂乱之列的包括《广韵》《集韵》《（古今）韵会》《（洪武）正韵》，而"到今天为止，它们之中最保险的一本要数《康熙字典》了，因为它至少还标明每个读音引自古代什么辞书（尽管它有时也会在这方面出差错）"。⑤但《康熙字典》显然不能作为现代学者从事中国语言学研究最有用、最准确的案头工具书，幸运的是，学界也因此有了取而代之的《汉文典》。

高本汉过世之后，赵元任在纪念文章中说："We have lost one of the most Chinese of Western sinologists."（我们失去了一位最中国的西方汉学家）。⑥直到今天，将高本汉与《汉文典》称之为中国语文学的海外"津梁"，仍非过誉之论。

① 赵新那，黄培云编. 赵元任年谱 [M]. 北京：商务印书馆，1998：251.
② 子仪. 陈梦家先生编年事辑 [M]. 北京：中华书局，2021：149-159.
③ Haudricourt，André-Georges. Comment reconstruire le chinois archaïque. Word 1954（10）：351-364；奥德里古尔. 怎样拟测上古汉语 [M]// 幼狮月刊社编. 中国语言学论集，马学进，译. 台北：幼狮文化事业公司，1979：225.
④ 张广达. 王国维的西学和国学 [M]// 张广达. 史家、史学与现代学术，桂林：广西师范大学出版社，2008：28.
⑤ 高本汉. 汉文典（修订本）[M]. 潘悟云、杨剑桥、陈重业，等，编译. 上海：上海辞书出版社，1997：导言2.
⑥ CHAO Y R. Bernhard Karlgren as 高本汉 [J]. Journal of Chinese linguistics，1979，7（1）：114.

The Overseas Backbone of Chinese Philology

—Klas Bernhard Johannes Karlgren and *Han Wen Dian*

ZHENG Wei

（ Department of Chinese Language and Literature, East China Normal University, Shanghai 200241 ）

Abstract: Swedish Sinologist Klas Bernhard Johannes Karlgren is a memorable scholar in the history of Chinese linguistics. He had many classic works in the field of Chinese linguistics, especially in the historical phonology of Chinese. This paper focuses on *Han Wen Dian* (1940/1957) and introduces the academic background before the first edition of the book, thus clarifying the development of Gao's academic views. By introducing the basic contents and viewpoints of the book, it points out the profound influence of the book on the academic circle at that time. Thus, Karlgren and his Han Wen Dian has made an important contribution to the communication between Chinese and foreign scholars in the research progress of the Chinese language and literature.

Key words: Klas Bernhard Johannes Karlgren; *Han Wen Dian;* history of Chinese phonology; philology

（ 学术编辑：陈明娥 ）

坂本一郎（1940）青岛即墨
方音记录之检讨

张树铮

（山东大学 文学院，山东 济南 250100）

摘　要： 坂本一郎《即墨方言音韵语汇》（1940）和《青岛方言概说》（1940）都是根据他1939年对即墨方言的调查写成的，后者可以说是前者的撮要版。这是对即墨方言的最早的调查记录，也是最早的山东方言单点调查报告，内容十分丰富，其中也涉及到对青岛市区方言的看法。根据20世纪50年代方言普查的资料、80年代即墨和青岛方言的资料以及近几年对即墨方言的调查资料，我们可以对坂本一郎所记的即墨方音加以检讨，分析其音值，揭示其贡献，并观察80年来即墨方音的一些变化。

关键词： 坂本一郎；即墨方言；方音

一、引言

坂本一郎（1903—1996）是日本终身从事中国语教育的知名学者。日本东亚同文书院（上海）商务科毕业（第20期），在学期间便以汉语水平优异而崭露头角。后任该大学教授、神户市外国语大学教授、关西大学教授。在东亚同文书院任教期间，利用该校的"大旅行"制度，带领学生到中国多地进行方言考察，此间发表的论文涉及苏州、上海、青岛（即墨）、贵阳、西安等地方言。[①]

坂本是1939年8月带领学生到青岛考察方言的。但当时青岛城市形成时间较短，外地移民混居，"你说你的土语，我说我的方言"，[②]并没有纯粹的市区方言，所以就调查了青岛的母县——即墨县（今为青岛市即墨区）的方言。主要方言发音人是时在青岛市黄台路小学任教的张心涛，即墨县鳌山卫人，40多岁。调查内容主要是语音和词汇。

1940年，坂本根据这次调查发表了两篇日语论文，刊登在东亚同文书院的两种杂志上。一篇是《即墨方言音韵语汇》，发表于《中国研究》，54号（1940年4月）；一篇是《青岛方言概说》，分三次发表于《华语月刊》第89号（1940年10月）、90号（1940年11月）、91号（1940年12月）。后者其实介绍的也是即墨方言。作者交代，之所以题目称"青岛方言"，一是因为在青岛市区即墨方言的"势力"很大，二是为了更引人注意。后来，《即墨方言音韵语汇》收录于波

---

① 　石田卓生.東亜同文書院の中国語教育について [J]. オープン・リサーチ・センター年報，2010（4）.

② 　坂本一郎.青岛方言概说 [J]. 华语月刊，1940（89）：4.

多野太郎编《中国语学资料丛刊》第 5 辑，① 本文所据即此版本。②

《即墨方言音韵语汇》内容分三部分：一、绪言，交代调查经过；二、音韵，分声调、声母、韵母、俗音四节，其中声调、声母、韵母三节系统描写了即墨方言的声韵调系统，并有与北京音的比较，"俗音"一节说明了 19 个字、两个词（不要、怎么）的特殊读音；三、语汇，列有即墨方言词语 730 条，另有作者在青岛一次演讲后对现场 190 多名听众所作的"蜗牛"一词的调查，听众主要来自山东省内，也有少数来自外省。

《青岛方言概说》分声调、声母、韵母、俗音、语汇五节介绍青岛（即墨）方言特点。与《即墨方言音韵语汇》不同的是，其声韵调三部分主要介绍一些特点而不是展示其系统，其中有些是对音值或音类现象的进一步描写；俗音和语汇两部分则只是挑选少量例子加以说明。因此，总体上可以把《青岛方言概说》视为《即墨方言音韵语汇》的撮要版，而在局部则有补充。下文我们主要讨论《即墨方言音韵语汇》，必要时以《青岛方言概说》加以补充。

坂本一郎 1940 年关于即墨方言的论文，是山东省内首份地点方言的全面记录。在此之前，对山东方言语音用拼音加以记录的有美国传教士卫三畏（Samuel Wells Williams），他的《汉英韵府》（1874）中每个官话音节后列有对应的 Zhifu（芝罘，即烟台）音节，不过并非是单字音的准确记音；另外还有美国传教士狄考文（Calvin Wilson Mateer）《官话类编》（A Course of Mandarin Lesson：Based on Idim，1892）中所列的 Têngchow（登州，今蓬莱）音节表（sound table）和 Weihien（潍县，今潍坊）音节表，每个音节只有一个例字。20 世纪上半叶在山东传教的德国传教士也编写过几种标称山东方音的"华德"词典，但都未说明是山东何地的读音。比坂本一郎（1940）两篇论文发表时间略晚的德国传教士齐德芳（Franz Giet）的论文《华北方言音韵》（Phoneties of North-China Dialects，A Study of their Diffusion，1942），是根据对华北地区方言的一些语音特征进行的调查写成的，其中包含了山东省的若干个调查点，但都是只有一些方言特征的调查材料，不是系统的调查。而坂本一郎调查了 800 多常用字的读音，整理出了声韵调系统，并与北京音进行了比较，此外还有对音变现象的观察；展示出来的词汇有 730 条。这算是非常全面的地点方言调查了。它比 20 世纪 50 年代后期在全国汉语方言普查中山东省方言语音的调查要早了几乎 20 年。它一方面是 20 世纪 30 年代末即墨（鳌山卫）方言的全面记录，另一方面对当时的青岛市区方言也有涉及，是我们研究青岛市区方言发展史中的重要参考。因此，坂本一郎（1940）对即墨方言的调查记录是有其重要的历史价值的。

不过，坂本一郎（1940）是用注音符号来标记声韵母类别的，其具体音值还需要加以进一步确定；有些语音现象还需从规律性角度加以揭示，有些现象则需进一步澄清。从 20 世纪 50 年代之后，即墨方言语音有了不少的调查，主要的材料有以下几项：（1）20 世纪 50 年代后期汉语方言普查中对即墨方音的记录，见于《山东方言语音概况》（1960，以下简称"《语音概况》"）；③（2）赵日新、沈明、扈长举《即墨方言志》（1991）；④（3）李行杰主编《青岛市志·方

① 波多野太郎 . 中国语学资料丛刊：第 5 辑 [G]. 东京：不二出版社，1987.
② 坂本的两篇论文均托日本松山大学吉泽敏之教授搜得，谨此致谢！
③ 山东省方言调查总结工作组 . 山东方言语音概况 [M]. 油印本，1960.
④ 赵日新，沈明，扈长举 . 即墨方言志 [M]. 北京：语文出版社，1991.

言志》（1997）；①（4）近年来中国语言资源有声数据库山东库建设项目对即墨方言的调查材料（2015，以下简称"即墨库材料"）。这些材料尽管较之坂本一郎（1940）时间要晚一些，但是毕竟相差不是太远，可以作为我们检视坂本一郎所记的参考。

至于坂本一郎（1940）"语汇"部分的内容，留待另外再进行讨论。

二、坂本一郎（1940）中的即墨方言声母

（一）坂本所记之声母系统

坂本《即墨方言音韵语汇》中列出了即墨方音的声母系统。不过他是用注音符号来标记的，共列出 27 个；按照现在习惯加上零声母，要算作 28 个。其系统可写成表 1（为便阅读，注音符号后附上汉语拼音）：

表 1　坂本所记即墨方言声母系统（28 个）

注音符号	拼音	例字	注音符号	拼音	例字	注音符号	拼音	例字	注音符号	拼音	例字
ㄅ	b	不笔	ㄆ	p	爬批	ㄇ	m	密忙	ㄈ	f	佛方
ㄉ	d	大低	ㄊ	t	他梯	ㄋ	n	男鸟	ㄌ	l	来两
ㄍ	g	桂该	ㄎ	k	靠哭	兀	ng	爱安	ㄏ	h	化很
ㄐ	j	讲居	ㄑ	q	庆曲				ㄒ	x	县许
ㄓ	zh	之竹	ㄔ	ch	齿锄				ㄕ	sh	诗熟
ㄓ°		知朱	ㄔ°		吃初				ㄕ°		湿书
ㄗ	z	子租	ㄘ	c	刺村				ㄙ	s	丝送
ㄗ°		济津	ㄘ°		七取				ㄙ°		须心
0		一人									

其中，最引人注目的是两组加了附加符号"°"的声母，这是坂本为了适应即墨方音而自拟的。其具体音值坂本有一定的描写。下面我们具体分析一下它们的音值以及其他几个声母的问题。

（二）ㄓ°、ㄔ°、ㄕ°

1. 音值

在 ㄓ°、ㄔ°、ㄕ° 声母后，坂本说明这套音接近 tʂ tʂʰ ʂ，但又不同于 ts tsʰ s，因为发音部位在"舌尖后方"，其音值介于北京的 ㄓㄔㄕ 和 ㄗㄘㄙ 之间。今按：在后来的即墨方音记录中，这一套声母都记为舌叶音 tʃ tʃʰ ʃ，实际发音是舌叶 - 舌尖音。可能因为其音值更接近于舌尖音，并非典型的舌叶音，所以坂本并没有认为它们的音值是舌叶音。

① 李行杰.青岛市志·方言志 [M].北京：新华出版社，1997.

2. 音类

坂本很明确地指出，北京音的ㄓㄔㄕ在即墨分为两类，除了他在狄考文《官话类编》中看到潍县（今潍坊）有这种现象之外，没有看到其他的相关记录。而其分化条件从古音角度看与"知彻澄""照穿床审禅"也没有系统的对应，与日本汉字音和朝鲜汉字音比较也看不出什么系统的对应。

今按：即墨方言属于胶辽官话区，与山东省的其他胶辽官话方言一样，古知庄章组字分读两类声母。其大致分化条件是：古庄组、知组二等和知章组的三等合口（遇摄外）为一组，知章组三等的开口和遇摄合口为一组。这种山东东部知庄章组声母二分的现象，在狄考文《官话类编》的登州和潍县的音节表中都有所反映，只不过登州的知庄章组字二分后分别与精组的洪细音相混而显得比较隐晦，所以坂本只说潍县有这种现象而没有看出登州也是这种知庄章组二分的特点。又，卫三畏《华英韵府》中有"官话"音节与芝罘（今烟台）的音节对应，其中也反映出知庄章二分的现象，可能坂本当时没有看到。总之，因为当时尚无对胶辽官话的相关研究成果，而上述知庄章组二分的条件与古声母的关系又不那么简单，所以坂本一郎对其分化条件很感困惑。但他明确地指出了这种二分现象，这是他的一大贡献；同时，他又比较详细地列出了他所调查汉字中这些字的具体归类，而这些归类与后代调查的即墨方言是一致的，从时间上来说，他是该记录的先行者。

限于篇幅，这里只列出坂本在《青岛方言概说》中举到的少数例字：

ㄓ	之至止只纸	ㄓ。	致知治质制
ㄓㄨ	竹助逐祝粥	ㄓ。ㄨ	朱猪主柱诸
ㄓㄥ	中钟争重终	ㄓ。ㄥ	正真蒸证政

注意最后一行，ㄓㄥ处列的字都是合口呼的（注音符号应该是ㄨㄥ），ㄓ。处列的是开口呼的，坂本注明：北京的ㄓㄨㄥ在青岛变成ㄓㄥ。这反映的是即墨方言中的韵母现象，下文有分析。

（三）ㄗ。、ㄘ。、ㄙ。

读这套声母的都是所谓的尖音字。坂本在ㄗ后说，即墨保留古音（即读ㄗ组声母），用ㄗ来表示也问题不大。但由于受ㄧ、ㄩ介音的影响，与ㄗ多少有点儿不同，并且有人有时会读得像北京的ㄐ，所以他单独制定了这套符号。今按：在后来的即墨方音记录中，尖音字的声母仍然记为ts组。可能在坂本看来，在i、y韵母前的ts、tsʰ、s声母带有腭化色彩。

（四）ㄐ、ㄑ、ㄒ

读这套声母的都是所谓的团音字。坂本在声母ㄐ后说明，该声母有时接近于k，有时接近于tɕ（坂本原写作tç，下同）。又说，北京话中古音的k在与ㄧ、ㄩ相拼的时候腭化为tɕ，而即墨方音则处于这种变化的中间阶段。在《青岛方言概说》中，坂本也说到，"ㄐ"和"ㄑ"两个符号在青岛（即墨）是不需要的。可见坂本这里的ㄐㄑㄒ并非如北京话那样的tɕ、tɕʰ、ɕ。在即墨以北的胶辽官话区中，这类声母都是读舌面中音c、cʰ、ç的（c、ch的实际发音带有塞擦色彩）。但在后来的即墨方音记录中，此组声母都记为tɕ、tɕʰ、ɕ。坂本对其音值的说明，反映的应该是尚未完全读为舌面前音 tɕ、tɕʰ、ɕ 时的现象。

（五）ㄗ、ㄘ、ㄙ

坂本对本组声母未作发音部位上的说明。但是，后来所记的即墨方言声母系统中，这一组多半记为齿间音 tθ、tθʰ、θ，只有《语音概况》记为 ts、tsʰ、s。不过《语音概况》中有好几处当时记 ts 组后来记 tθ 组的情况。这有两种可能：一是当时记音不准后来记音准确，抑或相反；二是这些地方的 tθ 组声母是后来发展起来的，原先并不读 tθ 组。据 20 世纪 80 年代和近些年的调查，山东有些点的 tθ 组是新派读音，而老派仍读 ts 组（如费县）。因此，即墨方言当时不读 tθ 组声母也是有可能的。尤其考虑到坂本的辨音能力还是很突出的，假如当时即墨话读 tθ 组声母的话，似乎他没有理由不说明这一点。唯一不能确定的是，即墨方言的主要发音人是位小学教师，属于知识分子，是否他的发音是矫正了齿间音这一很"土"的特点的？另外，发音人是鳌山卫人，该镇位于即墨东边的鳌山湾畔，而即墨北部的莱西市和即墨东北部的海阳市都是原来没有齿间音的（最新的材料中海阳也将 ts 组读为 tθ 组了），鳌山卫当时没有齿间音更有可能性。总之，目前我们只能相信坂本的审音，认为当时的即墨（准确地说是即墨的鳌山卫）还没有齿间音 tθ 组声母。

（六）ㄫ

注音符号的"ㄫ"代表做声母的 ŋ。在"新国音"以北京音为标准音之后，"ㄫ"平常已经不用。坂本用来记录即墨方言中的 ŋ。

对于这个"ㄫ"，坂本说，发得比苏州的"ㄫ"稍轻，是在元音开头的情况下，无意识地加上这个声母的。这个符号不要也可以。后来的即墨方音记录中都没有这个 ŋ 声母。从即墨周围的方言来看，同样也没有 ŋ 声母，只有到了西去二三百里之后才会出现这个声母。所以，有可能在当时的即墨话中"爱安恩俺"等字（古影疑母开口洪音字）读轻微的 ŋ 声母只是个别人的读法。

（七）关于"ㄖ"声母在即墨方言中的读音

坂本指出，山东方言中把北京音的"ㄖ"转读其他音是有名的现象。今按：山东东区方言古日母字读零声母是普遍现象，坂本（1940）对此的观察比较细致，因为他不仅指出了古日母字一般读零声母，而且注意到了一些北京读 ㄖ 而即墨读 ㄌ 的现象。他所列出的例字有：仍锐蕊芮蚋睿。这些字中，"仍蕊芮蚋"是日母字，"锐睿"是以母字，但在北京话中都读 ʐ 声母。这些字不仅在即墨话中读 l 声母，在山东东区方言中也是普遍读 l 声母的。如荣成、牟平、烟台、蓬莱、海阳、莱州、平度、青岛、胶南、日照、诸城、沂水等地，"锐"都读 l 声母。古以母（以及云母）一些合口字读同日母，而山东东区方言这些字读为 l 声母，都是需要专门研究的问题。坂本是最早注意到这一现象的。

（八）关于声母清浊的问题

现代北方方言中一般没有浊的塞音、塞擦音和擦音，山东方言亦然，然而坂本（1940）有几处谈到了浊音的问题。

　　一是在《即墨方言音韵语汇》中，坂本说ㄗ声母有时读为 dz。在他举的ㄗ声母例字"子再早做栽资增宗鑽走遭租嘴尊怎"中，他说除"增宗钻嘴尊"（按：都是原本读合口呼的字）外，其他字读的是 dz，类似于苏州方言中的 z。

　　二是在《青岛方言概说》中，坂本说到，ㄅㄉㄍㄗㄙ浊化情况不少。如"笔"容易变成"ビー"（bi），"刚"容易变成"ガン"（gan），"贼"容易变成"ゼイ"（zei），"怎么"容易变成"ゾンマ"（zonma）。不过他把这些都归于"清浊不定"的"半浊音"。

　　今按：今青岛附近的方言记录中，都没有提到不送气塞音塞擦音读为浊音的现象，这固然有塞音塞擦音的清浊不构成音位对立的原因，也是因为其声母的"浊"很不明显。而坂本因其母语日语中清浊区分明显而对辅音的清浊有更敏感的听觉，发现了即墨方音中有些不送气塞音塞擦音及个别擦音发音时声带振动的现象。[①]

　　这种发现其实是有意义的，因为在山东方言东区的沂水（在即墨西南 300 余里），有三个不送气的塞擦音读成明显的浊辅音（参表 2）。[②] 如：

表 2　山东沂水方言不送气塞擦音的浊化

发音	例字	发音	例字	发音	例字
dð	资早租字贼坐	tθʰ	刺草寸祠	θ	丝三酸
dz	酒	tsʰ	清全	s	想谢
dʒ	张柱主	tʃʰ	抽车春船城	ʃ	顺手书十

　　可见，不送气塞擦音浊化的现象还是带有一定共性的，值得进一步观察。

（九）修订后的即墨方言声母系统

　　在以上讨论的基础上，我们可以用国际音标标注坂本所记即墨方言声母如表 3：

表 3　坂本所记即墨方言声母系统音值

注音符号	国际音标	例字	注音符号	国际音标	例字	注音符号	国际音标	例字	注音符号	国际音标	例字
ㄅ	p	不笔	ㄆ	pʰ	爬批	ㄇ	m	密忙	ㄈ	f	佛方
ㄉ	t	大低	ㄊ	tʰ	他梯	ㄋ	n	男鸟	ㄌ	l	来两
ㄍ	k	桂该	ㄎ	kʰ	靠哭	ㄫ	ŋ	爱安	ㄏ	x	化很
ㄐ	c	讲居	ㄑ	cʰ	庆曲				ㄒ	ç	县许
ㄓ	tʂ	之竹	ㄔ	tʂʰ	齿锄				ㄕ	ʂ	诗熟
ㄓ°	tʃ	知朱	ㄔ°	tʃʰ	吃初				ㄕ°	ʃ	湿书
ㄗ	ts	子租	ㄘ	tsʰ	刺村				ㄙ	s	丝送
ㄗ°	tsj	济津	ㄘ°	tsʰj	七取				ㄙ°	sj	须心
	∅	一人									

①　钱曾怡. 山东方言研究 [M]. 济南：齐鲁书社，2001.
②　此据中国语言资源有声数据库山东库建设工程中的沂水库的资料，并经笔者通过语音实验核实。

三、坂本一郎（1940）中的即墨方言韵母

（一）坂本所记之韵母系统

与声母一样，坂本一郎《即墨方言音韵语汇》也是用注音符号来标记韵母的（见表4），但不同的是，他对韵母往往附有国际音标的说明。《青岛方言概说》中也有对韵母特点的一些说明。表4中的国际音标是坂本的说明中所使用的。

表4　坂本所记即墨方言韵母系统（35个）

注音符号	国际音标	例字	注音符号	国际音标	例字	注音符号	国际音标	例字	注音符号	国际音标	例字
			ㄧ	i	一日	ㄨ	u	五竹	ㄩ	y	鱼乳
ㄚ	ɑ	大喝	ㄧㄚ		压加	ㄨㄚ		化刷			
ㄛ	ɜ	者社	ㄧㄛ		热						
						ㄨㄛ	uɔɑ	我哥	ㄩㄛ	yɔɑ	弱约
ㄦ		儿									
			ㄧㄝ	iæ	也列						
ㄞ	aɪ/ ɛɪ/ɛ	来太	ㄧㄞ		崖街	ㄨㄞ		歪揣			
ㄟ	ei	悲客				ㄨㄟ	uei	规国			
ㄠ	ɒɑ/ ɔ/o	高涛	ㄧㄠ		腰饶						
ㄡ	mø	欧愁	ㄧㄡ		又肉						
ㄢ		南满	ㄧㄢ	iɛn	言然	ㄨㄢ		碗穿	ㄩㄢ		远软
ㄣ	en/ei	本臣	ㄧㄣ	iin/ iən	人心	ㄨㄣ	uen/ uei	温顺	ㄩㄣ		韵君
ㄤ	ɑŋ	郎汤	ㄧㄤ		洋讲	ㄨㄤ	uɑŋ	王荒			
ㄥ	əŋ	灯冬	ㄧㄥ		英兄	ㄨㄥ	uəŋ	翁公			

（二）对坂本韵母音值说明的辨析

下面列出坂本对韵母音值说明的要点，并与后来的即墨方言语音调查记录（以下简称"后来的记录"）相比较，说明其音值的具体问题。

1. ㄚ
坂本注明其音值是 ɑ，是比北京的ㄚ更后的ㄚ。今按：《即墨方言志》记为 ɑ。

2. ㄦ
坂本说明与北京音接近。后来的记录同此，即 ər。

3. ㄞ
坂本指出其音值不很确定，有的读 aɪ，有的读 ɛɪ，有的读 ɛ，其中 ɛɪ 中的 ɪ 很轻，接近于 ɛ。

并说明，这里的 ɛ 不是 ㄟ（ei）或 ㄝ（e）。后来的记录都标写为单元音 ɛ。今按：《即墨方言志》称这个 ɛ 实际音值是 e，与坂本所记之差别主要在坂本说有的读得有动程。不过即墨东北部的海阳话该韵母略有动程，鳌山卫方言应该与此类似。

4. ㄟ

坂本标注其音为 ei，但指出其中的"e"很轻。后来的记录都记为 ei。

5. ㄠ

坂本注明其音值是 ɒɔ、ɔo 或 o，介于北京的 ㄠ 和上海的 ㄠ 的中间。今按：北京的 ㄠ 是 au，上海的 ㄠ 是单元音 ɒ，即墨后来的记录为 ɔ。与 ㄡ 的情况类似，都是有时读得有动程是复合元音，有时读得没有动程是单元音。

6. ㄡ

坂本注明其音值是 øɯ，说明其韵尾非圆唇。并且认为大致上介于北京的 ㄡ 和苏州的 ㄡ 之间。按：北京的 ㄡ 是 ou，苏州的 ㄡ 是 ɤ，øɯ 的音值说明其为复合元音，但主要元音偏前。后来即墨方音调查记录为 ou，没有韵尾不圆唇的描写。据笔者核对即墨点的录音，其韵尾确实圆唇不足，不过并不到 ɯ 的程度。

7. ㄢ

坂本说明了两点，一是"北京音中 ㄢ 和 ㄤ 的头音（按指元音）几乎相同"，而即墨与之"大异"。今按：由于即墨方言中 ㄤ 就是 aŋ（ɑŋ），所以与其元音不同的 ㄢ 的主要元音应该是 æ 之类。二是"（韵尾）n 读得轻的时候几乎听不到，……'济南'听起来像（日语的）'シーナ'"。还有另一处说"济南"听起来像日语的"シナ（中国）"。后来的记录为鼻化元音 ã（或 æ̃）。

8. ㄣ、ㄧㄣ

坂本说明了两点，一是其主要元音是比北京（ə）舌位更高的 e；二是读得轻的时候接近于 ei。后者说明其韵尾 n 不明显。不过 ㄧㄣ 韵母坂本注明音值是 iin 或 iən。今按：后来的记录一般记为 ə̃ 和 iə̃。但是这种 en 读 ei 的现象，据现有材料看至少存在于即墨东北部的海阳以及即墨西去约 250 里的潍坊（潍城区，旧潍县县城），是值得重视的带有普遍意义的现象。

9. ㄤ

坂本注明音值为 aŋ，并指出韵尾 ŋ 读得轻时听不清楚。后来的记录都是 aŋ（或写作 ɑŋ）。今按：山东方言中 aŋ 韵母中的 ŋ，普遍不如 əŋ 韵母中的 ŋ 清晰。

10. ㄥ、ㄧㄥ、ㄩㄥ

坂本注明 ㄥ 的音值是 əŋ。他还说明，即墨方言中"灯冬""能农""争中""撑充"等是同音的，韵母都是 ㄥ。

ㄧㄥ：坂本说明其中的 ə 比较明显，但又接近于 o。另外，北京读 yŋ 韵母的字即墨都读成 ㄧㄥ，如：兄穷拥用勇熊；北京读 ʐ 声母即墨读零声母的"冗戎荣"即墨也读 ㄧㄥ 韵母。

ㄨㄥ：坂本指出，北京读 ㄨㄥ 韵母的字，即墨多数读为 ㄥ（如上举"灯冬"等同音的例子），少数读为 ㄨㄥ。也就是说，即墨话中既有 əŋ，也有 uəŋ，后者的例字有：翁公弓鞏供空洪。除了"翁"是零声母字之外（不过他说也有把"翁"读成 ㄥ 的），其他都是舌根音声母；而他在说明即墨方言把北京的 əŋ、uəŋ 相混时举的例子中，都没有舌根音声母的例字。可见，在他调查的即墨方言中，舌根音声母后还保留 ㄨㄥ 韵母。

上述三个韵母,《即墨方言志》《青岛市志·方言志》、即墨库材料都记为两个韵母：oŋ 和 ioŋ；而《语音概况》则记为 əŋ、iŋ、uŋ、ioŋ 四个韵母。从现代即墨方言以及周边方言和坂本一郎的记录来看,《语音概况》对即墨方言的这一记录是不太可信的。

从现代方言来看,即墨和青岛市区,同属青岛市的城阳、平度、胶州、胶南（黄岛）,西邻的属潍坊市的高密、诸城、安丘,南边的日照、五莲,都是"灯冬"同音 əŋ 或 oŋ、"英拥"同音 iəŋ 或 ioŋ 的类型。即：开合口不分、齐撮呼不分。其主要元音有的地方偏向于 ə,有的偏向于 o。而坂本所记略有异于此,是三个韵母：əŋ（灯冬）/ ioŋ（英兄）/ uəŋ（翁公）,其中 uəŋ 只有零声母和舌根音声母,事实上也与 əŋ 呈互补状态。这应该反映的是这一带方言中 əŋ 与 uŋ、iŋ 与 yŋ 合并前较晚阶段的现象：因为舌根音声母和零声母后更容易保留 u 介音,所以 uŋ 韵母还残存在这些声母后面而没有与 əŋ 完全合并。而现代的青岛市区和日照方言可能属于更晚一个阶段：只有零声母后才保留 uəŋ 韵母。

11. ㄧ、ㄨ、ㄩ、ㄛ、ㄨㄛ、ㄜ、ㄝ、ㄧㄝ

我们把这几个韵母放在一起说,是因为坂本对它们音值的描写有着共同的特点。

ㄧ：坂本标音即为 i,但他说,如果"一""日""衣"单念的时候,会发成 iiə 这样的音,音尾变为较低的元音。ㄨ、ㄩ、ㄛ、ㄜ、ㄝ 韵母也会出现同样的较低元音的音尾。在《青岛方言概说》中也提到,重读的时候,"一""日""意"会读得接近于日语的"イーア"（i:a）或"イーエ"（i:e）,"笔"读得接近于日语的"ピーア"（pia）,"鸡"读得接近于日语的"チーア"（chia）,"西"读得接近于 sia。

ㄨ：坂本说明,其读音与北京一样,但单念时会读为 uə 而与北京大不相同。

ㄩ：坂本说明,其读音与北京一样,但单念时会后附 ə 音尾,如"鱼"读得接近于日语的"ユオ"（iuo）。

ㄛ：坂本说明,其音值接近于 ɜ。他说,它听起来更接近于 a。这个韵母的字单独发音时,其尾部嘴巴张得更大,就像"ɜɐ"一样。今按：后来的记录是 ə。

ㄨㄛ：坂本注明其音值是 uɔɑ。他说这个韵母与北京音差别很大,听起来"哥"好像是日语的"コア"（koa）,"活"好像是日语的"ホア"（hoa）。今按：后来的记录是 uə 或 uo。

ㄩㄛ：坂本注明其音值是 yɔɑ。他说这个音的字比较少,举的例字有"弱乐约"。今按：这几个字在即墨方言中都读零声母,后来的记录是 yə。

ㄧㄝ：坂本注明是 iæ,与北京的 ㄧㄝ（ie）不同,并且说北京的 ㄧㄢ（iɛn）脱落韵尾 n 的话是这个音。在《青岛方言概说》中,坂本说,北京的"ㄧㄝ"在上海读为 ia,如"也"读"ヤー"（ia）,"写"读为"sia",而青岛则是在北京上海的中间。单念的时候跟上海很接近,如"别"为"ビヤ"（bia）,"灭"为"ミヤ"（mia）。今按：后来的记录记为 iə（《语音概况》是 ie）。

以上几个韵母的共同特点是,单念时都会在结尾处开口度增大,从而增加一个舌位更低的元音：i → iiə, u → uə, y → yə, ɜ → ɜɐ, uo → uɔɑ, yo → yɔɑ, iæ → ia。这种单念时尾部放松从而发出一个短暂而含混的较低元音的现象,在现代山东的不少地方存在。如济南一些人单念时把"衣"i 读成 i:ᵊ,"玉"y 读成 y:ᵊ,"字"tsʅ 读成 tsʅ:ᵊ。不过,据笔者对现代山东方言的观察,坂本的说明中其尾部的 ə、ɑ,应该并非一个标准的 ə 或 ɑ,而是一个短暂而含混的接近于 ɐ 或 ɑ 的音。也就是说,其实际音值应该是：i → i:ᵊ, u → u:ᵊ, y → y:ᵊ, ɜ → ɜ:ᵊ, uo → uɔ:ᵊ, yo → yɔːˀ, iæ → iæːˀ。至于后来的材料中都没有记录这种现象，可能是因为这种读法是一种看起来不那么具有"规约性"的读音；或者照笔者的理解，在一定程度上是羼入了语调成分而形成的音。所以，是否纳入到韵母系统中来，当然是可以商榷的。但无论怎样，坂本的这种细致观察还是值得称赞的。

其他与北京音一致的韵母这里就不再介绍坂本的说明了。

（三）坂本所记韵母音类方面的一些特点

1. 关于与北京音韵母的对应

与声母及其声调部分一样，坂本在韵母部分也非常重视与北京音的比较，说明北京的某个韵母在即墨方言中对应的不同类别。如在"ㄜ"韵母下讨论"北京'ㄜ'的转化"，列出三种即墨不读ㄜ的情况：

A. ㄟ。如：克責策额德赫色①　则测册侧泽革膈嗇嚇忒扼簀涩

B. ㄨㄛ。如：可科课哥何河合和阁鸽乐各个

C. ㄚ。如：喝渴割葛蛤

其中，AC两项是古入声韵读音的问题，A主要是古曾梗摄开口一二等字读ei韵母的问题，C主要是古咸山摄入声见系一等开口读a韵母的问题；B则是果假摄见系一等不分开合口均读uo和宕摄入声见系及来母一等开口读合口uo的问题（"鸽"字在口语词"鹁鸽"中读a韵母，坂本所记的ㄨㄛ的读音其实是文读音）。此类的记录坂本都没有从古韵的角度加以分析，但与后来所记的即墨方言一致，这里不再缕述。

2. 关于端系声母后蟹止山臻摄舒声韵合口读为开口

山东东区方言中从威海、烟台到青岛一带，普遍存在着端系声母后蟹止山臻摄舒声韵合口读为开口的现象，如"对"读tei，"断"读tan，"最"读tsei，"算"读san，"孙"读sen。卫三畏《汉英韵府》所记的芝罘（今烟台）话和狄考文《官话类编》所记的登州（今蓬莱）话中，都有这种特点的反映。坂本（1940）也为我们保留了这些字在即墨方言中读开口呼的记录。如"ㄣ"韵中说到，"顿""论""孙""吞"这些北京读ㄨㄣ的字即墨读ㄣ韵母。又如"ㄨㄟ"韵中，"催遂崔脆"读ㄟ。专门研究即墨方言字音变化的时候可以进行详细比对，这里不再细述。

坂本《即墨方言音韵语汇》中有专节讨论"俗音"，韵母部分也涉及"俗音"，其中既有音值问题也有音类问题，我们在后面专门讨论。

四、坂本一郎（1940）中的即墨方言声调

坂本对即墨方言声调的记录有四方面内容：イ、三声；ロ、与北京音四声的比较；ハ、入声的变化；二、声调的变化。坂本的突出贡献表现为：一是明确指出即墨方言只有三个调类；二是既用了文字描写也用了箭头符号来图示其调值，这是最早的对山东方言调值的具体描写；

---

① "色"字后原有"到"字，应系讹误。

三是首次注意到了山东方言中的连读变调现象。此外，通过与北京四声的比较，也可以反映出即墨方言清入归上等特点。下面简要加以介绍和分析。

（一）即墨方言的调类和调值

坂本指出，方言只有三个声调，他分别称之为"上平、下平、上声"，其调型则分别是"弯曲型、下降型、水平型"。如表5：

表5　坂本所记即墨方言声调（3个）

调类	调型	调值	调值说明	例字
上平	弯曲型	↗	与北京的上声类似	安东江车
下平	下降型	↘	与北京的去声类似	娘苗穷像
上声	水平型	→	与北京的上平相同	刻客菊决

从后来的记录看，即墨方言确实只有三个调类。一般的去声字（古去声、全浊上声和次浊入声）一部分与阳平字（古次浊平声、全浊入声）同调，一部分读同阴平（古清声母平声）。

关于调值，除了归型和图示，坂本也有较细的说明：

（1）上平：与北京话的上声相似，但弯曲的程度不如北京话的上声。《青岛方言概说》中举例，"西"是北京"洗"的调子。今按：后来的记录为213。

（2）下平：与北京话的去声相似，但尾部下降没有那么明显。《青岛方言概说》中举例，"来"和北京的"赖"调子相同。今按：后来的记录为42。坂本还指出韵母ㄨ、ㄨㄛ、ㄩ、ㄧ单念的时候尾部会稍微弯曲而与上平有些类似。这些韵母单念的时候尾部会增加一个元音（见上文），其调值的细微变化未见于后来的记录。

（3）上声：与北京的上平相同。《青岛方言概说》中举例说，"讲"是北京"江"的调子。今按：后来的记录为55。坂本同时也指出，ㄨ、ㄨㄛ、ㄩ、ㄧ这些韵母单念的时候尾部会稍微弯曲而与上平有些类似。这种细微的变化也未见于后来的记录。

（二）北京调类和即墨调类的比较

以下列出坂本的说明以及部分例字。限于篇幅，不对具体字的归调根据现代材料加以核对、比较，因为这个问题比较复杂，容另外讨论。

（1）北京第一声：即墨一般读为第一声，少数读为第二声（忽敦卓庸跷贤猫[1]），另有一些读为第三声。今按：这些读为第三声的绝大部分是古代的清声母入声字（如"八发拆黑"等），非入声字有"靴铺揣微巴"。

（2）北京第二声：即墨一般读第二声，少数读第一声（痴[2]埋胎囊熬良宁如帛席），另有一些读第三声，不过这些读为第三声的多数是古代的清声母入声字，非入声字有：循脐茄裘瘤您溜沿浮。

（3）北京第三声：即墨一般读第三声，少数读第一声（篡左爪岂卡），另有几个读第二声，它们是：笔强。今按："强"不应算作北京读第三声的字。

---

[1]　"贤"算作北京读阴平的例字，疑误。
[2]　"痴"算作北京读阳平的例字，疑误。

（4）北京第四声：即墨分别读为三个调类。读第一声的有：货麦率各课太士弑税帅像笑孝酵泻线兴俊锯救净尽晋灭列谬乱撣论润阔若月虐略训恶去个乐脉默进墨信爨秀锈悄窃去趣劝架糇酱叫教借见舰渐荐胖让道究告丧再靠四晒论济贵日怕又。读第二声的有：特是县桂罢爸派破义意利密话舍热嫩后昧化路顺下侧袋世市蟹象现袖岫穴破轿贱旧舅。读第三声的有：不快拽铺试测或珀络剁助客克勒赫涩谢向宿逊怯雀鹊木恰色啬累。今按：以上详列坂本所列例字，是为了显示去声字在即墨方言中的声调去向特点。其中，北京读去声而即墨读上声的字大多数是古清入字，而清入读上声本是即墨方言的规律，但非入声字"快拽铺助谢向逊累"也读上声是值得关注的现象。此外请注意的是，北京话去声字即墨读上平的数量要比读下平的多。

（三）古入声字在即墨方言中的调类

坂本注意到古入声在即墨方言中已经消失，但分别读入三个声调。不过坂本只是列举例字，未说明其与古声母清浊的关系。就其例字来看，大致规律是：

（1）读上声的主要是古清声母入声字。非清入字有：木络勒。今按：次浊入声在烟台威海一带有更多的字读为上声，即与清入同归属。即墨这里只是这一现象的余绪。

（2）读阳平的是古全浊入声字和次浊入声字。非全浊入、次浊入的字有：即吉则特忽卓责侧弑。

（3）读平声的有：聂列督刷阔若月虐略恶乐脉默帛各促吸妾。其中有次浊入，也有清入。

（四）声调的变化

其中又分两种情形：

1. 单念的场合

其中"异义的场合"指的是调类不同可以区别意义的情况，是普通的现象，不用多说。值得注意的是"同义的场合"中，列举了一些字有不同调类的读法："我"有上平、下平、上声共三种调类的读法，"说""很""缩""作""墨""些""须""论"有第一调和第三调两种读法。今按：据《即墨方言志》，"我""所""缩"只有上声读法，"很"只有阴平读法，"墨""须""论"只有阳平读法，"些"有阴平和阳平读法，与坂本所说不同。我们不清楚坂本这里说的三种读法是在单念时还是在连读中。

2. 两字以上结合的场合，即今所谓连读变调

主要是举了一些例词，如（数字表示调类）：王先生 111→333，派人 22→12，黄台路 222→332，济南 12→13，日本人 232→133，白菜 21→33，小学校 321→332，东西南北 1121→1313。如果把其中的调类改写成上面说的调值，则是（按音节多少排列）：

①派人　　42—42→213—42
②济南　　213—42→213—55
③白菜　　42—213→55—55
④王先生　213—213—213→55—55—55
⑤黄台路　42—42—42→55—55—42
⑥日本人　42—55—42→213—55—55

⑦小学校　55—42—213 → 55—55—42

⑧东西南北　213—213—42—213 → 213—55—213—55

我们可以根据后来对即墨方言连读变调规律的记录检查以上例词所反映的现象。

现有的记录即墨方言连读变调的三份材料《即墨方言志》《青岛市志·方言志》和即墨库材料，对非轻声的两字组连读调规律的记录大体一致而略有小类类型的多寡之别，轻声前变调规律也有详略之别。表6是我们综合三份材料整理出来的结果（斜体并加粗的调值代表变调，其余不变调；两个数字标示的轻声音高加下画线）：

表6　即墨方言两字组连调表

后字前字	阴平 213	阳平 42	上声 55	轻声 0
阴平 213	*55* + 213　公司　立冬	213 + 42　天亮　烟袋	213 + 55　冬泳　青岛	① 213 + <u>31</u>　刀子　庄稼 ② *42* + 1　热乎　六百
阳平 42	42 + 213　晴天　毛巾	① 42 + 42　摇头　童年 ② *213* + 42　学校　饭店	① 42 + 55　上海　城里 ② *213* + 55　油饼　头顶	① 42 + 1　苹果　棍子 ② *55* + <u>21</u>　婆家　舌头 ③ *45* + 5　辫子
上声 55	55 + 213　火车　刮风	55 + 42　粉条　有利	① *42* + 55　海水　理发 ② *213* + 55　彩礼　小雪	① 55 + <u>21</u>　手巾　扎古 ③ *45* + 5　牡丹　耳朵

上表中的两字组变调，都是前字或变或不变，后字一律不变。而坂本所举两字组三个例子（①派人、②济南、③白菜），②和③都是后字发生了变调（阳平42读成了上声55），与上表不合。其中"白菜"一词在即墨一带都说成"大白菜"，其调值是213—55—21。只有"派人"一词读213—42符合上表"阳平+阳平"的第二种连调形式，即发生了变调的形式。

坂本所举④⑤⑥三个例子都是三字组连调的问题，而我们手头的三份材料都没有三字组连调规律的总结。不过即墨库材料的语法例句中有"王先生"，其调值记为42—213—55。"生"读55与坂本所记吻合，但"王""先"两字调值不同。据笔者核对录音，其调值实际是45—55—55，与坂本所记是基本吻合的，只有"王"读作带升的高调45，而不是纯粹的高平调55。又，"日本人"中的"日"在即墨有阴平一读，所以坂本所记"日本人"读"213—55—55"中的213，其实不是变调，而是不变调的阴平读法；"人"读55也可能是42的含混读法。至于"小学校"（55—55—42）一例中"学"读55也可能是一种含混的读法。

总之，坂本所举的这三个例子还是有较高参考价值的。至于"东西南北"读213—55—213—55一例，则无法查证。

不管怎样，坂本（1940）首先注意到山东方言连读变调问题，这是值得充分肯定的。

五、坂本一郎（1940）所记的即墨方言"俗音"及其他音变现象

坂本一郎《即墨方言音韵语汇》在"音韵"部分单列一节"俗音"，包括19个字和两个词的"俗音"；在声调、声母、韵母各节中，也提到一些"俗音"的例子。《青岛方言概说》中也有"俗音"一节，举到了上文中的15个"俗音"的例子。可见坂本对于所谓"俗音"是非常看重的。

　　坂本所谓的"俗音"是与"正音"相对的。每个例子都先说"正音"为何，然后说"俗音"为何。看他所谓的"正音"，都是指读书音，即读字的时候的读音；而"俗音"则都是出现在词语或语流当中。

　　因为总数不算太多，所以我们把全部例子列为表7。其中"正音"坂本都用注音符号，"俗音"多数用注音符号，但有些也用了国际音标。为便阅读，我们把"正音"或"俗音"都注为国际音标，其中加"*"号的是坂本原注，未加"*"者系根据《即墨方言志》标注（"给"的 cʰ 是根据表3）。举例为坂本原例（包括括号内的释义和"着"例中的"之"字）。

表7　坂本所记即墨方言的"俗音"

字词	正音	俗音	同音字或其他说明	举例
那	na	① niə		那些人、那个
		② nə* 或 nəŋ*		那么
个	kuə	kə		几个钱（多少钱）
可	kʰuə	kʰə		可以去
哪	na	ne*		我当他是日本人哪
没	mei	① m*		没待家（没在家）
		② m mɛ*		没听见
		③ ma		你温习了没有
		④ mɔ*		还没有啊、还没开
还	xuã	xã		
有	iou	ieʔ*（原标 ie）	入声读法，读 イユッ	你温习了没有
		jo*		还没有啊、还没开
么	ma	① m*		那么
		② maŋ		他在那儿么
		③ mə*		有多么远
明	mioŋ	moŋ	萌	明日
了	liɔ	ər	耳、而	
若	yə	iaŋ		若是
去	tɕʰy	tɕʰi		
和	xuə	xuaŋ		
里	li	ər		家里、河里
着	tʃuə	tʂʅ	之	我戴之大点儿
不要	pu iɔ	pæ*		你不要做
龙	loŋ / lioŋ	lim*		龙灯
怎么	tsə̃ ma	tsʅ mu		
这	tʃə	① tsə̃		这么
		② tʃʅ		这个
给	kei	cʰi		送给他吧
吧	pa	pə	波	（用作助词）

　　首先应该承认，坂本所记以上"俗音"，在今即墨方言中大部分仍然可以确认是存在的，但坂本对此有如此多的描写，说明了坂本对即墨方音观察的细致程度之高。

　　从所列例词来看，这些词主要是一些虚词或意义较"虚"的词，包括语气词（哪、么、吧）、连词（和、若）、助词（了、着），意义较"虚"的词有代词（这、那、怎么）、副词（没有、不要、还）、方位词（里）、量词（个），两个半实半虚的词"去"（做普通动词时是实义的，做趋向补语时意义虚化）和"给"（做普通动词时是实义的，做介词时是虚的）。这些词在方言中发生音变是比较常见的。纯粹实义的词有两个："明"和"龙"。其中"明"读若"萌"是胶东一带的特点，如烟台威海一带"明日"读为"萌日"，严格地说属于方音现象而不是语流音变。"龙"的音变反映的是 oŋ（或 ioŋ）韵母读为 -m 尾，这种现象在山东其他地方的方言也有发现（如平邑等地）。另外还有一个"可"，只出现在"可以"一词中，该词属于新词，其读音有可能受外来影响所致。

　　从这些"俗音"的地域分布来说，可分为地区性特点和即墨当地特点两类。如"那"读 niə 是胶东地区普遍的读法，往西可延伸至淄博一带；"了"读 ər（实际上往往读成儿化）也是胶东地区的普遍读法；"那"读 nə、"给"读送气音、"和"读 xuɑŋ 等在青岛一带也有较广的分布；"吧"读 pə、"么"读 mɑŋ、"去"读 i 韵母、"还"读 xã（xan）的分布区域也很广。至于"不要"读 pæ（现在一般标为 pɛ），则是差不多整个山东省的共同特点，尽管也写成"别"字，但与普通话的"别"韵母不同（相当于普通话"白"字读音），应该是别有来源的。"若是"读"iɑŋ 是"在青岛一带也有好几个县如此读，只不过我们不能确定"iɑŋ 是"的原型是"若是"还是"要是"，从山东其他地方的方言来看，"要是"的说法更为常见、常用。属于当地特点的如"没有"读 mɔ jo 等。

　　从坂本所标的"正音"来看，也有值得注意的地方。如"么"正音为 ma 现在已经见不着了。"龙"字 lioŋ 的异读在现代的即墨方言中也消失了。

　　除了专门列出的上述"俗音"，坂本在文章中还提到了其他的一些音变现象。如：

前日：读为"tsʰia yi"，听起来是"切日"

糟蹋：读为"tsao tʰan"

妹妹：读为 men men

　　此外，坂本还在韵母"儿"的说明中说到了儿化的读音，认为"儿"作为"接尾词"（指儿化）的时候与北京音相差很大。他只举到了下面的例子（见表 8）：

表 8　坂本所记即墨方言的"儿化音"

兔儿 tʰurr	道儿 toror	一点儿 iitər	鸟儿 nəror
壶儿 xuər	民儿 mirrur	泥儿 mir*	名儿 mirror
娘儿 narar	女儿 nurur	英儿 irəŋ	

*　坂本例子中还有一例"泥儿"，发音是 nurur。"泥"字疑有形误，此处删去。

　　以上儿化发音的特点主要是两个：一、t、tʰ、n、m 和零声母后的儿化韵中另外出现了 r，这个 r 从现代即墨及山东其他一些地方的儿化韵来看，是一个闪音（与日语的 r 相似）。其中，"道儿""鸟儿""民儿""名儿""女儿""英儿"中的闪音 r 插在元音之间，而"兔儿"的闪音 r 与表示卷舌的 r 相连，我们怀疑实际发音应为 tʰurur，原文中遗漏了第二个 u。二、"点儿""鸟儿”中的 i 介音丢失，“女儿”的 y 韵母变为 u。上述两个特点都见于今即墨方言和山东方言的其他一些地方。据《即墨方言志》，即墨方言儿化时声母 t、tʰ、n、l、tθ、tθʰ、θ 和零声母的 i、y 后面会出现闪音 r，“t 组声母原韵母如果是齐齿呼和撮口呼，加闪音后变为相应的开口呼和合口呼”（43页）。其举例中与坂本例子相同的有“（一）点儿 tˤər”“影儿 irə̃r”（与“英儿”同韵母）。由此可见，坂本的观察和记录也是基本准确的，只有“名儿”（现代即墨为 miror）没有记出鼻化和“英儿”没有丢掉 ŋ 尾与实际发音有点儿出入。

此外，“娘儿”我们怀疑是“娘儿俩儿”，一是“娘儿”的说法在山东方言中很少见，一般是说“娘俩”，二是“俩”在山东一些地方（包括即墨）的儿化中声母读为 ʐ（i 介音消失）。

总之，坂本对音变现象的记录一是为我们提供了一份很丰富的音变材料，二是为我们细致观察语音现象提供了一个很好的样本，值得我们学习。至于这两篇文章的一些瑕疵这里就不加讨论了。

A Review on the Records of the Jimo Dialect by Ichiro Sakamoto (1940)

ZHANG Shuzheng

（College of Literature, Shandong University, Jinan, Shandong 250100）

Abstract: Both the *Phonological Lexicon of Jimo Dialect*（1940）and *An Introduction to Qingdao Dialect*（1940）written by Ichiro Sakamoto were based on his survey of the Jimo dialect in 1939, the latter being a summary version of the former. The phonological lexicon of the Jimo Dialect is the earliest survey record of the Jimo dialect, and also the earliest single-point survey report of the Shandong dialect. It is very rich in content, including the views on Qingdao urban dialect. According to the data of the dialect survey in 1950s, Jimo dialect and Qingdao dialect in the 1980s, and the Jimo dialect survey in recent years, we can review the Jimo dialect recorded by Ichiro Sakamoto, analyze its phonological value, reveal its contribution, and observe some changes of Jimo dialect in the past 80 years.

Key words: Ichiro Sakamoto; Jimo dialect; dialect pronunciation

（学术编辑：许彬彬）

近代上海方言科教类著作述略[*]

盛益民

（复旦大学 中文系；复旦大学 现代语言学研究院，上海 200433）

摘　要：西方传教士在近代中国的西方科学技术传播过程中，用文言或者官话翻译了大量著作，也有一小部分是用方言翻译的。本文主要介绍了7种近代上海方言写就的科教类著作，包括3种地理教科书、1种自然科学教科书、1种生理学教科书和1种数学教科书。

关键词：上海方言；科教类著作；西学东渐

一、引论

西方传教士在近代中国的西方科学技术传播过程中，翻译了大量自然科学类著作，在西学东渐中扮演着非常重要的作用。[①]科学类著作主要是采用文言（也称"文理"）或者官话写就的，虽然用方言书写的科教类著作数量不多，但在方言区的科技传播中则占据着非常特殊的地位。

学界的研究也主要关注用文言或者官话写成的科教类著作，而方言科教类著作罕有学者关注。我们统计游汝杰（2021）[②]课程中所记录的科教类著作，如表1所示。[③]

表 1　游汝杰（2021）所列汉语方言科教类著作表

	地理	天文	数学	生理	化学
上海话	3				
宁波话	2		1		
福州话		1	1	2	1
厦门话	5.5	2.5	4	1	
客家话			3		

上海方言的科教类著作，书目中只记录了3种地理类教科书。其实，上海方言有包括科学教科书、生理学教科书、数学教科书在内的更多类别的科教类著作，本文打算着重介绍这批资

---

* 本文得到上海哲社一般项目"近代上海方言词典的整理与词汇演变研究"（2021BYY002）和教育部后期资助项目"文献整理与上海方言历时语料库建设"（21JHQ035）的支持。

① 熊月之. 西学东渐与晚清社会 [M]. 上海：上海人民出版社，1994：2.
② 游汝杰. 西儒汉语方言学著作书目考述与研究 [M]. 上海：上海教育出版社，2021.
③ 不少著作有兼属，本文进行了归并。厦门话有一本罗马字《天文地理略解》，我们在地理类和天文类中按0.5算。

料的基本情况,以期学界对这批资料有更多的关注和研究。

二、地理著作

（一）《油拉八国与爱息阿》

开埠初期传教士的上海方言著作以宗教类为主,《油拉八国与爱息阿》不仅是第一部用上海方言写就的地理类著作,同时也是至今发现的第一本上海方言的非宗教类著作,在近代上海方言历史文献中,具有非常独特的历史地位。

《油拉八国与爱息阿》现藏于法国国家图书馆手稿部（书籍编号:Chinois 1834）,是一本手抄本,书中有不少涂改的痕迹。该书最早由日本关西大学内田庆市教授于1998年在该馆中发现。[①] 书中正文第一页的右下方写有"July 10 1849",当为书稿改定的时间;书的封面中写着"慕姑娘",当为该书的作者。

该书分成两册装订,第一册以"油拉八国"开头,"油拉八"是 Europe 的上海话音译,本册介绍欧洲地区的地理;第二册以"爱息阿"开头,"爱息阿"是 Asia 的上海话音译,本册介绍亚洲及大洋洲的地理。内田先生和法国图书馆将该书定名为《油拉八国》,之后学界多沿用。不过笔者认为《油拉八国》之名并不能反映该书全貌,故本文重新将其定名为《油拉八国与爱息阿》。

关于该书的作者"慕姑娘",钱乃荣认为疑系英国传教士慕维廉（William Muirhead, 1822—1900）的家属。[②] 我们认为很可能就是慕维廉的第一任夫人（Mrs. William Muirhead, ？—1879）。慕维廉是英国伦敦会在华最为著名的传教士之一,在上海从事传教、文化事业、社会工作长达53年。他是苏格兰人,出生在爱丁堡,受家庭影响,从小就对神学有浓厚的兴趣。慕维廉夫妇1847年受伦敦会指派来华布道,于8月26日抵达上海。慕维廉在中国本地先生的帮助下学习中文,同时还掌握了上海方言、南方官话等。他协助麦都思经营墨海书馆（The London Missionary Society Press）,推动中西社会、文化事业的交流;韦烈亚力《1867年以前来华基督教传教士列传及著作目录》列出其著作42种,其中《地理全书》《大英国志》《儒释道回耶稣五教通考》等著作在中国产生了深远的影响。慕维廉有两任妻子,其与首任妻子慕夫人一同到上海,慕夫人是贤内助,"极有热心教训中国女子,传道璇闺,以匡先生之不逮"[③]。后因水土不服,慕夫人独自回英国调养;病愈后又返回中国,"仍教训女学不辍",积劳而病情复发,再次回英国治疗,不幸于1879年2月15日辞世。由于慕夫人在华期间一直从事教学工作,我们认为《油拉八国与爱息阿》应当是其为学生编写的一部地理课本。

---

① 内田庆市教授在其著作《ハーバード電脳日記—ミセス・バーバラとの出会い》（《哈佛网络日记:与芭芭拉夫人的相遇》,东京:同学社,2000）中对发现书籍的过程有详细记载。转引自 MAO Liting（毛礼婷）. Analysis of the prototype material of You la ba guo[M] //関西大学大学院東アジア文化研究科 . 文化交渉:東アジア文化研究科院生論集 . 吹田:関西大学,2016. 相关信息也可见内田先生网上日记（http://keiuchid. sakura.ne.jp/1998-0914/）。

② 钱乃荣 . 西方传教士上海方言著作研究 [M]. 上海:上海大学出版社,2014:1.

③ 慕牧师木铎记 [M]. 季理斐,译 . 温和光,述 . 上海:广学会,1909.

由于《油拉八国与爱息阿》所使用的数据与美国 Sidney Edwards Morse（1794—1871）编写的地理课本 *A System of Geography*, *for the Use of Schools*① 完全一致，因此毛礼婷认为《油拉八国与爱息阿》是依据 *A System of Geography*, *for the Use of Schools* 翻译而成的。② 我们比对了两书，发现文本内容几乎对应，也能证明这一观点。

《油拉八国与爱息阿》只翻译了 *A System of Geography*, *for the Use of Schools* 的欧洲、亚洲及大洋洲的内容。"油拉八国"（Europe）部分介绍了欧洲各国的状况，包括俄罗斯（欧洲部分）、瑞典、挪威、丹麦、英国（包括英吉利、威尔士、苏格兰）、爱尔兰、法国、西班牙，各节标题及对应的原书英文标题见下：俄罗斯垃拉油拉八国里（Russia in Europe），虽遁搭子拿淮（Sweden and Norway），登麦个省（Denmark），英吉利个海岛（British Island），英吉利搭子会而司个国（England and Wales），四角伦个国（Scotland），爱亚伦（Ireland），佛郎西（France），司陪嗯（Spain）。

"爱息阿"（Aisa）部分则介绍了亚洲和大洋洲的情况，包括俄罗斯（亚洲部分）、日本、中国、土耳其、印度尼西亚、印度、澳大利亚、新西兰、巴布亚等。

《油拉八国与爱息阿》基本上是对原书忠实的翻译，只是在介绍完中国之后，以注文形式增加了"大清国"一段：

> 垃拉北纬看起来，十八到五十五度个当中，经线末，算拉东个，七十到一百三十五度上。中国有十八个省，直隶、江西、江苏、浙江、安徽、福建、河南、山东、山西、湖北、湖南、陕西、甘肃、广东、广西、四川、云南、贵州。山末，东半爿爿末有泰山（在山东），西半爿有华山（在陕西），南半爿有衡山（在湖广），北半爿有恒山（在山西），当中个一座末叫嵩山（在河南）。湖末，有个鄱阳湖（在江西），有个青草湖（在河南又叫湘阴），有个丹阳湖（在镇江），有个太湖（在苏州），有个洞庭湖（在湖南）。城末有名个，是个南京、苏州、杭州、扬州城。江末，有鸦龙江搭子金沙江（合拢来末，叫杨子江者），黄河江哞黑龙江，又有个叫吴淞江。

该书相关的研究并不多，钱乃荣认为该书是反映 19 世纪中叶上海方言的极好资料，比如起点介词"打"、第三人称复数代词"辩拉"等都保留了早期上海话的形式；③ 游汝杰从英语地名翻译的角度，将《油拉八国与爱息阿》与《广东土话文选》和《海国图志》进行了比较；④ 而

---

① MAO L T（毛礼婷）2016 年写作 *System of geography use of schools*，2017 年写作 *A system of geography use of schools*，书名均不完整。该书由纽约的 Harper& Brothers 于 1844 年出版，是美国学校中使用的一本地理教科书。该书先对全世界做了鸟瞰式的概述，然后详细介绍了美国及各洲的情况，之后依次对南美、欧洲、亚洲、太平洋、非洲做了介绍。该书图文并茂，是一本非常出色的地理教材。关于该书作者 Sidney Edwards Morse 家族以及该书的详细介绍，请参毛礼婷. 地理学における《西学東漸》—《油拉八國》とその翻訳原本の調査研究を中心に [D]. 吹田：関西大学，2017.

② MAO L T（毛礼婷）. Analysis of the prototype material of You la ba guo[M] //関西大学大学院東アジア文化研究科. 文化交渉：東アジア文化研究科院生論集. 吹田：関西大学，2016；毛礼婷. 地理学における《西学東漸》—《油拉八國》とその翻訳原本の調査研究を中心に [D]. 吹田：関西大学，2017.

③ 钱乃荣. 西方传教士上海方言著作研究 [M]. 上海：上海大学出版社，2014：1-2.

④ 游汝杰. 西儒编撰的第一本汉语方言课本：《广东土话文选》[M] //游汝杰. 方言接触论稿. 上海：复旦大学出版社，2016.

毛礼婷则从文化交涉学的方面，将《油拉八国与爱息阿》与 *A System of Geography*, *for the Use of Schools* 的文本进行了初步的对照。①

该书在语言学、地理学、文化交涉学、翻译学等领域的全面研究，尚需进一步展开。下面仅举一例，以体现该书的价值。黄河清认为"袋鼠"一词最早见于慕维廉1858年在《六合丛谈》刊载的《地理》中的一章《动植二物分界》。② 其实《油拉八国与爱息阿》中已有，应当是现今文献中首次出现：

> 奇怪走兽个淘里，头一个末袋鼠，爱一群登拉个，又像松鼠哰、鹿个能，担尾巴哰长个后脚跳起来个，前头末，有个袋，像对皮能个，保驾小个走兽个。

"袋鼠"首次出现于慕维廉夫人的著作中，也可以与慕维廉的著作遥相呼应。

（二）罗马字本《地理志问答》

De-le-ts vung-taeh（《地理志问答》）由美国圣公会传教士吉士夫人（Mrs. Caroline P. Keith，1821—1862）编写而成，是一本罗马字上海话的地理问答体课本。

伟烈亚力（Alexander Wylie）《基督教新教传教士在华名录》对该书的介绍为："*De-le-ts vung-ta*（《地理志问答》）（Geographical Catechism）。114页，上海。该书为用罗马字拼写的上海方言本，有 7 张折页地图，分别为世界地图、五大洲地图和中国地图。1861年在上海重版，开本缩小很多，也没有地图，共 135 页。"③ 伟烈亚力指出该书一共有两个版本。首版未标年代，其出版大概早于 1857 年，114 页，牛津大学博德利图书馆的馆藏（Sinica 1835）也正是如此；不过哈佛大学哈佛燕京学社图书馆所藏本则不同，首页有一幅世界地图，正文则分两部分，第一部分 103 页（介绍总论和亚洲各国，有地图 3 张），第二部分共 114 页（介绍欧洲、非洲、美洲，有地图 3 张），全书总共 217 页，7 幅地图。④ 因此我们怀疑首版可能有两种：一种是两册分订本，伟烈亚力只看到第二册；另一种是两册合订本，即哈佛燕京学社那种。第二版 1861 年重印，开本缩小很多，也删去了所有地图，共 135 页，牛津大学博德利图书馆藏有该版（Sinica 1506）。

该书编著者吉士夫人本名卡洛琳·菲比·特尼（Caroline Phebe Tenney），1821 年 5 月 13 日出生在美国新罕布什尔州罗金厄姆县的纽马克特（Newmarket），她于 1837 年从新罕布什尔州德利的亚当斯女子神学院毕业，之后主要担任私人教师。1849 年夏天移居纽约后，她决定

---

① 毛礼婷. 地理学における《西学東漸》—《油拉八國》とその翻訳原本の調査研究を中心に [D]. 吹田：関西大学，2017.

② 黄河清. "袋鼠"考 [J]. 词库建设通讯，2019（118）：59-63.

③ 伟烈亚力（WYLIE A）. 基督教新教传教士在华名录（Memorials of protestant missionaries to the Chinese：giving a list of their publications，and obituary notices of the deceased. With copious Indexes[M]. 上海：美华书馆，1867.

④ 1957 年《六合丛谈》第 1 号的"杂谈"部分，对如何读懂《地理志问答》做了非常清楚的介绍："合众国教士吉君作《地理志问答》，以上海土白，写以泰西字音。因中国各处土白有音无字，传写易讹，且易一处而声音迥异、字各不同，故用泰西字，以写一方土音，较为便捷。其法以字母三十八、韵四十二，互相凑合，无论何音，皆可得声成语。吉君前作一书，曰《上海土白入门》，详论其法。熟读是书，则《地理志》亦可晓然遍览矣。"

前往他教国家投身传教事业。由于上海急需女性传教士，特尼小姐很快接到圣公会的委派前往该地。1850 年 3 月 16 日她乘坐"鞑靼号"（Tartar）离开纽约，7 月 6 日到香港，8 月 2 日抵达上海，不久便任教于上海中西女中，开始积极投身学校的教育工作。1853 年，特尼小姐结识美国圣公会传教士吉士（Cleveland Keith，1827—1862），次年结为夫妇，改称"吉士夫人"。吉士夫人来华后，热心教育，对方言教学投入尤多。她用汉字和吉士先生创制的罗马字方案编著了大量上海方言著作，除了本书之外，还包括《亨利实录》《蒙童训》、*Kiau' 'ts lok*（《教子录》）等。关于吉士夫人的生平及著述，请参游翠平的详细介绍。[①]

《地理志问答》所用的罗马字上海话拼音也是吉士先生创制的方案，[②] 关于方案有 38 个声母、42 个韵母，不标声调。

（三）汉字本《地理志问答》

汉字本《地理志问答》也是一本地理问答体教材，其与上节提到的吉士夫人撰《地理志问答》只是同名而已，内容全异。

该书由美国基督教长老会传教士博美龄（Mary A. Posey）编著，64 页，上海美华书馆 1896 年出版。该书只在序言中有署名"博马利亚"，不过封面有钢笔写的"Geography, Shanghai Colloquial, Mary a. Posey"字样，帮助锁定作者。博美龄的汉名，我们依据黄光域[③] 而定。根据《教务杂志》，博小姐隶属于北美长老会，1888 年来到上海，1904 年与甘路德（Joshua Crowe Garritt，1865—1945）一家一道回美国休假，之后又回到上海。从序中提到清心书院可知，其一直在南门外的长老会清心书院从事教育工作。除此而外，我们对博小姐的生平与著述所知甚少。

博小姐在序言中把写作目的及成书过程写得很清楚：

> 余在上海已阅多年，苦无此书以教小学，深冀上海口音会，印成善本，以训蒙童，惟无人肯当此任，是以不揣鄙陋，欲任此事。继见山东有《地理问答》一书，倩人译成土语，惟太觉简略，故将上海蓝柏先生所著之《地理问答》及福州之《地理问答》、京都之《地理初阶》等书，摘其要意，收集成书，又从英文新辑地理志书中所新定之里数疆界，以作定本，并用精细画图发明。……愿在上海之人，喜用此书，以教其小子。[④]

该书当为博美龄在清心书院教书期间的教材，根据几种地理类著作编著而成的。

全书共十章，117 课，内容包括：第一章 论地球（第一课到第十三课），第二章 论亚西亚（第十四课到第十八课），第三章 论中国（第十九课到第四十六课），第四章 论亚西亚各国（第四十七课到第五十九课），第五章 论欧罗巴（第六十课到第七十四课），第六章 论亚非利加（第七十五课到第八十五课），第七章 论北亚美利加（第八十六课到第九十四课），第八章 论南亚美利加（第九十五课到第一百零五课），第九章 论俄西亚尼嘎（第一百零六课到第一百十一课），第十章 总论（第一百十二课到第一百十七课）。

---

① 游翠平 . 传教士的中国印象：邓卡琳在华活动叙论 [J]. 文化中国，2015：84-85.

② 吉士 . 上海土白入门（Primer of the Shanghae dialect）[M]. 上海，1855.

③ 黄光域 . 近代中国专名翻译词典 [M]. 成都：四川人民出版社，2001.

④ 博美龄 . 地理志问答 [M]. 上海：美华书馆，1896：序言 .

作者"初意原思地图与白文一并印入，奈一时镌刻不及"，所以没有放入地图；"特用京都《地理初阶》所有从日本印就之图增入"，倒是成就了该书附有精美图片的一大特点。由于本书多参考日本的《地理初阶》，作者在序中也提到"书中所用地名，俱从其名以名之"①，所以书中将"半岛、海湾"翻译成"土股、海股"，应当是受到了日语原文的影响。

三、自然科学著作

《启悟问答》是一本用上海方言编写的自然科学教科书，主要讲授天文、物理、地理等自然科学方面的知识。

《启悟问答》未见之前的各类书目提及，也未为学界所知，由笔者于澳大利亚国家图书馆的伦敦会特藏（Special collection from London Missionary Society）中发现。该书光绪十九年（1893年）出版，版藏上海土话书局，由上海美华书馆摆印。书中的作者信息阙如，关于"上海土话书局"的相关信息我们也没有查到，可能与博小姐《地理志问答》序言中提到的"上海口音会"有一定关系。

所幸清末上海学者黄世荣的《文惠全书》为我们保留下来《启悟问答》的相关信息："约翰书院所刊《启悟问答》即《启悟初津》易以俗语，与《花夜记》第二本之文言俗语并列，皆教法之煞费苦心者。然俗语多无正字，方音随处各殊，以沪语教瞽人仍苦不能悉解……"②从中可知，《启悟问答》由圣约翰书院发行，是从《启悟初津》翻译而成。卜舫济写给汪康年的信札中说明其为该书作者："《启悟问答》，此系弟为敝院中便初学之作。文理粗浅，乃荷俯采刍荛，令人惶汗。"③

笔者所见《启悟初津》的版本是苏州大学藏本，未注明出版信息，首页题名"启悟要津"，而正文起首则作"启悟初津"。由于《启悟问答》是根据《启悟初津》翻译成上海方言的，《启悟初津》的出版年份应该早于1893年，不过我们现在能见到的最早文献记录是1899年《教务杂志》对该书的介绍："《启悟初津》*Science Catechism*（*Wên-li*），Rev. F. L. H. Pott。"④《启悟初津》的英文名 *Science Catechism* 与《启悟问答》也完全对应。另有一种《启悟要津》，上海图书馆藏有1898年版，正文前有邹弢的序和目录，书名和正文首页均作"启悟要津"。邹弢在序中就把该书称为"启悟初津"，可见两者实为同一种书，《启悟要津》是《启悟初津》的修订版。

"启悟"系列的作者卜舫济（Francis Lister Hawks Pott，1864—1947）美国圣公会的著名传教士，1886年11月18日抵达上海，开启了他在华长达半个多世纪的传教生涯。1887年被圣公会派到圣约翰书院（后改为圣约翰大学）任英文教师；两年后，他接替施约瑟当上了圣约翰书院的院长，开始了其在中国教育史上辉煌的篇章。卜舫济为了尽快融入上海，刚到上海没多久就学会了上海方言，他在上海方言领域也颇有建树，所编 *Lessons in the Shanghai dialect* 是

①　博美龄. 地理志问答 [M]. 上海：美华书馆，1896：序言.

②　文惠全书：第一册 味退居文集：卷三 [M]. 嘉定黄氏铅印本. 上海：复旦大学古籍部藏，1915：9.

③　上海图书馆. 汪康年师友书札：第 1 卷 [M]. 上海：上海书店出版社，2017.

④　教务杂志 [J]，1899（30）：260.

20世纪初最有影响的上海方言教材之一。

　　"启悟"系列是圣约翰书院 / 大学的科学教科书，根据《圣约翰书院章程》（1904），西学斋备馆第一年就要学习《启悟初津》；该书也为其他学校所用，比如《圣玛利亚女书院程》的"课程"部分规定，初级课程的第三年读《启悟初津》上半册，第四年读下半册。① 关于编此系列的目的，卜舫济在写给汪康年的信札中就说《启悟问答》"为敝院中便初学之作"，邹弢在《要津》的序中则说得更加明了："卜君舫济……近因敷教于吴淞江之滨，总管梵王渡圣约翰书院事务，深虑读书子弟识见难开，因译《启悟初津》一书。凡天地万物自然之理，无不略举其要，体会入微，而又恐学人未易贯通，乃设为问答之辞，发明其义。"梁启超对本书评价也颇高，在《论幼学》中说："西人问答专书，译成华文者，有卜舫济之《启悟要津》，言天文地学浅理，次第秩然，一览可解，惜为书甚少，于他种学问，尚从阙如。"

　　《问答》基于《初津》翻译成上海方言，这也可以从两书内容的高度一致中可以看出来。下面列出三种书的目录做一比较（见表 2 ）：

表 2　《问答》《初津》《要津》目录对照

《问答》	《初津》	《要津》
第一课 论地球	第一课 论地球	第一课 论地球
第二课 论地球形状	第二课 论地球形状	第二课 论地球形状
第三课 论天上星宿	第三课 论天上星辰	第三课 论天上星辰
第四课 论月	第四课 论月	第四课 论月
第五课 论日	第五课 论日	第五课 论日
第六课 论时候与日球之用	第六课 论时候与日球之用	第六课 论时候与日球之用
第七课 雨雪冰雾	第七课 论雨雪冰雾	第七课 论雨雪冰雾
第八课 论气与露	第八课 论气与露	第八课 论气与露
第九课 论水	第九课 论水	第九课 论水
第十课 论风	第十课 论风	第十课 论风
第十一课 论大风与星		
第十二课 论行星	第十一课 论行星	第十一课 论行星
第十三课 论行星第一等第二等及恒星彗星	第十二课 论第一等第二等行星及恒星彗星	第十二课 论第一等第二等行星及恒星彗星
第十四课 论日球有吸力行星有离力	第十三课 论日球有吸力行星有离力	第十三课 论日球有吸力行星有离力
第十五课 论地球有吸力	第十四课 论地球吸力	第十四课 论地球有吸力
第十六课 论万物有结力	第十五课 论万物结力	第十五课 论万物结力
第十七课 重论结力	第十六课 重论结力	第十六课 重论结力
第十八课 论万物定有五种要理	第十七课 论万物定有要理	第十七课 论万物定有要理
第十九课 重论物理	第十八课 接论物理	第十八课 接论物理

---

① 朱有瓛、高时良 . 中国近代学制史料：第 4 辑 [M]. 上海：华东师范大学出版社，1993.

续表

《问答》	《初津》	《要津》
	第十九课 接论物理	第十九课 接论物理
第二十课 论造物主能力无限	第二十课 论造物主能力无限	
		第二十课 论此书之有益

从表 2 中可以看出，三书的内容基本上一致，主要差异只有以下几点：《问答》分出"第十一课 论大风与星"，《初津》《要津》无；《初津》《要津》"接论物理"分成了两课，《问答》只有一课；《要津》把第二十课改成了"论此书之有益"。此外，具体内容上也有一些参差。

《问答》在语言学及自然科学等方面的价值至今全无研究。此书有一些有意思的语言现象颇可注意，比如对应于普通话的否定领有动词"没有"，全书使用了 23 次"无没"和 5 次"勿有"。张敏[1]、刘丹青[2]等均指出，从古至今，汉语都普遍存在标准否定 / 普通否定（如"不"）与存在否定 / 有无否定（如"没"）之别。而"勿有"是用普通否定词"勿"否定存在 - 领有动词"有"，这在汉语中是非常特别的现象。相关问题容笔者专文讨论。

四、生理学著作

"全体学"是清末时期对"生理学（physiology）"的称呼，当时流行的几种生理学著作多以"全体"命名，如合信翻译的《全体新论》（1851）、福州传教医生柯为良译的《全体阐微》（1881）、德贞译、北京同文馆出版的《全体通考》（1886）、傅兰雅译、江南制造局出版的《全体须知》（1889）等。关于全体学到生理学名称的变迁以及传教士的生理学著作，请参吴义雄[3]的讨论。《全体功用问答（上海土白）》是现今发现的唯一一本传教士上海方言的生理学著作。

《全体功用问答》现今可见两个版本：一个版本是清光绪十四年（1888）的铅印本，由上海墨海书局出版，现藏于苏州大学（索书号：500684）；另一版本是光绪二十三年（1897）的铅印本，未写明出版社，当为 1888 年版的重印本，现藏于上海图书馆。两个版本中均未提及作者或翻译者。所幸雷振华《基督圣教出版各书书目汇纂》（1917）记录了"王亨统译"，为我们保存下了作者信息。

王亨统（1868—1928），字莲溪，浙江余姚人，7 岁开始接受传统蒙学教育。1878 年入杭州育英义塾学习，师从美国传教士裴德生博士。其在《地理问答》的序中写到了这段经历："余幼肄业于杭州之育英书院，即蒙美国教师裴德生老夫子，教以天文、地理、格物、算学等书，其中微言兴旨，无不新奇。"[4]1888 年开始到美华书馆工作，同时任教于美华书馆附设的教会学校，编

① 张敏. 上古、中古汉语及现代南方方言里的"存在 - 否定演化圈" [M] // 余霭芹. International symposium on the historical aspect of the Chinese lLanguage：commemorating the centennial birthday of the late professor Li Fang-Kuei（Vol Ⅱ）. Seattle：University of Washington，2002.
② 刘丹青. 汉语否定词形态句法类型的方言比较 [J]. 中国语学，2002（252）.
③ 吴义雄. 从全体学到生理学：基督教传教士与晚清时期西方人体生理知识在中国的传播[M] // 刘天路主编. 身体·灵魂·自然：中国基督教与医疗、社会事业研究. 上海：上海人民出版社，2010.
④ 王亨统. 地理问答 [M]. 上海：美华书馆，1902.

辑出版了各种新式教科书，"毕业以来，振铎十余载，徙游数百人，春风化雨，咸仰造成，洵不愧为师道之模范。更于课文讲学之余，将平日教授之足为法者，随时随录，汇集成书"[1]。一般的资料都显示，他从1893年开始编撰新式教科书（即《地理问答》），不仅在教会学校盛行，且经清政府学务处审定后在民间广为流传，对近代的启蒙事业作出了卓越的贡献。详情请参白莉民[2]、吴小鸥[3]等的介绍。因为王亨统的经历，其翻译《全体功用问答》也就顺理成章。不过，现有的其他相关资料中，均无王亨统编译《全体功用问答》一书的记载，可能是因为《全体功用问答》完全依据官话版本的《全体功用问答》而无太多个人创造，故未为王亨统所重视吧。

《全体功用问答》分为十章，每一章都以问答体的方式介绍全身器官，同时最后以"式文"的方式对全章进行总结。上海方言版《全体功用问答》应该是从美国传教士贺路绥的官话版《全体功用问答》翻译而来的。官话版本的《全体功用问答》暂未见国内图书馆馆藏，可能已经亡佚，我们从贺路绥《全体入门问答》的序中可以了解本书的背景：

> 丁亥春京江女学堂馆主偌君嘱余翻译一书，以课本馆之幼徒。余爰取美国启蒙馆中之《体学》，撮其要者翻译为汉文，名曰《全体功用问答》，以浅白官话道全体要旨，业经刊行已十年矣。今是书售尽无余，有友人嘱余再印，余又加删改，仍仿旧本，分为十课，悉用问答，课后系以式文，改其名曰《全体入门问答》。

贺路绥医师（Lucy H. Hoag，1844—1909）是美国美以美会女布道会的医药传教士。1872年，女布道会派其与昊格矩（Gertrude Howe，1846—1928）来华传道，11月13日抵达九江；1873年1月1日开设女子学校。1884年（清光绪十年）3月26日复活节，诺冰心（Mary C. Robinson）、贺路绥被派往江苏镇江银山门基督教堂创立女子中学，取名为镇江私立女子学堂（又称镇江教会学堂，后改为崇实女中），诺冰心任校长。《全体入门问答》序中的"偌君"即诺冰心[4]。之后，美国基督教美以美会亦投资，拆除原教会医院所用平房，盖了一幢3层40余间大楼（1914年竣工），创办基督教妇幼医院，贺路绥医师任院长。1909年，贺医师在南京去世，将一生奉献于中国的医疗、教育事业。

《全体入门问答》一书于光绪二十四年（1898）由上海美华书馆出版。贺医师在《全体入门问答》的序中已经指明，"以课本馆之幼徒"，可见该书是一本课堂中的启蒙教材。《各地五大洲女俗通考》1904年第十集载有"耶稣教美以美会镇江女塾功课章程"，其中第二年的课程安排为："圣经、蒙学捷径初编下、算法（一至百）、全体入门问答、分字略解、真理便读、三字经、百家姓、游艺、诗歌、体操、读故事书（地球风俗、训儿真言、识字初阶）。"

官话版《全体功用问答》出版于丁亥年（1887），比上海话版早出版一年，也可以作为其为《全体功用问答》蓝本的一个理由。另一方面，对照《全体功用问答》与《全体入门问答》的内

---

[1] 英华书院陈先生序 [M] // 王亨统. 绘图蒙学课本（首集）. 上海：美华书馆，1904.

[2] BAI L M，WANG H T. A native Chinese christian teacher's approach and practice，1902—1915[M] //PAUL W（ed.）. Shaping christianity in greater China：indigenous christians in focus. Oxford：Regnum Books International，2017：167-84.

[3] 吴小鸥. 文化赋形与意义阐释：以王亨统编撰新式教科书为中心 [J]. 福建师范大学学报（哲学社会科学版），2019（2）.

[4] 也有文献（如《私立崇实女子中学始末》）写作"偌冰心"。

容，也可见两者关系之密切。以下仅列出两书的章目作为比较（见表3）：

表3　《全体功用问答》《全体入门问答》目录对照表

《全体功用问答》	《全体入门问答》
第一章　全体总论	全体小引
	第一课　论四肢骨节
第二章　论全体之骨	第二课　论全体骨数
第三章　全骨略论	第三课　论全骨功用
第四章　论肌肉	第四课　论肌肉
第五章　论皮	第五课　论皮
第六章　论心	第六课　论心
第七章　论肺	第七课　论肺
第八章　论食物消化	第八课　论胃
第九章　论脑子个用头	第九课　论脑
第十章　论五官个用头	第十课　论五官

　　从目录中可以看出，《全体功用问答》称"章"，《全体入门问答》称"课"；《全体功用问答》第一章"全体总论"，《全体入门问答》分为"全体小引"与"论四肢骨节"两部分。具体内容上，两者也有参差，比如《全体入门问答》每个问题之前都有数字编号，而《全体功用问答》无；《全体功用问答》第十章分小节，《全体入门问答》无；《全体功用问答》最后有一段"论鸦片烟"的式文①，《全体入门问答》无；《全体入门问答》最后附有一张人体骨骼的示意图，而《全体功用问答》无。

　　由于《全体入门问答》序中提到了其由官话版本《全体功用问答》的内容调整而来，我们怀疑《全体功用问答》与《全体入门问答》的部分内容差异正反映了《全体入门问答》在官话版基础上做的调整。因此，官话版《全体功用问答》虽然可能已经亡佚了，借助上海话版《全体功用问答》，我们大致可以一窥官话版的面貌。

　　由于石汝杰、宫田一郎主编《明清吴语词典》②中引用了《全体功用问答》，使得本书很早就为学界研究所用。

五、数学著作

　　伴随着近代的西学东渐，数学教育成为近代学校科学教育的重要组成部分。在这个过程当中，传教士也用方言编写了多种数学教科书。近期我们发现两种上海方言数学类著作，一

---

① 《全体功用问答》全书多次提及烟、酒、鸦片的害处，"论鸦片烟"式文可能是作者根据上海的情况特意增加的。

② 石汝杰，宫田一郎. 明清吴语词典 [M]. 上海：上海辞书出版社，2005.

种是 1885 年出版的《西算启蒙》，严敦杰提及了该书，并指出该书是较早使用阿拉伯数字的著作，[①] 但该书笔者尚未见到；另一种就是本文要详细介绍的《土话算学问答》（1901，上海土山湾印书馆）。

《土话算学问答》是由耶稣会传教士佘宾王（Frank Scherer，1860—1929）用上海方言编写的一本问答体数学教科书。正文之前有佘宾王写的手写体序言，阐明了编写本书的目的与过程：

> 光绪辛丑，余教算汇塾，以数理之最简明者，用官话为问答。先授小生，后又付梓，名之曰《数学问答》。犹虑小生之不易悟也，集算题如干，另为一卷，亦即镌板，名之曰《数学习题》。初不期书以理浅词清，适足以启幼童之悟，以故遐迩争求，未二稔而早经售尽。今印馆又欲排印，汇二卷为一编，统名之曰《数学问答》，因志其缘起如此。

正文包括十三章，从各个方面对数学进行了教授；最后附有几张表格，包括拉丁号码（罗马数字与阿拉伯数字的对照）、九九合数表、数目表（英文、法文、德文、华文的数字对照）、算学名目中法德英合表（四种语言的术语对照表）。

本书作者佘宾王，字懋卿，是德国耶稣会传教士。根据《耶稣会士在华名录 1842~1955》（*Directory of the Jesuits in China from 1842 to 1955*）[②]，佘神父 1860 年 12 月 16 日出生于德国巴伐利亚的阿莎芬堡（Aschaffenburg），1877 年 8 月 14 日加入耶稣会，并于 1879 年 11 月 5 日抵达上海，在 1903 年升任副主教；返回欧洲后，于 1929 年 11 月 30 日在法国巴黎去世。在华期间，佘神父积极投身教育事业，在震旦大学、南洋公学（上海交通大学前身）等高校就职，出版了《天文问答》《数学问答》《笔算问答》《代数问答》《数理问答》《量学问答》等一系列教科书；同时，佘神父对上海方言也颇为重视，编写过 *Vocabulaire Francais-Chinois, Dialecte de Chang-hai*（《上海土白法华词汇集》，1904，土山湾印书馆）等上海方言著作。

在出版《土话算学问答》的同年，佘神父同时出版了官话版的《数学问答》（1901，土山湾印书馆）。两本书的内容基本上是能对应上的，这从章节名的对照中就可以看出（见表 4）：

表 4　《土话算学问答》《数学问答》目录对照表

《土话算学问答》	《数学问答》
第一章 数目释名	第一章 数目释名
第二章 整数四法规例	第二章 整数四法规例
第三章 尾数规例	第三章 尾数规例
第四章 开数四法规例	第四章 分数四法规例
第五章 比例体用	第五章 比例体用
第六章 三率规例	第六章 求缺率法
第七章 借本取利规例	第七章 借本取利规例
第八章 扣利法	第八章 扣银法
第九章 按股递分法	第九章 按股递分法

---

① 严敦杰. 阿拉伯数码字传到中国来的历史 [J]，数学通报，1957（10）.

② LARDINOIS O，MATEOS F，RYDEN E. 耶稣会士在华名录 1842~1955（Directory of the Jesuits in China from 1842 to 1955）[M]. 台北：Taipei Ricci Institute，2018：186.

续表

《土话算学问答》	《数学问答》
第十章 通行递分法	第十章 通行递分法
第十一章 搀杂法	第十一章 搀杂法
第十二章 拆中计算法	第十二章 折中计算法
第十三章 开乘方法	第十三章 开乘方法
	第十四章 对数

《土话算学问答》并无习题部分，《数学问答》的"第十四章 对数"及后附"对数表、加法九九数、减法九九数、乘法九九数、数学记号华法德英文合表"也是《土话算学问答》所无的；在具体运算过程与举例方面，《数学问答》也比《土话算学问答》更加详细。这倒也充分体现了《土话算学问答》序言里面所说的"用方言问答体略提其纲领"的编纂目标。

《土话算学问答》中所使用的数学术语，与《数学问答》并不完全相同，比如"加减乘除"称为"加除乘归"。数学术语使用依据自有所本，有待于方家进行深入探究。

六、总结

本文简要地介绍了4大类7种近代上海方言科教类著作：3本地理教科书，1本科学教科书，1本生理学教科书，1本数学教科书。这批方言学著作在内容上非常特别，本文主要做了介绍工作，其中所涉及的上海话词汇语法、科学术语、方言区域的科学知识传播等各方面问题都尚未展开，期待有更多的学者关注、研究这批文献。

A Summary of Modern Science Education Works Written by Shanghai Dialect

SHENG Yimin

（Department of Chinese Language and Literature, Institute of Modern Linguistics, Shanghai 200433）

Abstract: In the process of spreading Western science and technology in modern China, Western missionaries translated a large number of works into classical Chinese or Mandarin and a small part into dialect. This paper mainly introduces seven scientific and technology works written in the Shanghai dialect, including three geography textbooks, one natural science textbooks, one physiology textbooks, and one mathematics textbooks.

Key words: Shanghai dialect; science education works; western learning

（学术编辑：许彬彬）

年希尧《五方元音》
与《汉英韵府》音系结构的构建[*]

汪银峰

（长春师范大学 文学院，吉林 长春 130032）

摘　要：《汉英韵府》是美国新教传教士卫三畏在北京任职期间编纂的一本汉英辞典，在当时影响非常大，成为来华传教士和商人学习汉语官话的必读之书。学术界对《汉英韵府》及所收录的汉语方言材料进行了深入的研究，但对于该书与清代汉语韵书《五方元音》的关系，涉猎较少。本文从《汉英韵府》所据《五方元音》版本入手，考察《五方元音》对《汉英韵府》音系结构产生的影响，年希尧《五方元音》是《汉英韵府》音序编排的基础。

关键词：卫三畏；《汉英韵府》；《五方元音》；年希尧

一、缘起

卫三畏（Samuel Wells Williams，1812—1884），美国新教传教士，美国汉学研究的先驱者，1833年抵达广州，1876年因身体原因返回美国，前后在中国生活长达四十三年之久。从1956年起，卫三畏长期担任美国驻华公使团的秘书和翻译，多次参与中美外交活动，如1958年《中美天津条约》的签订仪式等。由于长期生活在中国，卫三畏对中国社会有比较全面的了解，完成多部汉学著作，如《英华韵府历阶》《中国地志》《中国商务指南》《英华分韵撮要》《中国总论》等等，一生致力于中国传统文化的介绍和研究，这些汉学著作成为当时西方人了解中国的重要窗口，卫三畏也因此成为美国历史上著名的汉学家。回国后，卫三畏受聘于耶鲁大学，担任汉学讲座首席教授，后来又当选为美国东方学会的会长。因此，卫三畏对中美文化的交流起到了重要的推动作用，后世称之为美国"汉学之父"。

卫三畏所编著的汉学著作中，比较有代表性的是《中国总论》和《汉英韵府》。其中《中国总论》是美国较早对中国进行全面介绍的汉学研究著作，该书分为上下卷，对中国的政治、经济、文化、历史、地理、教育、宗教、外交、艺术等方面做了深入的论述，该书也是卫三畏汉学研究的奠基之作。[①]《汉英韵府》则是卫三畏在北京任职期间编纂的一本汉英辞典，在当时影响非常大，成为来华传教士和商人学习汉语官话的必读之书，同治甲戌（1874）初版于"沪邑美华书院"。《汉英韵府》英文书名为 *A Syllabic Dictionary of the Chinese Language；Arranged*

---

*　本文系国家社科基金项目"《五方元音》系韵书整理与研究"（21BYY131）、吉林省教育厅人文社科研究项目"《五方元音》系韵书源流考"（JJKH20210909SK）、长春师范大学校级科研项目"年希尧《五方元音》增补本研究"（长师大社科合字[2019]第016号）阶段性成果。

①　2005年上海古籍出版社出版了陈俱译，陈绛校的中文版，分为上下两册。

according to the Wu-fang yuen yin, with the Pronunciation of the Characters as Heard in Peking, Canton, Amoy, and Shanghai"。从其书名可知，该书是以清代汉语韵书《五方元音》为基础而编纂的一部汉语拼音词典，并附北京、广州、厦门、上海四个方言点的读音。卫三畏在导论中也重申了这一点：

> The groundwork of the present Dictionary is the *Wu-fang Yuen Yin* 五方元音 or Original Sounds of the Fives Regions, i.e. Norch, South, East, West and Center, which denote all the land.[①]

很明显，卫三畏错误理解了《五方元音》之"五方"，其含义并非指北部、南部、东部、西部和中部的所有地区。樊腾凤编纂《五方元音》的目的是要建立正音，来纠正"五方之失"。《五方元音·五方释》："讹正牵乎僻论，是非出乎曲说，繁然殽乱，不有正音，五方之失，焉能正之耶？"[②]

目前学术界对《汉英韵府》及所收录的汉语方言材料进行了深入的研究，[③]但对于该书与清代汉语韵书《五方元音》的关系，涉猎较少。作为《汉英韵府》编撰的蓝本和重要参考书，《五方元音》对该书音系结构产生了重要影响，这是我们在研究《汉英韵府》中不可忽视的。为了更全面认识《汉英韵府》，本文从《汉英韵府》所据《五方元音》版本入手，考察《五方元音》对《汉英韵府》音系结构产生的影响，并通过比较概括《汉英韵府》官话音系结构的特征。

二、《汉英韵府》编纂体例及所依据《五方元音》之版本

（一）《汉英韵府》编纂体例

辞典正文前为序言（preface）和导论（introduction），卫三畏研究汉语的心得尽在于此。导论分为八个部分。第一部分为 the mandarin dialect as exhibited in the Wu-fang Yean Yin（《五方元音》所呈现的官话），介绍了汉语语音的发展，对《五方元音》声韵结构的解析，以及在此基础上制作的声韵拼合表；第二部分为 system of orthography（拼写系统），介绍了《汉英韵府》涉及到的元音、二合元音、异常元音和辅音的相关情况，包括发音及在其他西方辞典中的标记等；第三部分为 aspirates（送气音），说明汉语送气与不送气的情况；第四部分为 shing or tones（声或调），介绍了汉语的声调情况；第五部分为 old sounds of the Chinese characters（汉语古音），主要介绍了《康熙字典》和《广韵》；第六部分为 range of dialects（汉语的分布），

① 卫三畏.汉英韵府[M].上海：沪邑美华书院，1874：导论.
② 樊腾凤.五方元音[M].《续修四库全书》第260卷，上海：上海古籍出版社，2002：5.
③ 山口要.从卫三畏的《汉英韵府》看19世纪的北京官话[J].中国方言学报，2013（3）：40-46；山口要.从卫三畏《汉英韵府》看19世纪的官话音系[J].国际汉语学报，2015，5（2）：28-40；林琳.《汉英韵府》官话音系研究[D].福州：福建师范大学，2016.

认为汉语官话有南北之分,南官话即正音,是通行最广的,北官话即京音,同时对客家、粤、闽等方言进行了介绍。卫三畏以《圣谕广训》为材料,将官话和八种方言(北京、汉口、上海、宁波、福州、厦门、汕头、广州)的读音用罗马字母记录下来,并收集了北京、汉口、上海、宁波、福州、汕头、广州7种方言关于《圣谕广训》的口语形式,从而使该书不仅仅是一部官话辞典,也成为汉语方言语音的比较词典,意义深远;第七部分为 the radicals(部首),介绍汉字部首,并列出部首表,共214个;第八部分为 the primitives(字根),将1040个字根按照笔画进行排列。

辞典正文的音节则是按照罗马字母的顺序进行排列,每个音节下有一段文字,说明音节的又音、古音及广州、厦门、福州、上海、芝罘的读音。如音节"AI"注明"See also under the syllables YAI and NGAI. Old sounds, a, ap, ak, and at. In Canton, oi and ai; –in Amoy, ai and é; –in Fuhchau, a and ai; –in Shanghai, a, é, ya, and yih; –in Chifu, ai."[①]每个音节下收录若干汉字及词语,皆以英语进行翻译。每个汉字用四角标调法标记声调,汉字下用罗马字母仅标记北京话读音,由此可见,北京话的地位明显高于其他方言,这也凸显了北京话在当时语言交际中的重要作用和地位。正文之后列有部首检字索引,供学习者查阅汉字。该书作为来华传教士和商人学习汉语官话的汉英辞典,当时影响非常大。

(二)《汉英韵府》是以年希尧《五方元音》增补本为蓝本

对于学习一种语言,卫三畏有一套自己独特的方法,其在序言中提到:"These considerations led me to regard the preparation of a Dictionary on the syllabic plan, as the way in which I could best facilitate the study of the language."可见其方法就是通过编纂拼音字典来学习语言。卫三畏最初的计划是以他此前编著的《英华分韵撮要》(*Tonic Dictionary of the Canton Dialect*)进行改编,但他很快发现这项工作需要重新进行修订,于是在1863年以《五方元音》为基础来安排音节结构,而不是按照马礼逊原来的编撰方式。为什么要以《五方元音》为基础进行编纂呢?昌梅香在考察《汉英韵府》拼音系统时指出了这一点:

> 从序言可知,《汉英韵府》之所以采用音序编排法,主要是受马礼逊《五车韵府》编排体例的影响。但卫三畏并不以马礼逊的辞典作为编纂底本,而选择《五方元音》并且完全按照其编排方法编排,是因为他认为《五方元音》中按音节排序的方法,较之马礼逊的方法而言,是一种更简单、更可靠的方法,即地道的汉语排序法。从这点来讲,《五方元音》对《汉英韵府》的音序编排方法有很大影响。[②]

但卫三畏所依据的《五方元音》,并非樊腾凤的《五方元音》,而是年希尧的增补本。在"introduction"中卫三畏将年希尧康熙四十九年(1710)增补本的序言全部抄录下来,并且提到年希尧在1728年又对该书进行了增补,从而使其更为实用,扩大了《五方元音》的影响。

This same man, *Nien Hi-yao*, afterwards enlarged the book until he had introduced nearly all the characters in the language. He published it in 1728, in four thin volumes,

---

① 卫三畏.汉英韵府[M].上海:沪邑美华书院,1874:1.

② 昌梅香.《汉英韵府》拼音系统评介[J].辞书研究,2013(4):73.

and several editions have since been printed; its extensive list of characters makes it a useful manual. In the preface he says that, when compared with the first edition, he has "added five out of every ten characters, and expunged one out of every ten." ①

当然，这些文字描述不足以证明卫三畏所依据的是年希尧的增补本，下面我们从音系结构来进行论证。

我们曾将年希尧增补本与樊腾凤《五方元音》进行全面比较，发现年希尧对《五方元音》"重加删定"体现在三个方面：一是对韵图用字进行了更改；二是对小韵及韵字进行了增补；三是调整了部分入声字的位置。②其中入声字的调整涉及语音的变化，我们可以此作为切入点进行考察。

第一，虎韵入声字的调整。樊腾凤《五方元音》虎韵包含两个韵类 [u] 和 [y]，且 [y] 韵仅有三个小韵"玉""菊""顼"，在地韵中还存在 [y] 韵，韵类重复。年希尧修订时将虎韵的这三个小韵移至地韵，与地韵"聿""橘""戌"小韵合并，调整后虎韵只有一个阴声韵 [u]，语音结构更系统化。卫三畏在"list of twelve finals"中将虎韵分为两个韵类：阴声韵 [u] 和入声韵 [uh]，"玉"则放在地韵之中，很明显他依据的是年希尧调整之后的虎韵。

第二，豺韵入声字的调整。樊腾凤《五方元音》豺韵入声收录若干小韵，如"百""拍""率""格""虢""客""核""获""嘓""额""索""策""责"等，年希尧将这些入声小韵都进行了调整，分别并入驼韵或蛇韵。卫三畏在"list of twelve finals"中将豺韵分为 [ai] 和 [iai]，并没有入声韵，驼韵入声韵母标音为 [oh][ioh]，蛇韵入声韵母标音为 [éh][üeh][ieh]。我们发现这些入声字在《汉英韵府》中的罗马字母标音为 [oh] 或 [eh]，如白 [poh]，拍 [pʰoh]，格 [koh]，客 [kʰoh]，获嘓 [hwoh]，虢 [kwoh]，责 [tseh]，策 [tsʰeh]，额 [ngoh] 等，与年希尧调整之后的入声音值相一致。

第三，地韵入声字的调整。年希尧将地韵部分入声小韵也进行调整，有的并入驼韵，如"北""墨""国""或"等；有的并入蛇韵，如"忒""德""侧""色""则""塞"等，《汉英韵府》中这些入声字的韵母为 [oh] 或 [eh]，如北 [poh]，墨 [moh]，国 [kwoh]，或惑 [hwoh]，忒 [tʰeh]，德得 [teh]，色塞 [seh]，则 [tseh]，侧 [tsʰeh] 等，与年希尧增补本完全一致。

由此可见《汉英韵府》所依据的《五方元音》是年希尧的增补本，并非樊腾凤的原本，由此也凸显了年希尧增补本在《五方元音》系韵书传播过程中的重要影响。

（三）卫三畏为何选择年希尧《五方元音》为蓝本

卫三畏在序言第六部分"range of dialects"（方言的范围）对汉语官话和方言有过详细的论述，他先援引了英国伦敦会传教士艾约瑟（Joseph Edkins，1823—1905）将官话三分的观点：

Mr. Edkins regards Peking, Nanking and Chingtu, as the centers of its three marked varieties, and the wide separation of these cities, whose inhabitants, as a whole, have no intercommunication with each other, and yet can orally converse, all the more proves its

① 卫三畏. 汉英韵府 [M]. 上海：沪邑美华书院，1874：导论.
② 汪银峰. 年希尧增补《五方元音》与清代官话音系 [J]. 吉林大学社会科学学报，2018（2）：186-189.

claim to be the Chinese spoken language.[①]

艾约瑟《汉语官话口语语法》认为除了北京官话、南京官话外，以成都为中心的西部官话，也是官话体系中的一部分，"通过政治和临时安排，北京话作为首都方言被看作官话的标准，但是真正的语言学研究却必须涵盖整个官话区，因此这一大片区域都说着本质特性相同的同一种口语。因此，这里必须要介绍第三种官话体系。"[②]官话三分的观点在当时影响很大，但卫三畏则更倾向于南北官话两分：

> In this wide area, the Nanking, called 南官话 and 正音 or true pronunciation, is probably the most used, and described as 通行的话, or the speech everywhere understood. The Peking, however, also known as 北官话 or 京话 is now most fashionable and courtly, and like the English spoken in London, or the French in Paris, is regarded as the accredited court language of the empire. The two most striking differences between them, consist in the change of the initial k before i and ü into ch or ts, and the distribution of words in the juh-shing among the other tones.[③]

卫三畏认为汉语有南北两官话，其中南京官话，或称正音，通行范围较广，而北京官话则是目前最时尚、最威严的，是被官方认可的朝廷语言。

出版于 1867 年的威妥玛《语言自迩集》，是为了学习北京官话而作，"笔者的一项职责，就是指导英国驻中国领事馆招募人员学习汉语；虽然这部著作现在已经提交给公众，用这部书的传教士和商人也许并不否认这部书的价值。它的基本功能是帮助领事馆的学员打好基础，用最少的时间学会这个国家的官话口语，并且还要学会这种官话的书面语，不论它是书本上的、公文信件上的，抑或具有公众性质的文献资料中的官话。"[④]对于威妥玛以北京官话作为学习的对象，卫三畏并不认可，从《语言自迩集》第一版序言中可知，"选择并确定一种话（a dialect），这大约是 20 年前的事，其次就是建立表音法。那时没有人把北京话作为写作对象，而各种表音法都声称描写的是南方官话（the southern mandarin）——诸如莫里逊博士（Dr.Morrison），即第一部汉英辞典的编纂者，麦赫斯特博士（Dr.Medhurst）和威廉姆斯博士（Dr.Wells Williams）等人。"[⑤]事实也是如此，卫三畏在编纂《汉英韵府》时，是将北京与汉口、上海、宁波、汕头、福州、厦门、广州等地，作为方言点来描写的，与"官话"（mandarin）形成对立。卫三畏在辞典正文中为每个音节特意标注了北京话的读音，这也是用另外一种方式凸显北京话在当时语言交际中的重要地位。

因此，卫三畏之所以选取年希尧《五方元音》作为蓝本，一方面是因为其简明的音序编排法，另一方面则是因为年希尧《五方元音》增补本的音系反映了当时的汉语官话，这与卫三畏编纂词典的目的是一致的。《汉英韵府》在个别归字上与年希尧增补本略有差异，如"麦"字，年希尧增补本将豺韵入声字移至驼韵和蛇韵，唯独将其留在豺韵，我们推测可能受到当时北

① 卫三畏. 汉英韵府 [M]. 上海：沪邑美华书院，1874：序言.
② 艾约瑟. 汉语官话口语语法 [M]. 董方峰，杨洋，译. 北京：外语教育与研究出版社，2015：10.
③ 卫三畏. 汉英韵府 [M]. 上海：沪邑美华书院，1874：序言.
④ 威妥玛. 语言自迩集：19 世纪中叶的北京话 [M]. 张卫东，译. 北京：北京大学出版社，2002：12.
⑤ 威妥玛. 语言自迩集：19 世纪中叶的北京话 [M]. 张卫东，译. 北京：北京大学出版社，2002：14.

京话的影响，"麦"读 [ai] 音已逐渐占据优势。在《汉英韵府》中，"麦陌脉"罗马字母标音为 [meh]。再如"索"字，年希尧将其移至蛇韵，《汉英韵府》罗马字母标音却是为 [soh]。因此，卫三畏并未完全照搬年希尧《五方元音》增补本，也结合了当时官话的实际读音。

三、《汉英韵府》对《五方元音》声韵结构的解析

卫三畏认为《五方元音》的声韵结构过于追求简洁性，从而丧失了准确性，不利于汉字的编排和检索。因此，卫三畏对《五方元音》声韵结构所包含的声母和韵母信息进行了分析和标注。在韵母系统上，卫三畏指出："The finals are represented by the following twelve characters, which include fourteen others, and twelve in the *juh-shing*, making thirty-eight, according to our mode of writing."[①] 卫三畏认为《五方元音》12 韵中还包含其他 14 个韵母，再加上 12 个入声韵（juh-shing），其韵母可解析为 38 个，如下：[②]

1. t-ien 天 includes t-an 丹 and k-üen 圈
2. j-ǎn 人 includes p-in 宾
3. l-ung 龙 includes l-ing 灵 and l-ǎng 冷
4. y-ang 羊 includes k-iang 江
5. n-iu 牛 includes ch-eu 周
6. ng-ao 獒 includes n-iao 鸟
7. h-u 虎 includes h-uh 斛
8. t-o 驼 includes t-oh 脱 and l-ioh 略
9. sh-é 蛇 includes h-üé 靴，y-eh 叶，y-üeh 月，and k-ieh 结
10. m-a 马 includes p-ah 八
11. ch-ai 豺 includes k-iai 皆
12. t-i 地 includes t-ui 堆 ts-ü 聚，sz'思 'rh 而 and w-éi 惟，with t-eh 德 y-uh 玉，l-ih 力，and k-üh 曲

卫三畏对《五方元音》韵部系统的解析总体上比较准确，但仍有若干值得商榷的地方。首先，遗漏韵母情况较多。第一，人韵、龙韵四呼俱全，卫三畏遗漏了撮口呼字，如"君旬群熏恭兄琼"等字；第二，马韵有三个韵类：开口、合口和齐齿，卫三畏漏掉了齐齿呼字及其入声字，如"加蝦匣甲恰"等；第三，蛇韵有开口、合口和齐齿三个韵类，卫三畏漏掉了 ie。其次，标注重复。如"德""叶"读音均为 eh，"斛""玉"读音均为 uh。实际上，"玉"应标 üh，与"曲"一致，可以合并。"德"在《五方元音》蛇韵，并非在地韵，卫三畏设置"eh"（德），不知何故。后来卫三畏应注意到了这些错误，故在"Table of initials and finals"（声韵拼合表）中，增加了 ia、ie、iün、iüng 四个韵母，在词典正文中又增加了 iah 韵。

在声母系统上，卫三畏提到："The initials are represented by the following twenty

---

① 卫三畏. 汉英韵府 [M]. 上海：沪邑美华书院，1874：序言.
② 卫三畏将诸多带有介音 u 的韵母看作声母的差异，故增加 chw，chwʰ，hw，jw，kw，kwʰ，lw，nw，shw 等 14 个声母。

characters, which are subdivided into thiry-six by separating those having a medial vowel." [1]

由原来的 20 个声母扩展为 36 个，列举如下：

1.p-ang 梆

2.pʰ-ao 匏

3.m-uh 木

4.f-ung 风

5.t-en 斗 and tw-an 短

6.tʰ-u 土 and twʰ-an 湍

7.n-iao 鸟 and nw-an 暖

8.l-éi 雷 and lw-an 乱

9.ch-uh 竹 and chw-ang 庄

10.chʰ-ung 虫 and chwʰ-ang 创

11.sh-ih 石 and shw-ang 爽

12.j-ih 日 and jw-an 软

13.ts-ien 剪 and tsw-an 纂

14.tsʰ-ioh 鹊 and tswʰ-an 窜

15.s-z' 系 and sw-an 算

16.y-un 云

17.k-in 金 and kw-a 瓜

18.kʰ-iao 桥 and kwʰ-a 誇

19.hw-o 火 and h-ao 好

20.w-a 娃 and ng-an 安 and the suppressed initial, as in ai 挨 or uh 屋

卫三畏的 36 声母并非传统的宋人三十六字母，而是将介音 u 的韵母也看作声母的差异，增加了 chw、chwʰ、hw、jw、kw、kwʰ、lw、nw、shw、sw、tsw、tswʰ、tw、twʰ 十四个，故使声母的数量几乎增加了一倍。"这种处理方式，与中国传统音韵书籍的处理方式也有很大的差异。无论是过去的小学学者还是研究汉语语音的现代学者都认为，有无 -u- 介音是韵母开口与合口的区别，而不是声母本身的不同。因此从这点来说，卫三畏这种处理音系的方式不利于从历时的角度研究汉语语音的变化发展。这也是之后卫三畏拼音方案被威妥玛汉语拼音方案取代的主要原因之一。" [2]

解析《五方元音》声韵结构只是编纂辞典的前期工作，制定音节的拼合表才是辞典编纂的基础工作。因此，卫三畏在解析《五方元音》声韵结构基础上，将声母、韵母分别纳入图表中，制成了声韵拼合表（见图 1），"The following table includes the combinations of initials and finals in the *Wu-fang Yuen Yin*, with a leading character under each syllable, and also shows the *juh-shing* in separate columns, making 532 words in all." （下图列出了《五方元音》元音和辅音的组合，每个音节下都有一个字符，并且在单独的列中显示了入声，总共制作了 532 个

---

① 卫三畏.汉英韵府 [M]. 上海：沪邑美华书院，1874：序言.

② 昌梅香.《汉英韵府》拼音系统评介 [J]. 辞书研究，2013（4）：75.

单词）

xvi. **TABLE OF INITIALS AND FINALS, WITH**

FINALS.		CH	CH'	CHW	CHW'	F	H	HW	J	JW	K	K'	KW	KW'	L	LW	M
A		楂 cha	茶 ch'a	撾 chwa			花 hwa			稜 jwa			瓜 kwa	誇 kw'a	磊 la		馬 ma
AH		扎 chah	察 ch'ah			髮 fah							刮 kwah		臘 lah		袜 man
AI	挨 ai	齋 chai	柴 ch'ai		揣 chw'ai		海 hai	淮 hwai			該 kai	開 k'ai	乖 kwai	快 kw'ai	來 lai		埋 mai
AN		斬 chan	鏟 ch'an			番 fan	寒 han	歡 hwan	然 jan	軟 jwan	干 kan	刊 k'an	官 kwan	寬 kw'an	蘭 lan	亂 lwan	滿 man
ĂN		真 chăn	陳 ch'ăn			分 făn	狠 hăn		人 jăn		根 kăn	懇 k'ăn					門 măn
ANG	益 ang	張 chang	昌 ch'ang	莊 chwang	創 chw'ang	方 fang	杭 hang	黃 hwang	讓 jang		岡 kang	康 k'ang	光 kwang	狂 kw'ang	郎 lang		芒 mang
ĂNG		爭 chăng	撐 ch'ăng				亨 hăng		仍 jăng		庚 kăng	坑 k'ăng			冷 lăng		萌 măng
AO		昭 chao	超 ch'ao				蒿 hao		饒 jao		高 kao	考 k'ao			勞 lao		毛 mao
É		者 ché	車 ch'é						惹 jé			瘸 k'ié					咩 mé
EH		折 cheh	徹 ch'eh						熱 jeh						勒 leh		蠛 meh
ÉI						肥 féi							鬼 kwéi	媿 kw'éi	雷 léi		梅 méi
EN		占 chen	纏 ch'en	專 chwen	川 chw'en												
EU		周 cheu	抽 ch'eu			浮 feu	侯 heu		柔 jeu		勾 keu	口 k'eu			樓 leu		謀 meu
I	衣 i	之 chi	池 ch'i				希 hi		而 'rh		幾 ki	溪 k'i			理 li		米 mi
IA							遐 hia				加 kia	阿 k'ia					
IAI							鞋 hiai				皆 kiai	揩 k'iai					
IANG							香 hiang				江 kiang	羌 k'iang			良 liang		
IAO							曉 hiao				交 kiao	敲 k'iao			遼 liao		苗 miao
IEH							頡 hieh				結 kieh	挈 k'ieh			列 lieh		蠛 mieh
IEN							賢 hien				堅 kien	鉗 k'ien			連 lien		面 mien
IH		汁 chih	尺 ch'ih				歙 hih				吉 kih	乞 k'ih			力 lih		覓 mih
IN							欣 hin				巾 kin	禽 k'in			林 lin		民 min
ING		貞 ching	城 ch'ing				興 hing				京 king	卿 k'ing			靈 ling		明 ming
IOH							學 hioh		弱 joh		角 kioh	却 k'ioh			畧 lioh		
IU							休 hiu				九 kiu	求 k'iu			留 liu		謬 miu
IÜN							熏 hiün				君 kiün	群 k'iün					
IÜNG							兄 hiüng				弓 kiüng	窮 k'iüng					
O	阿 o						河 ho	火 hwo			個 ko	科 k'o	戈 kwo		羅 lo		麼 mo
OH		着 choh	逴 ch'oh			縛 foh	喝 hoh	鑊 hwoh			閣 koh	客 k'oh	國 kwoh	廓 kw'oh	絡 loh		莫 moh
SZ'																	
U		朱 chu	除 ch'u			夫 fu	湖 hu				古 ku	苦 k'u			盧 lu		母 mu
Ü							虛 hü		如 jü		居 kü	墟 k'ü			閭 lü		
ÜÉ							靴 hüé										
ÜEH							血 hüeh				厥 küeh	缺 k'üeh			劣 lüeh		
ÜEN							玄 hüen				捐 küen	圈 k'üen			戀 lüen		
UH		竹 chuh	出 ch'uh			福 fuh	斛 huh	忽 hwuh	入 juh		谷 kuh	哭 k'uh			六 luh		木 muh
ÜH											局 küh	曲 k'üh			律 lüh		
UI		追 chui	吹 ch'ui					灰 hwi	蕤 jui								
UN		諄 chun	春 ch'un					昏 hwun	閏 jun				崑 kwun	坤 kw'un	論 lun		
UNG		中 chung	充 ch'ung			風 fung	紅 hung		戎 jung		公 kung	空 k'ung			隆 lung		蒙 mung

CHARACTERS TO ILLUSTRATE THE SYLLABLES. xvii.

N	NG	NW	P	P‘	S	SH	SHW	SW	T	T‘	TS	TS‘	TSW	TSW‘	TW	TW‘	W	Y
拿 na	....	....	巴 pa	琶 p'a	....	沙 sha	....	....	打 ta	他 t'a	咱 tsa	....	....	....	....	....	蛙 wa	牙 ya
納 nah	....	....	八 pah	....	撒 sah	殺 shah	刷 swah	....	答 tah	塔 t'ah	匝 tsah	擦 ts'ah	....	....	....	....	襪 wah	押 yah
乃 nai	艾 ngai	....	拜 pai	牌 p'ai	腮 sai	曬 shai	帥 shwai	....	戴 tai	台 t'ai	在 tsai	才 ts'ai	....	....	....	....	歪 wai	涯 yai
男 nan	安 ngan	暖 nwan	班 pan	盤 p'an	三 san	山 shan	拴 shwan	算 swan	丹 tan	貪 t'an	讚 tsan	蠶 ts'an	纂 tswan	竄 tsw'an	端 twan	湍 tw'an	灣 wan	....
....	恩 ngăn	....	本 păn	盆 p'ăn	....	森 shăn	....	....	....	....	怎 tsăn	....	....	....	....	....	文 wăn	....
囊 nang	....	....	邦 pang	傍 p'ang	桑 sang	商 shang	爽 shwang	....	當 tang	湯 t'ang	葬 tsang	倉 ts'ang	....	....	....	....	王 wang	羊 yang
能 năng	....	....	崩 păng	朋 p'ăng	僧 săng	生 shăng	....	....	等 tăng	籐 t'ăng	增 tsăng	曾 ts'ăng	....	....	....	....	翁 wăng	....
鬧 nao	敖 ngao	....	包 pao	抛 p'ao	騷 sao	少 shao	....	....	刀 tao	桃 t'ao	早 tsao	曹 ts'ao	....	....	....	....	....	要 yao
....	....	....	....	....	些 sié	蛇 shé	....	....	爹 tié	....	借 tsié	且 ts'ié	....	....	....	....	....	野 yé
....	..	....	....	....	色 seh	舌 sheh	....	...	得 teh	特 t'eh	則 tseh	拆 ts'eh	....	....	....	....	....	葉 yeh
內 nei	...	....	悲 pei	丕 p'ei	....	....	....	....	....	....	....	....	....	....	....	....	威 wei	....
....	....	....	....	....	....	扇 shen	....	....	....	....	....	....	....	....	....	....	....	烟 yen
耨 neu	偶 ngeu	....	....	剖 p'eu	謏 seu	手 sheu	....	....	兜 teu	偷 t'eu	走 tseu	愁 ts'eu	....	....	....	....	....	....
你 ni	....	....	比 pi	披 p'i	西 si	是 shi	....	....	地 ti	提 t'i	祭 tsi	妻 ts'i	....	....	....	....	未 wi	....
....	....	....	....	....	....	....	....	....	....	....	....	....	....	....	....	....	....	....
....	....	....	....	....	....	....	....	....	....	....	....	...	....	....	....	....	....	....
娘 niang	....	....	....	....	相 siang	....	....	....	....	....	將 tsiang	槍 ts'iang	....	....	....	....	....	....
鳥 niao	....	....	標 piao	漂 p'iao	消 siao	...	....	....	雕 tiao	挑 t'iao	焦 tsiao	悄 ts'iao	....	....	....	....	....	....
聶 nieh	....	....	別 pieh	撆 p'ieh	屑 sieh	....	....	....	耋 tieh	帖 t'ieh	節 tsieh	切 ts'ieh	....	....	....	....	....	....
年 nien	....	....	扁 pien	偏 p'ien	線 sien	....	....	....	典 tien	天 t'ien	煎 tsien	千 ts'ien	....	....	....	....	....	....
匿 nih	....	....	壁 pih	疋 p'ih	惜 sih	十 shih	....	....	的 tih	踢 t'ih	疾 tsih	七 ts'ih	....	....	....	....	....	益 yih
您 nin	....	....	禀 pin	品 p'in	心 sin	....	....	....	....	....	津 tsin	親 ts'in	....	....	....	....	....	因 yin
寧 ning	....	....	兵 ping	平 p'ing	星 sing	聖 shing	....	....	丁 ting	聽 t'ing	精 tsing	青 ts'ing	....	....	....	....	....	英 ying
虐 nioh	....	....	....	....	削 sioh	...	....	....	....	...	爵 tsioh	鵲 ts'ioh	....	....	....	....	....	....
牛 niu	....	....	彪 piu	....	羞 siu	....	....	....	丟 tiu	....	酒 tsiu	秋 ts'iu	....	....	....	....	....	憂 yiu
....	....	....	....	....	旬 siün	....	....	....	....	....	....	竣 ts'iün	....	....	....	....	....	...
....	....	....	....	....	....	....	....	....	....	....	....	....	....	....	....	....	....	....
糯 no	鵝 ngo	....	波 po	婆 p'o	梭 so	....	....	....	多 to	妥 t'o	左 tso	搓 ts'o	....	....	....	....	窩 wo	....
諾 noh	鶚 ngoh	....	薄 poh	珀 p'oh	索 soh	朔 shoh	說 shwoh	....	奪 toh	脫 t'oh	作 tsoh	娖 ts'oh	...	....	....	....	蠖 woh	約 yoh
....	....	....	....	....	思 sz'	....	....	....	....	....	子 tsz'	此 ts'z'	....	....	....	....	....	....
奴 nu	....	....	補 pu	普 p'u	穌 su	書 shu	....	....	都 tu	土 t'u	祖 tsu	醋 ts'u	....	....	...	....	烏 wu	....
女 nü	....	....	....	....	須 sü	....	....	....	....	....	沮 tsü	取 ts'ü	....	....	....	....	....	魚 yü
....	....	....	....	....	....	....	...	....	....	...	....	....	....	....	....	....	....	....
....	....	....	....	....	雪 süeh	....	....	....	....	....	絕 tsüeh	....	....	....	...	....	....	月 yüeh
....	....	....	....	....	宣 süen	....	....	....	....	....	鐫 tsüen	全 ts'üen	....	....	....	....	....	圓 yüen
....	....	....	卜 puh	朏 p'uh	俗 suh	叔 shuh	....	....	毒 tuh	秃 t'uh	卒 tsuh	促 ts'uh	...	....	....	....	....	玉 yuh
....	....	....	....	....	恤 süh	....	....	....	....	....	....	....	....	....	....	....	....	....
....	....	....	....	....	雖 sui	水 shui	....	....	對 tui	退 t'ui	醉 tsui	催 ts'ui	....	....	....	....	....	....
嫩 nun	....	....	....	....	孫 sun	順 shun	....	...	盾 tun	吞 t'un	尊 tsun	村 ts'un	...	....	....	....	....	芸 yun
農 nung	....	....	....	....	松 sung	搈 shung	....	....	東 tung	通 t'ung	宗 tsung	聰 ts'ung	...	....	....	....	....	用 yung

图 1 《汉英韵府》声韵拼合图

声韵拼合表横列声母，共 36 列，代表 36 个声母，第一列显示空白，无任何字母表示，即我们所说的零声母；纵行表示韵母，共 40 列，声韵拼合后构成的有效音节用汉字来表示，一共 532 个音节，声韵拼合后构成的无效音节用省略号"…"来表示。声韵拼合表中的音节代表字，大多数采用《五方元音》"韵略"的用字。

《汉英韵府》声韵拼合表采用罗马字母为声母、韵母及每个字符进行标音，记录更为准确，更直观地展现了《汉英韵府》所反映的音系结构。同时，声韵拼合表中 532 个音节也是《汉英韵府》音序编排的基础。

声韵拼合表也存在不合理之处，如 un、ung 韵母的设置。卫三畏将带有介音 u 的韵母处理为声母的差异，故增加了十四个声母，但此处又设置 un、ung 韵母，特别是 un，拼合表中列有"准春昏闰昆坤论嫩孙顺盾吞尊村雰"等，且"昏"读音标注为 hwun，"昆"标注为 kwun，"坤"标注为 kwʰun。这些字在《五方元音》中均为合口呼字，韵母一致，没有差别，卫三畏额外增加 un、ung 韵母，与其设计规则相矛盾，且与汉语实际也不相符。再如 é 韵下包含 é 和 ié 两个韵母，"者车惹蛇"与"瘸鞋爹借且"韵母不同，拼合表罗马字母标音非常清楚，应该分列两行。

四、《汉英韵府》官话音系结构的特征

（一）声母系统

《汉英韵府》声母共 36 个，其中包含因介音 u 的差别另外设立的 14 个声母，可以将其进行合并，实则有声母 22 个，与《五方元音》声母系统比较如表 1：

表 1　《五方元音》和《汉英韵府》声母系统比较表

《五方元音》(19)	《汉英韵府》(22)
p, pʰ, m, f	p, pʰ, m, f
t, tʰ, n, l	t, tʰ, n, l
ts, tsʰ, s	ts(tsw), tsʰ(tswʰ), s(sw)
tʂ, tʂʰ, ʂ, ʐ	ch(chw), chʰ(chwʰ), sh(shw), j(jw)
k, kʰ, x, ø	k(kw), kʰ(kwʰ), h(hw), y, w, ng, ø

不考虑带介音 u 的声母，《汉英韵府》与《五方元音》在声母上的差异主要集中在云母和蛙母。关于《五方元音》"云蛙"二母，学术界普遍认为两者都是零声母，云母包括齐齿、撮口，蛙母包括开口、合口，实为零声母的两个变体而已，如陆志韦、王平、耿振生、叶宝奎等。[1] 卫三畏保留了云母和蛙母的区别，认为云母的声母为 y，蛙母则细分为三个声母，即 w、ng 和 "the suppressed initial"。"the suppressed initial"，即零声母。在声韵拼合表中，卫三畏将零声母开口呼字，一部分列于零声母下，如"挨盎"等；另一部分列于 ng 声母下，如"艾安恩敖偶鹅鄂"等。在现代汉语中，零声母开口呼字读 ng 声母的现象分布非常广，不仅涵盖了官话的大部分地区，如山东、河北、河南、陕西、山西、湖北、四川、云南等，而且还出现于湘语、赣语中，已经

---

① 陆志韦. 记五方元音 [J]. 燕京学报，1948（34）；王平.《五方元音》音系研究 [J]. 山东师范大学学报（社会科学版），1989（1）；耿振生. 明清等韵学通论 [M]. 北京：语文出版社，1992：181；叶宝奎. 明清官话音系 [M]. 厦门：厦门大学出版社，2001：184.

成为汉语方言中较为普遍的现象。如表 2:①

表 2　汉语方言零声母开口呼发音表

地区	梗开二 入陌疑 额	宕开一 入铎影 恶	蟹开一 平咍影 哀	咸开二 平咸疑 癌	效开一 上皓影 袄	效开一 去号疑 傲	流开一 平侯影 欧
济南	ŋɣ	ŋɣ	ŋɛ	ŋɛ	ŋɔ	ŋɔ	ŋou
西安	ŋei	ŋɣ	ŋæ	ŋæ	ŋau	ŋau	ŋou
武汉	ŋɣ	ŋo	ŋai	ŋai	ŋau	ŋau	ŋou
成都	ŋe	ŋo	ŋai	ŋai	ŋau	ŋau	ŋəu
长沙	ŋɣ	o	ŋai	ŋai	ŋau	ŋau	ŋəu
双峰	ɤu	ʊ	ŋe	ŋa	ŋɣ	ŋɣ	ŋe
南昌	ŋiɛt	ŋɔk	ŋai	ŋan	ŋau	ŋau	ŋiɛu

　　声韵拼合表中零声母开口呼字的排列恰好说明这部分字正处于演变过程中,卫三畏敏锐地观察到并记录下来。关于零声母合口呼字,现代汉语诸多北方方言(河北、山东、山西、北京等)都滋生出半元音 w 或唇齿浊擦音 v 声母,卫三畏将 w 作为声母,应该正反映了这一语音现象。因此,我们不能简单根据现代汉语普通话,武断认为卫三畏的做法不符合汉语语音实际。

　　《汉英韵府》声母系统的特征如下:第一,全浊声母清音化;第二,知庄章合流;第三,分尖团,精见组未腭化;第四,保留 w 和 ng。

(二)韵母系统

　　《汉英韵府》"导论"声韵拼合表中纵列 40 行,每行列一个韵母,但漏掉了韵母 iah,可参见辞典正文,同时"ie"列于"e"内,"'rh(而)"列于"i"内,故其韵母应为 43 个。年希尧对樊腾凤《五方元音》进行了修改和调整,其韵母系统与樊腾凤原本略有差异,其韵母共 50 个,为便于比较,以 12 韵为单位,列表如下(见表 3):

表 3　《五方元音》和《汉英韵府》韵母系统比较表

韵	《五方元音》(50)	《汉英韵府》(43)
天韵	an, ian, uan, yan	an(斩), ien, üen, en(占)
人韵	ən, iən, uən, yən	ǎn, in, un, iün,
龙韵	əŋ, iəŋ, uəŋ, yəŋ	ǎng, ing, ung, iüng
羊韵	aŋ, iaŋ, uaŋ	ang, iang
牛韵	əu, iəu	eu, iu
獒韵	au, iau	ao, iao
虎韵	u, u?	u, uh

---

① 北京大学中国语言文学系语言学教研室 . 汉语方音字汇 [M]. 2 版 . 北京:语文出版社,2003:28,153,191,214.

续表

韵	《五方元音》(50)	《汉英韵府》(43)
驼韵	o, oʔ, ioʔ, uo, uoʔ	o, oh, ioh
蛇韵	ɛ, ɛʔ, iɛ, iɛʔ, yɛ, yɛʔ	é, eh, ie, ieh, üé, üeh
马韵	a, aʔ, ia, iaʔ, ua, uaʔ	a, ah, ia, iah
豺韵	ai, iai, uai, uaiʔ	ai, iai
地韵	ɿ, ʅ, i, iʔ, ei, uei, y, yʔ	szʰ, i, ih, éi, ui, ü, üh, 'rh（而）

　　因卫三畏将带有介音 u 的韵母看作声母的差异，故与《五方元音》音系相比，缺少了 uan、uaŋ、uo、uoʔ、ua、uaʔ、uai 7 个合口韵。此外，韵母系统的差异主要表现在以下几个方面：

　　其一，an（斩）与 en（占）形成对立。年希尧《五方元音》增补本"斩"和"占"列于天韵，差别在于开口和齐齿的区别。卫三畏所记录的 19 世纪中叶的官话系统中，"占"等字中的介音 [i] 已消失，ian>an，故卫三畏按照实际读音进行了修改，但并不彻底，并没有将"占"与"斩"合并，而是另外设立了 en 韵母来代表这一类字，实则应该合二为一。

　　其二，'rh（而）的独立。止摄开口三等"而耳二"等字在《五方元音》中列于日母下，无影母一读，尚未演变成 [ər] 音。卫三畏将这部分字独立出来，用 'rh 进行标注，并描述为"like the word err"。据笔者所知最早将"而尔二"等字列于影母的，是明末徐孝的《等韵图经》（1606）。陆志韦先生认为："'尔二而'已经列在影母之下，正同《西儒耳目资》的'ul'，大概就是今国音的'ər'。"[①] 对于这些字的性质，徐孝也有说明，《凡例》称："世俗久用至当之音，原韵虽系无形，亦用黑字领率：谓内而所他哈打雷之类。"[②] 可见，"而尔二"列于影母则是俗音。卫三畏参照汉语实际语音，将这部分字独立出来，彰显了他深厚的汉学修养。同时卫三畏还对 'rh（而）的分布和形成原因进行了描述：

This sound is seldom heard south of the Meiling, and its pronunciation is uniform; the many foreign modes of writing it show the difficulty of expressing it satisfactorily. In Peking, it is often heard as if preceded by a consonant, as *nu'rh*, *w'rh*, *f'rh*, etc, which is caused by the elision of an intermediate final, the full sound being *ming'rh* 明而, *wan'rh* 闻而, *fang'rh* 风而, etc.[③]（这个发音梅岭以南很少听到，其发音是统一的；许多外国的书写方式都表明很难令人满意地表达它。在北京，人们经常听到它像辅音一样，如 nu'rh, w'rh, f'rh, 等等，这是由于中间韵母的省略而引起的，完整的发音存在于明而，闻而，风而，等等。）

　　但非常遗憾的是，卫三畏在声韵拼合表中并没有将 'rh（而）列于零声母下，而是列于"hw"声母和"i"结合的位置，在词典正文中列于 pʰuh 和 sah 之间，不知是何用意。

　　其三，在地韵中卫三畏注意到精组声母与 i 相拼时，如"子此思"等，i 演变成舌尖前元音，故用 sz' 来代表这个音素。实际上，《五方元音》地韵"竹虫石"三母下中古知庄章声母形成对立，一组为以知为主，包括个别章组字，如"知豸智痴池耻炽噬世石"，另一组以庄章为主，如"支止至师时史士鸥齿翅"，说明部分庄章组字与 i 相拼时，i 已演变成舌尖后元音，卫三畏

---

①　陆志韦. 记徐孝《司马温公等韵图经》[M]// 陆志韦. 近代汉语音韵论集. 北京：商务印书馆，1988：58.

②　徐孝. 等韵图经 [M]. 济南：齐鲁书社，1997：632.

③　卫三畏. 汉英韵府 [M]. 上海：沪邑美华书院，1874：序言.

注意到了舌尖前元音，却忽略了舌尖后元音。

此外，关于入声韵的处理和标记需要说明一下。关于《五方元音》的入声，诸多学者认为其入声已消失，如赵荫棠、王平、龙庄伟、李清桓等，[①] 笔者认为《五方元音》保留入声，是当时语音的实际反映。由于入声韵尾的混同，打破了入声配阳声韵的格局，但由于主元音的相同或相近，《五方元音》便将入声改配阴声韵了。[②] 卫三畏保留入声韵，将韵尾统一用 h 来表示，说明传统入声韵尾 [p][k][t] 已混同，对于 h 韵尾的发音状态，卫三畏进行了详细说明："as a final it is nearly suppressed." "But to those who have been long accustomed to the use of h final, as the best sign for expresing the indistinet *juh-shing*."[③] 作为韵尾，h 是受到压制的，卫三畏认为它是用来表达含糊入声（juh-shing）的最佳符号。卫三畏对入声韵的处理和标记，进一步印证了我们对《五方元音》入声的认识。另外，卫三畏对威妥玛将入声派入到北京话其他声调的做法，感到不可思议且没有必要。[④] 实际上，威妥玛记录的是 19 世纪的北京话，当时入声已消失，而卫三畏所反映的则是当时的官话，旨趣不同，故有差异。

《汉英韵府》韵母系统的特征如下：第一，宕摄开口三等药韵"脚嚼"、江摄开口二等觉韵"学觉"读音为 [ioh]，与山摄薛月屑韵"厥决缺血月" [üeh] 有区别。第二，蟹摄开口二等皆佳韵字"楷骇鞋"读 [iai]。第三，[ɚ] 韵已独立，卫三畏用 'rh（而）进行标注。第四，闭口韵消失，并入 n 尾，有 n、ng 两个鼻音韵尾。第五，保留入声，塞音韵尾 [-p][-t][-k] 混同，卫三畏用 [h] 来表示。

（三）声调系统

卫三畏在序言第四部分 "shing or tones"（声或调），介绍了汉语的声调情况。对于《汉英韵府》的声调系统，卫三畏指出："该辞典每一个音节的声调都是按照《五方元音》进行标记，每个音节下按照上平、下平、上声、去声的顺序排列，入声音节单独排列。"[⑤] 共五个声调，与《五方元音》声调系统一致。正文每个汉字采用四角标调法来标注声调，如图 2：

图 2 《汉英韵府》声调标示法

其声调系统的特点：平分阴阳，入声保留。

---

① 赵荫棠.中原音韵研究 [M].北京：商务印书馆，1956；王平.《五方元音》音系研究 [J].山东师范大学学报（社会科学版），1989（1）；王平.《五方元音》韵部研究 [J].郑州大学学报（哲学社会科学版），1996（5）；龙庄伟.论《五方元音》的入声 [J].河北师院学报（社会科学版），1990（3）；龙庄伟.《五方元音》与《元韵谱》：论《五方元音》音系的性质 [J].河北师院学报（社会科学版），1996（3）；李清桓.亦论《五方元音》的入声 [J].北方论丛，2003（6）；李清桓.《五方元音》音系研究 [M].武汉：武汉大学出版社，2008.

② 汪银峰.再论《五方元音》入声的性质 [J].辽宁大学学报（哲社版），2010（2）：70.

③ 卫三畏.汉英韵府 [M].上海：沪邑美华书院，1874：xx 和 xxiii.

④ Wade's application of it for a few of the Pekingese sounds in other tones is still more perplexing and needless. 见卫三畏.汉英韵府 [M].上海：沪邑美华书院，1874：xxiii.

⑤ 卫三畏.汉英韵府 [M].上海：沪邑美华书院，1874：xxvi.

五、结语

卫三畏《汉英韵府》作为一部汉英拼音字典，在当时影响非常大，成为来华传教士和商人学习汉语的必读之书。卫三畏为追求精确性，将《五方元音》声韵结构进行解析，以此来构建《汉英韵府》音序编排的基础，但卫三畏所依据的《五方元音》，并非是樊腾凤《五方元音》，而是年希尧的增补本。之所以选取年希尧《五方元音》作为蓝本，一方面是因为其简明的音序编排法，另一方面则是因为年希尧《五方元音》增补本的音系反映了当时的官话，这与卫三畏编纂词典的目的是一致的。《汉英韵府》除了反映了清代的官话音系外，还收录了汉语多个方言点的读音，并用罗马字母进行标音，使该书成为汉语方言语音的比较词典，意义深远，对我们了解当时的汉语官话和方言都具有重要的研究价值。

Construction of Phonological Structure in NIAN Xiyao's *Wufang Yuanyin* and *Syllabic Dictionary of the Chinese Language*

WANG Yinfeng

（College of Literature, Changchun Normal University, Changchun, Jilin 130032）

Abstract: *The Syllabic Dictionary of the Chinese Language* is a Chinese-English dictionary compiled by American Protestant missionary WILLIAMS S.W. during his tenure in Beijing. It was very influential at that time and became a must-read for missionaries and businessmen in China to learn Mandarin. The academics have carried out in-depth research on *The Syllabic Dictionary of the Chinese Language* and the Chinese dialect materials it contains, but there are few studies on the relationship between this book and the Qing Dynasty Chinese rhyme book *Wufang Yuanyin*. This paper starts with the version of *Wufang Yuanyin* based on the Syllabic dictionary of the Chinese language and investigates the influence of *Wufang Yuanyin* on the phonological structure of *the Syllabic Dictionary of the Chinese Language*. NIAN Xiyao's *Wufang Yuanyin* is the basis of the phonetic arrangement of *the Syllabic Dictionary of the Chinese Language*.

Key words: *the Syllabic Dictionary of the Chinese Language*; *WufangYuanyin*

（学术编辑：孟广洁）

再论"您"的相关问题
——基于域外汉语文献

内田庆市

（日本关西大学 东西学术研究所，大阪吹田 5650842）

摘　要：据《北京官话全编》《汉字汉语入门》等域外汉语文献可知，第二人称尊称代词"您"读作 /nin/ 的时间在 19 世纪末，且不拘泥于上下级关系；"你纳""你老"等并不是北京话，而是旗人语。

关键词：您；你纳；你老；域外汉语资料；北京官话；南京官话

一、引言

关于第二人称尊称的"您"，笔者在此前已发表过相关研究[①]，本文将依据《北京官话全编》《汉字汉语入门》等域外汉语文献，再次围绕"您"所产生的诸多问题进行探讨。

关于"您"及其相关的"你老"，至少有如下事实：

首先，"您"未见于《红楼梦》及《儿女英雄传》，也未见于《清文指要》等满汉合璧教材。

其次，"你老"在《清文指要》系列的《清文指要汉语》中有所使用，但未见于《语言自迩集》《清文指要》《官话指南》等汉语教材。

最后，在北方话中，"您""您哪/您纳""你老"主要作为第二人称敬称使用，但"你老"的这一用法未见于北京官话。[②] 在南京官话中，主要是使用"您""您驾""你家"，但未见"您哪"的用例。

太田辰夫指出，"您"为北方话词汇，但并未将其归为北京话词汇。[③] 基于以上事实，笔者认为，"您"也许并不是北京话词汇。关于"您"的起源，目前学界有以下三种观点：

第一，"你老人家">"你老">"你纳">"您"；

第二，"你能""你侬""你儜""儜">"您"；

第三，复数起源说：现代汉语中的"您"是从清代以前表复数的"您"发展而来的尊称。

笔者的观点接近以上三种观点的折衷。

---

① 内田庆市."您"に関わることがら [M] //内田庆市.近代における東西言語文化接触の研究.吹田：关西大学出版部，2001：395-421.

② 太田辰夫.北京话语法特点 [M] //太田辰夫.中国语文论集：语学 元杂剧篇.东京：汲古书院，1995.

③ 太田辰夫.北京话语法特点 [M] //太田辰夫.中国语文论集：语学 元杂剧篇.东京：汲古书院，1995.

二、"您"的表音形式及读音

（一）"您"的表音形式

"您"的表音形式大致可分为"你纳"系与"儜/你儜"系两类，笔者调查了中国本土文献及域外汉语文献中这两类形式的使用，具体情况见下。

1. "你纳"系，出现的形式主要有"你呢""你纳""你那"，例如：

（1）"你呢"

①你呢是个厚道老诚人。（《庸言知旨》）

②你呢从家里几时起身来着。（《你呢贵姓》）

（2）"你纳"

①若你纳给我治这个病，我就狠多谢你。（《拉丁字文》）

②我是你纳的好朋友。（《汉字文法》）

（3）"你那"

①都中称所尊敬者曰"你那"，即是"你老人家"，则"那"者又"老人家"三字之合音也。（《菉友臆说》）

2. "儜""你儜"系，出现的形式主要是"儜""你儜""你侬""你能"，此外，"儜那""儜能"也有所使用，例如：

（1）"儜"

①蒙过奖了。托儜的福。（《正音咀华》）

②儜请明儿来罢。（《老残游记》）

（2）"你儜"

①你儜怎么这样说呢。（《正音撮要》）

②你儜一向好，里边请坐。（《二十年目睹之怪现状》）

（3）"你侬"

①京师语称"你侬"，音若"你能"，直隶则通传为"你老"。（《癸巳存稿》）

（4）"你能"

①如今这么着，劳你能驾送我回去。（《品花宝鉴》）

（5）"儜那"

①儜那歇手。（《老残游记》）

（6）"儜能"

①儜能这们高兴，想必抚台那里送信的人回到了家吗？（《老残游记》）

（二）几种表音形式的读音

关于"您"几种表音形式的读音，中国本土文献中多有论及，例如：

儜，泥耕切。（《正音撮要》）

京师语称"你侬",音若"你能",直隶则通传为"你老"。"你侬"者,即古言尔,诗云:"岂不尔思,畏子不敢。""尔"以亲所爱,"子"以尊大夫,孟子言"尔汝",贱之之词,后人尔汝之歌,则又亲之,诗天保,指君为"尔",则尊之也。"你侬"者,尊之亲之,专言"你",则贱之矣。(《癸巳存稿》)

儜,呢盈切。(《正音咀华》)

根据《正音撮要》及《癸巳存稿》,可知"你侬""儜"的读音应为 /neng/;但根据《正音咀华》的记载,"儜"的读音应为 /ning/;也就是说,"儜"的读音应为 /neng/ /ning/ /nong/ 中的一个。对此,曲晓云认为,耕字为见母开口二等字,见母开口二等字近代发生了声母的颚化,即产生了介音 i,声母由 gkh 变为 jqx;另外,耕字在一些方言中读 /jing/,当时的北音中,"耕"读为 /jing/ 也是有可能的,据此推测,/neng/=/ning/ 存在一定的可能性。[1]另外,关于北音中"您"的几种表音形式的发音还有如下记载:

你儜,京师土语,尊称人也。发音时唯用一儜字,你字之音,盖藏而不露者。或曰"你老人家"四字之转音也,理或然欤。(《二十年目睹之怪现状》)

你老二字急呼之则声近儜,故顺天人相称,加敬则曰儜,否则曰你。(《光绪顺天府志》)

都中称所尊敬者曰你那,即是你老人家,则那者又老人家三字之合音也。(《菉友臆说》)

根据以上记载,北音中"你儜"的"你"不发音,只有"儜"发音,为"你老人家"或"你老"的转音。另外,"你那"也为"你老人家"的转音,"那"则为"老人家"的合音。笔者认为,或许"你儜""儜""你那"都意为"你老人家",是第二人称的敬称形式。

三、敬称"您"的出现时间及读音

(一)"您"的出现时间

通过对《语言自迩集》的整理,笔者发现"您"的表音形式共出现以下三种:

1. "你纳"77 例,其中见于"问答章"16 例,"续散语"1 例,"谈论篇"49 例,"言语例略"11 例;

2. "您纳"3 例,仅见于"言语例略";

3. "您"26 例,其中见于"散语章"13 例,"问答章"13 例。

如上所述,《语言自迩集》首次使用了第二人称敬称"您",但仅见于"散语章"与"问答章",在被认为是《语言自迩集》最早版本的"谈论篇"中则未见使用,而"你纳"则在除"散语章"以外的所有章节中均有所使用。

一般认为,"续散语章"出现时间晚于"散语章",但"续散语章"的例文实际上脱胎于《语

---

[1]　曲晓云. 现代北京话敬称您的由来 [J]. 中国言语研究. 2012(39): 167-182.

言自迩集》"雏形"之一的《登瀛篇》,其出现时间应在"散语章"之前,所以,笔者认为,《语言自迩集》各篇成立的先后顺序应是:"谈论篇"—"续散语章"—"言语例略"—"问答章"—"散语章",且各篇所反映的语言面貌也应是依此顺序,从旧至新。例如句末的"了₁"除在"谈论篇"中写作"咯"外,在其他章节里全都写作"了",展示了从 liao 到 le 的过渡期现象;又如"这们""那们"只见于"谈论篇"和"续散语章",其他章节则全部使用"这么""那么"等。

此外,笔者通过调查发现,无论是先于《语言自迩集》出版的威妥玛《寻津录》(1859),还是《语言自迩集》的"雏形"——《问答篇》(1860)及《登瀛篇》(1860),都未使用"您",而只使用了"你纳"。据此我们认为,相较于"你纳","您"是后起的第二人称敬称形式。

在《语言自迩集》之前,"您"的汉字形式已经见于清代曲韵书《顾误录》(1851)中:"您,俗唱正讹,您作你解,叶印。"

关于"叶印",笔者认为,"您"的读音未必是 /yin/,而不过是表现了与 /yin/ 相近,特别是 /n/ 的韵尾而已。

除记录"您"的汉字形式,一些域外汉语文献也记录了"您"的读音,例如:

1.《官话指南》(吴启太 1882):"您""您纳"

2.《法汉常谈(河间府)》(顾赛芬 1884):"您"(nènn)(你 =gnì)

3.《京话指南》(于雅乐 1887):"你纳""您"

4.《汉俄合璧韵编》(1888):"您"(Нинь=nin)

5.《汉英韵府》(卫三畏 1896):"您"(unauthorized character)"您呀"(also written 你纳)"您们"

6.《汉语入门》(戴遂良 1899):"您"(=nina)

需要指出的是,根据《法汉常谈》的记载,"您"(nènn)的声母与"你"(gnì)的声母是不同的。

(二)"您"的发音

1.《语言自迩集》《官话类编》的记载

关于"您"的读音,威妥玛有如下记载:

nin, more commonly pronounced *ni-na*, which, again, is short for *ni lao* jen-chia; politely, you my elder; you, Sir, or Madam.(《语言自迩集》初版)

1886 年《语言自迩集》第二版中"您"的读音与以上初版的记载相同。威妥玛认为,/nin/ 一般读成 /ni-na/,不能简单地说就是 /nin/ 的部分。

狄考文与威妥玛观点较为一致,也认为"您"一般读如"您纳",只是 /na/ 的发音特别轻:

> 您 You, you folks. In Peking this word is used as a term of respect, - You, sir, or you, madam. It is also often read as if written 您纳, the *na* being spoken very lightly.(《官话类编》)

此外,狄考文还指出,在山东方言中,/nin-na/ 中的 /na/ 表示复数,而不是表示复数的尊称:

In Shangtung it always includes a plural idea, and expresses no special respect. It never takes 们 after it.(《官话类编》)

关于"您"的起源问题,狄考文也有提及:

In some places it is read *nen*2, in others *nin*2, and in others *na*3, and Southern Mandarin a nasal *n*. It is much more used in some places than in others.(《官话类编》)

根据以上记载可知,狄考文认为"您"是由 /ni-na/ 或者 /nin-na/=/nen/=/nin/ 发展而来的。实际上,艾约瑟也曾提到,/nin-na/ 在字典上被赋予了 /nin/ 的读音,具体表述如下:

In Peking 恁纳 *nin na* is used respectfully for you. Premare says 恁 *jen* is used. The dictionary gives *nin*, and this is corroborated by the pronunciation of native speakes. [①]

2.《华语拼字妙法》的记载

万应远指出,"您"读作 /ning/,是"你"的礼貌用法:

你 3, 您 2, ning, respectful term for 你 .(《华语拼字妙法》)

目前关于 /ning/ 作为"您"的读音可能性的研究还比较少,日本学者日下恒夫 [②] 援引《光绪顺天府志》《清稗类钞》《北平风俗类征》等文献,对此进行了探究,他列举的例证如下:

①你老二字急呼之则声近停,故顺天人相称,加敬则曰停,否则曰你。 (《光绪顺天府志》)

②京都人所用者……您音近凝,义似尔汝,施之于较己为尊者也。(《清稗类钞》)

③京兆方言特别字……您读若凝,实南方"你老人家"四字之省文也。 (《北平风俗类征》)

通过探究,日下恒夫指出:

尊称の二人称代名詞に「ning」のような音節が、少なくとも清末の北京語には存在したと予想してもいいのではないだろうか。

要するに、北京語では少なくとも清末においては、二人称の尊称代名詞として「ning」の如き音節をもつ語が、口語層において使用されていたものとかんがえるのが自然である。[③]

他认为,关于尊称的第二人称代名词中像"ning"的音节,也许可以认为至少是存在于清末北京话里的。至少是在清末,北京话中已有类似第二人称敬称代名词"ning"的音节的词,自然可以认为其在口语上也是这样用的。

---

① EDKINS J. A Grammar of the Chinese colloquial language, commonly called the mandarin dialect[M]. Terian Misson Press,1857: 49.

② 日下恒夫 . 北京語における"nin"の生成 [J]. 关西大学文学论集,1977,26(2):1-18.

③ 日下恒夫 . 北京語における"nin"の生成 [J]. 关西大学文学论集,1977,26(2):8.

结合以上用例及《华语拼字妙法》的音注,笔者认为,在清末或者至 1900 年代初,/ning/这种读音是确实存在的。

四、第二人称敬称的区分使用

一般认为,第二人称敬称的使用是以身份高低、年龄长幼来判断的,即用于下级对上级、年幼对年长的称呼。但关于第二人称敬称在实际使用中的区分问题,到目前为止似乎并未被深入讨论过。

（一）"你纳"的使用情况

1.先来看一下《语言自迩集》中的例子:

A:老弟来了,我总没听见说。若是听见,也早来瞧你来了。

B:咱们住的地方儿窎远,你纳又是官身子,那里听得见呢。

……

B:是啊,我看见你纳槽上拴着好几匹马,……(《语言自迩集·谈论篇》)

以上对话中,A 为上级,称对方为"老弟",B 为下级,对话时使用"你纳",是符合场景的用法。

2."谈论篇"中也存在上级对下级使用"你纳"的情况,例如:

A:你纳往那儿去来着?

B:我往那边儿一个亲戚家去来着。阁下顺便儿到我们家里坐坐儿罢。

A:兄台,你纳在这左近住么?

B:是啊,新近才搬在这房子来的。

A:若是这么着,咱们住的离着却不甚远啊。我若是知道府上在这儿,就早过来瞧来了,老兄先走。

B:岂有此理,这是我家啊,你纳请上坐。

A:我这儿坐着舒服。

B:你纳这么坐了,叫我怎么坐呢?

A:我已经坐下了,这儿有个靠头儿。

B:来,拿火来。

A:老兄,我不吃烟,嘴里长了口疮了。

B:若是这么着,快倒茶来。

A:兄台请吃茶。

B:老弟请。看饭去,把现成儿的先拿了来。

A:兄台别费心,我还要往别处儿去呢。

B:怎么了,现成儿的东西,又不是为你纳预备的,随便儿,将就着吃点儿罢。

A:兄台,我还是外人?已经认得府上了,改日再来,咱们坐着说一天的话儿。今儿实在没空儿，告假了。

以上对话中，A 称呼 B 为"兄台""老兄"，为下级，B 称呼 A 为"老弟"，为上级。通过以上对话，可以看到，无论是上级对下级，还是下级对上级，都使用了"你纳"一词。

3. 下面的例子也是同样的情况，上级对下级也使用了"你纳"：

A：兄台，恭喜咯，说放章京拣选了。

B：是啊，昨儿拣选的，把我拟了正了。

A：拟陪的是谁啊？

B：你不认得，是一个前锋校。

A：他有兵么？

B：没有兵，寡有围。

A：我替你纳算计熟咯，一定要戴孔雀翎子咯。

B：别过奖咧。我有甚么奇处儿，比我好的多着的呢。一定指望着，使得么？不过托着祖宗的福荫，侥幸捞着，也定不得。

A：这是太谦了。你纳是甚么时候儿的人？年久咯。若论起来，和你纳一块儿行走的朋友都作了大人咯，在你纳后头年轻的人儿们也都升了。若论你纳的差使，出过兵，受过伤，现在又是十五善射。你纳说，旗下强过你纳的是谁？我知道了，想是怕我来喝喜酒啊。

B：喝酒有甚么呢。果然若得了，别说是酒，合着你纳的意思，我请你纳。（《语言自迩集·谈论篇》）

4. 除上级对下级使用"你纳"的情况，《语言自迩集》中也有年长的人对年幼的人使用"你纳"的情况，例如：

A：昨儿往谁家去来着？回来的那么晚。

B：我是瞧咱们朋友去来着。他家住得太远，在西城根儿底下呢。又搭着留我吃了一顿饭，故此回来的略迟些儿。

A：我有一件要事和你纳商量，打发了几次人去请去。你纳那儿家下人们说，坐了车出去了，也没留下话。我算计着你纳去的地方儿很少，不过是咱们圈儿内的，这几个朋友们罢咧，瞧完了，一定到我家里来。谁知等到日平西也不见来，算是白等了一天哪。

B：兄台打发找我的人没到以前，我已经早出了门了。……（《语言自迩集·谈论篇》）

（二）"先生""你老""偺"的使用情况

第二人称敬称除了"你纳"以外，亦有"先生"或"你老"，如《老残游记》中，"先生"与"你老"的用例如下：

①你这先生会治伤科么？（魏老人→老残）

②老先生，学生有句放肆的话不敢说。（老残→魏老人）

初次见面时,通常称呼对方为"先生"或"老先生",两人渐渐熟悉之后,称呼有向"你老"变化的较强倾向,例如:

> ①你老听人说了没有?（老残→魏老人）
> ②你老想,这事还敢告到官吗?（魏老人→老残）

"儜""儜那""儜能"与"你老"的情况大体相同,在初次见面、表示恳求、表达谢意或征求同意时,友人或妓女皆用"儜"称呼老残,例如:

> ①我多时不见你的诗了,今日总算"他乡故知",儜也该做首诗,我们拜读拜读。（黄人瑞→老残）
> ②儜瞧这铺盖好不好?（翠环→老残）

初认识时,妓女称呼老残的友人黄人瑞,一般使用"儜""儜那""儜能",例如:

> ①儜别叫他脱了。（翠花→黄人瑞）
> ②儜那歇手。（翠环→黄人瑞）
> ③儜能这们高兴,想必抚台那里送信的人回到了家吗?（翠花→黄人瑞）

但在熟络以后,称呼逐渐改为"你老",例如:

> ①铁爷,我看你老的样子怪慈悲的。（翠环→老残）
> ②早起儜别去喊。明天早起,我们姐儿俩一定要回去的。你老早起一喊,倘若被他们知道这个意思,他一定把环妹妹藏到乡下去。（翠花→黄人瑞）

老残的旧相识,如旧书店掌柜的,旅馆、杂货店掌柜的、伙计,以及车夫等人,因与老残相熟,故从一开始就称其为"你老",例如:

> ①你老想想。（老董→老残）
> ②你老贵人多忘事罢咧。（黄升→老残）
> ③你老贵姓?（旧书店掌柜的→老残）
> ④你老真好造化。（旅馆掌柜的→老残）

另外,与汉语中"你两位"或"他三个人"等以单数来表达复数的情况相同,《老残游记》中也有"儜"可被视为用作复数的情况,例如:

> ①儜二位可别怪。
> ②大爷,二爷! 儜两位多抱屈,让我们姊儿俩得二百银子。
> ③大爷别气,儜多抱屈,儜二位就在我炕上歪一宿。

西方传教士戴遂良（Léon Wieger, 1856—1933）的《汉语入门》第一卷中也出现了作为第二人称敬称的"先生""你老"。"先生"主要是用于西方传教士与中国人或中国人与中国人初次见面的场合,例如:

1. A：先生贵姓。 　　　　　　　　　B：贱姓李。

   A：宝号那个字？ 　　　　　　　　B：我年轻，没号。

   A：先生太谦了。 　　　　　　　　B：草字月如。

   A：呀，月翁呀。 　　　　　　　　B：好说，好说，不敢，不敢。

2. A：先生贵姓？ 　　　　　　　　　B：贱姓马。我没领教？

   A：不敢当，贱姓朱。 　　　　　　B：先生高寿？

   A：虚度六十三岁。先生贵庚？ 　　B：二十六岁了，还小呢呀。

以上两段对话，例 1 中对话双方为中国人与西方传教士，例 2 中对话双方为两个中国人，双方在初次见面时均使用了"先生"称呼对方。在双方熟悉之后，称呼则变为"你老"，例如：

1. A：给神父磕头。

   B：哎，老先生，你上了年纪了。不用，不用，不用。起来，起来。起哎，跪的不便易，我实在的不忍。

2. 有个庄稼人见了神父，说：神父好。

   神父说：好，好。老先生是那村里的？

   我是周家庄的。我不是先生哎，神父。我没念过书，从小就做庄稼活，我是个庄稼人呀，不懂得礼路排场，神父别挑我的礼呀。

   ……

   你老种着多少地呢唉？

   四五十亩地。

在对对方有所请求的时候，即使双方已十分熟悉，也不使用"你老"，而使用"先生"，例如：

1. A：借光，你老，这是上王家庄的道不是？ 　　B：正道。
2. A：我有了难事，我就求先生指教指教。 　　　B：彼此，彼此。

值得指出的是，明治时期的日本人编的汉语会话教材《北京官话全编》中，有 2 例"你老"的用例，但都是出自于来北京的乡下人之口，例如：

谁知道这乡下人见我看他的马，他赶紧就和我说，你老要买俺这匹马，价钱很便宜，俺是因为路过贵处，盘费没了，所以才要卖这匹马。我问他要多少钱。他说俺这匹马按理说不能贱卖，无奈现在急用钱，没法子，你老给我五两银子就得了。

这也印证了太田辰夫的观点，"'你老'不是北京话"。[①]

（三）"您""您纳"的使用情况

《汉语入门》第一卷中也出现了第二人称敬称"您"的用例，但仅见于中国人和西方传教士之间的对话，例如：

[①] 太田辰夫 . 北京话语法特点 [M] // 太田辰夫 . 中国语文论集：语学 元杂剧篇 . 东京：汲古书院，1995.

1. A：先生贵省？

   B：敝处直隶河间府交河县。您贵姓哎？

   A：您府上在那里？

   B：寒舍在献县西门外路南里。

   A：您在京里有什么贵干？

   B：在前门外高宅里教书。

   A：请教台甫？

   B：草字光被。

2. A：先生认得我么？

   B：我眼拙，不敢认识了，你可别挑我的礼。您贵姓？

据《汉语入门》第一卷记载，"您"的发音不是 /nin/，而是表记成 /nina/。由此可知，《语言自迩集》中 /nin/=/ni-na/ 的情况一直持续至 19 世纪末。

在《北京官话全编》中，"您"一般是下级对上级使用，例如：

①阿哥，您是怎么了，脸上这么不高兴的样儿，不是又挨打了？

②你想我若是有钱，帮他点儿也没甚么妨碍。

③啊，原来是这么着。我想您既是看见他们那么可怜，又和您是亲戚，您又不是爱财如命的人，就是帮他点儿钱，于你既有好处，于他也省得挨饿。日后他对人说起来，必说您爱人如己，人听见他的话，岂有不佩服爱慕的么？

但《北京官话全编》中也出现了"您"用于无关于上下关系的情况，例如：

A：大哥，您这一向好啊。

B：好，您好啊。

A：好，大哥，我前几天来给您请安。您的管家说您出外去了，您是上那儿去了？多咱回来的？

B：我是上天津去了，昨儿才回来的。前几天您来，失迎，失迎。

A：您上天津有甚么事？

B：因为天津有我们一个亲戚，……

A：您在天津这几天，听见有甚么新闻没有？

在《北京官话全编》中，"您纳"共出现 19 次，均位于句末，其中 7 例为宾语，12 例为独立于句子之外的称呼语。由此可见，至少在《北京官话全编》中，"您纳"主要是起称呼语的作用。"您纳"的具体用例如下：

①我失陪了，您纳。

②还要甚么，您纳？

③今儿您既问到这个，我也不能不告诉您纳。

④我才正要把这话告诉您纳，可巧你出恭去了。

⑤是了，您纳。可是我还没请问您纳贵姓？

⑥怎么这一程子总没见您纳，您是上那儿去了？

⑦我贱姓谢，您纳。

同时期日本人编的北京官话课本中，"您纳"的使用情况大体与《北京官话全编》相同，例如：

①我告诉明白您纳。（《官话指南》）

②好啊，您纳？（《官话指南》）

③怎么了，您纳？（《生意杂拾》）

④来了，您纳。（《生意杂拾》）

⑤A：上海的街上有客店没有？　B：有的是，您纳。（《华语教科书商店问答》）

⑥不是把发条拧折了，您纳。（《华语教科书商店问答》）

⑦还用不了十五两银哪，您纳。（《华语教科书商店问答》）

⑧没有的话，您纳，这和别处的价码是一个样儿。（《华语教科书商店问答》）

关于这一现象，日下恒夫曾指出过：

なおこの種の用法は現代語にも残り続けた。たとえば、現代では呼びかけとしてまれに用いられると共に、それに類似したイディオム的な表現として「好吧你纳」「是了你纳」などが古い北京の人の口にはのぼることがある。

【注】但し文末に「你纳」が来ると、「纳」は語気助詞であるかの如く意識されるようになるのであろう。たとえば、陳蔭栄の評書《闹花灯》(1956) では、整理者（それが金受申であるのが不思議であるが）の手によって「您哪」「您呢」とされている。この作品は評書として語られたものであるので少し古いいいまわしを用いたものであろうが、現在の文学作品の中でも呼びかけのことばとしては、北京語らしさを出そうと作者が意図した場合には用いられることがある。①

日下恒夫认为，"您纳"用于句尾，作称呼语的这一用法在现代汉语中仍有保留，成为一种惯用表达，例如老北京人有时候说"好吧，你纳""是了，你纳"。此外，"你纳"用于句末时，"纳"的作用更接近句末的语气助词，例如金受申在整理陈荫荣的评书《闹花灯》时，有意识地将"你纳"改为了"您哪""您呢"。②中国现代文学作品中，作者有意表达京味儿时也会使用"你纳"这样的称呼语。

五、结语

本文以第二人称敬称"您"为中心，围绕其产生的可能性、读音及"您"以外的第二人称敬称的使用情况进行了研究，得出如下结论：

---

① 日下恒夫.北京語における "nin" の生成 [J]. 关西大学文学论集. 1977, 26（2）: 18.

② 陈荫堂（讲述），金受申（整理）. 闹花灯 [M]. 北京：中国曲艺出版社，1981.

（1）"您"的使用未必拘泥于上下级关系；其读音原本不是 /nin/，而是 /ni-na/，读音稳定在 /nin/ 的时间比较晚，大概在 19 世纪末。

（2）"你纳"实际上不是北京话，而是旗人语；"你老"也不是北京话，而只是用于熟人之间的礼貌用语。

（3）"您纳"有时候会放在句末，用作称呼语。

Re-discussion on the Relevant Issues of "Nin" Based on Foreign Chinese Literature

KEIICHI Uchida

（East-west Research Institute, Kansai University, Suita , Osaka, 5650842, Japan）

Abstract: According the Chinese materials abroad such as *Beijing Guanhua quanbian* and *Hanzi hanyu rumen*, second person pronoun "Nin" was called "Nin" at the end of 19th, and not only in relation to superior and subordinate. "Nina" and "Nilao" were not Beijing dialect, but the language of Qiren.

Key words: nin; nina; nilao; Chinese materials abroad; Beijing mandarin; Nanjing mandarin

（学术编辑：陈明娥）

中日汉字词研究的回顾与展望[*]

何华珍　丁鑫美

（郑州大学 文学院 / 汉字文明研究中心，河南 郑州 450006）

摘　要：中日汉字词比较研究，特别是汉字词源流的历时比较研究，是国际汉语史研究的重要内容。本文结合中日学界百年来的主要成果，从中日古代汉字词和中日近现代汉字词两个研究领域，对中日学界的研究历史和现状进行简要梳理，认为学界应该在构建中日汉字词数据库的基础上，全面吸收中外既有成果，古今沟通，中日互证，在材料、方法、理论等方面努力创新，合力推进中日汉字词比较研究走向深入。

关键词：汉字词；中国；日本；回顾；展望

众所周知，日语中使用大量的汉字词。这些汉字词，有的是音读，有的是训读，有的是音训混读。① 而从其来源看，有的是从中国借入的汉籍词汇、佛典译词，或者传教士新词；有的是日本人利用汉字创造的"和制汉语"，包括纯汉文或变体汉文中的日制汉字词，以及幕末明治时期译介西学的日制新词。② 本文所言日本汉字词，即指以汉字为表记的古今日语中出现的所有汉字词汇，无论是音读还是训读抑或音训混读，也无论是源自中国还是日本自造，更无论是古代汉字词还是近现代汉字词。③ 以下从中日古代汉字词和中日近现代汉字词两个研究领域，对中日学界的研究历史和现状进行简要梳理，以供参考。

* 　基金项目：国家社科基金重大项目"越南汉字资源整理及相关专题研究"（17ZDA308），国家社科基金一般项目"中日汉字词比较研究"（05BYY016）。

① 　日语词汇，可以从不同角度进行分类。从词的来源角度，大致分为和语词、汉语词、外来语词、混种语词四大类。和语词，指日语中的固有词汇，一般是训读。汉语词，指从中国借入的古汉语词汇以及日本人利用汉字创制的词汇，一般是音读。外来语词，是指来自西方语言的外语词汇，现代日语外来词一般用片假名书写。混种语词，是指由和语、汉语、外来语三种词种混合组成的词汇。本文所言古代与近现代概念，只是大致分别而已，西学东渐之后的中日欧语言文化交流，主要发生在近现代；汉字汉籍对日本产生重大影响，主要发生在明治维新之前，特别是唐宋元明等古代时期。

② 　陈力卫. 和製漢語の形成とその展開 [M]. 东京：汲古书院，2001；朱京伟."和制汉语"的结构分析和语义分析 [J]. 日语学习与研究，1999（4）：20.

③ 　何华珍. 日本汉字和汉字词研究 [M]. 北京：中国社会科学出版社，2004.

一、中日古代汉字词研究

（一）日本的古代汉字词研究

日本学界，关于古代汉字词的研究，首先表现在古辞书及近现代大型辞书编纂方面，如《新撰字镜》（892）、《倭名类聚抄》（934）、《类聚名义抄》（1081）、《色叶字类抄》（1180）、《聚分韵略》（1307）、《倭玉篇》（1440）、《下学集》（1444）、《文明本节用集》（1474）、《日葡辞书》（1603）、《和尔雅》（1694）、《和汉三才图会》（1713）、《言海》（1889）、《日本大辞书》（1892—1893）、《大汉和辞典》（1955—1960）、《时代别国语大辞典》（1967/1985）、《日本国语大辞典》（1972—1976）、《广汉和辞典》（1981—1982）等。这些辞书形成庞大的不同类型的日本汉字词语料库，据此可以追踪汉语词汇在日本传承和变异的轨迹，也表现了日本历代学人对于汉字词的汇集与整理。

从日本学者对古代汉字词的专门研究来看，主要从国语学视角展开，成果十分丰富。山田孝雄《国语中的汉字词研究》（《国語の中に於ける漢語の研究》）1940年初版，1958年修订版，从宏观和微观角度研究日本汉字词的特点、类型、流变、状态等，基本展示了日本汉字词的整体面貌，是研究日本汉字词的奠基之作，在学术界产生广泛而深远的影响。佐藤喜代治《日本的汉字词》（《日本の漢語》）（1979），是继《国语中的汉字词研究》（《国語の中に於ける漢語の研究》）之后研究日本汉字词的又一力作。该著作根据日本历史分期，将日本汉字词分为古代汉字词、中世汉字词、近世汉字词、近代汉字词，对100多个汉字词的产生、发展和变化作了详尽考述。继之，佐藤喜代治主编了《讲座日本语的语汇》（《講座日本語の語彙》）1982—1983年出版，包括《古代的语汇》（《古代の語彙》）、《中世的语汇》（《中世の語彙》）、《近世的语汇》（《近世の語彙》）、《近代的语汇》（《近代の語彙》）、《现代的语汇》（《現代の語彙》）、《方言的语汇》（《方言の語彙》）、《语志》等，对日本词汇史进行断代研究。1996年，佐藤喜代治还主编了《汉字百科大事典》，除汇集大量的日本汉字资料外，收有"和制汉语一览""明治初期的汉语一览（明治初期の漢語一覧）"，以及汉字词研究文献索引等。佐藤喜代治的一系列著述，有力推动了日本传统"汉语"史的系统研究，达到中日词汇研究的新高度。柏谷嘉弘《日本汉字词的系谱》（《日本漢語の系譜》）出版于1987年，《续日本汉字词的系谱》（《日本漢語の系譜》）出版于1997年，从理解的汉字词和表现的汉字词立论，选取具有代表性的中日汉字文献以及日本古典文学作品对汉字词进行系统的调查分析，为研究汉字词在日本的传承与变异提供了丰富语料。陈力卫《和制汉语的形成及其发展》（《和製漢語の形成とその展開》）（2001），全书分6章对古今日制汉字词进行历时研究，宏观和微观结合，理论概括与个案探源兼顾，是日本词汇史研究的重要著作。

日本的古代汉字词研究，除了国语研究学者外，还有一支古典文学队伍特别是和汉比较文学队伍。他们在研究上代汉文学时，十分重视与中国文献比较，几乎一词一语都要从中国汉文献中寻找出处，此即小岛宪之倡导的以出典论为中心的和汉比较文学。其中许多学者，汉文学、文献学、传统小学，兼而治之，成果卓然，如神田喜一郎、小岛宪之、川口久雄、藏中进、松浦友久、后藤昭雄、植木久行、河野贵美子等。因此，许多古典汉文学的校注类著作，蕴含丰富的词汇史研究信息，是日本汉字词研究不可忽视的重要领域。

（二）中国的古代汉字词研究

国内学界在进行文献语言研究时，不仅重视出土文献和传世文献，同时关注域外文献，倡导"三重证据法"。王力、江蓝生、黄德宽、蒋绍愚、张涌泉、蒋冀骋、方一新、王云路、李运富、秦礼君等专家学者，十分重视日本汉字词在中古近代汉语研究中的应用，特别重视日本学者语言研究成果的借鉴。俞忠鑫《中日汉字词比较研究》[①]《中日韩汉字词比较研究导论》[②]等论文，倡导汉字文化圈汉字词比较研究，学理宏通。汪维辉倡导"域外借词与汉语词汇史研究"相结合，认为"域外借词是汉语词汇史研究的一大宝库，值得深入开掘。汉语词汇史、方言词汇和域外借词三者结合起来研究，大有可为，前景广阔。"[③] 王勇首倡中日书籍之路研究，主编《中国典籍在日本的流传与影响》（1990）、《中日汉籍交流史论》（1992），撰著《东亚文化环流十讲》（2018）。他在论及东亚汉字词时指出："日本学者曾建议编一部《汉词大全》，将中国、日本、朝鲜、越南各国习用的汉字词组尽数网罗，再分而释之，如'东京'一词，中国释'洛阳（或开封）'、日本释'江户'、越南也有同名都市。此案别出心裁，如果大功告成，既可饱览中国文化之广被四邻，又可领略周遭民族的刻意创新。"[④]

目前，汉语学界在《新撰字镜》《倭名类聚抄》《类聚名义抄》《怀风藻》《菅家文草》《敕撰三集》《入唐求法巡礼行记》《参天台五台山记》《入明记》等文献语言研究方面，已取得不少成果。白化文《入唐求法巡礼行记校注》（1992）、《参天台五台山记》（2008）、《行历抄校注》（2004）等，为研究日本汉文语言文字提供了便于利用的基本文献，揭示了中日汉字词比较研究诸多标本。董志翘撰写了不少关于日本汉字汉语研究的论文，出版了《中古近代汉语探微》（2007）、《汉语史研究丛稿》（2013）、《文献语言学新探》（2020）等文集。其专著《〈入唐求法巡礼行记〉词汇研究》（2000），对《入唐求法巡礼行记》的词汇进行了鉴别，对新词新义的来源、形成及其类型进行了共时的描写及历时的探究，新见迭出，在中日语言学界产生重要影响。[⑤] 王丽萍继《新校参天台五台山记》（2009）出版之后，撰著《成寻〈参天台五台山记〉研究》（2017），其"典籍篇"第三章对《参天台五台山记》有关汉字词汇进行了中日语言比较研究，颇有创获。[⑥] 陈小法《明代中日文化交流史研究》（2011）下编第十章以入明僧策彦周良的日记《初渡集》为例考察了中日词义变化与成因，揭示了日本汉籍中词汇传承与创新模式。[⑦] 张磊《〈新撰字镜〉研究》（2012），主要从文献学和语言学视角对《新撰字镜》展开研究，

---

① 俞忠鑫.中日汉字词比较研究.汉字书同文研究 [C]// 蔡新中，何华珍.汉字书同文研究（第5辑）.香港：文化教育出版社，2004：45-71.

② 俞忠鑫，杨芳茵.中日韩汉字词比较研究导论 [C]// 杭州大学韩国研究所.韩国研究（第2辑）.杭州：杭州大学出版社，1995：22-39.

③ 汪维辉.域外借词与汉语词汇史研究 [J].江苏大学学报（社会科学版），2009，11（1）：63.

④ 王勇.中日关系史考 [M].北京：中央编译出版社，1995：74.

⑤ 董志翘.《入唐求法巡礼行记》词汇研究 [M].北京：中国社会科学出版社，2000.

⑥ 王丽萍.成寻《参天台五台山记》研究 [M].上海：上海人民出版社，2017.

⑦ 陈小法.明代中日文化交流史研究 [M].北京：商务印书馆，2011.

充分揭示《新撰字镜》对于汉语史研究的价值。① 姚尧《日本中古汉文文献的语言特点及其在近代汉语词汇研究上的价值》一文指出，平安时代的日本汉文文献对近代汉语词汇史研究有着重要的价值，其中出现的大量近代汉语新词新义用例，可与中国相应时代语料相印证，为词汇研究和词典编撰提供丰富佐证。②

周一良在研究魏晋南北朝史、中日文化关系史时，发掘中日词汇形义关系，时有卓见。③ 王晓平主要从事中日文学比较研究，出版《中日文学经典的传播与翻译》（2014）等著作，发表《日本汉文古写本的词汇研究——以〈东大寺讽诵文稿〉为例》（2020）等论文，在东亚写本文献、域外汉字、域外汉文词汇等研究领域取得令人瞩目的成果。④ 马骏《日本上代文学"和习"问题研究》（2012），对日本人撰写的汉诗文中所包含的日语式表达习惯进行了深入研究，语料丰富，考证细密，是汉字词域外变异研究的代表性成果。⑤ 冯良珍《变体汉文文献中的词义异变举要》（1999），考察了日本早期最有代表性的两部"变体汉文"文献中词义异变的现象，分析了这些与汉语原意不尽相同的用法所产生的原因，归纳出了异变的三种类型，指出这些异变后的词义，有的一直沿用下来，形成了一些日语汉字词语与汉语词语不同的发展轨迹。⑥ 张愚《日本古文献中的汉字词汇研究（日文版）》（2020），遴选了"无心""等""安乐""利益""迷惑""无惭"等具有代表性的汉字词汇，对其在中日文献中的使用情况进行了详尽考证，梳理和描述了各个汉语原词作为借词在古日语中的发展过程及其演变机制，对中日语言接触与汉字词汇的传播影响研究，探索了新的研究模式。⑦

总之，在中日古代汉字词研究方面，日本学者多偏重于汉语传入后的语词变化研究，中国学者则多从古汉语词汇史角度进行探源研究，贯通源流的综合研究显得薄弱。即便是从域外文献的开发利用来看，语言学界仍存在一些问题。正如姚尧所言："目前被中国语言学研究者利用的域外汉文文献，仅限于日本圆仁《入唐求法巡礼行记》、圆珍《行历抄》、朝鲜时代汉语教科书和日本江户明治时代汉语教科书等寥寥数部，这座巨大宝库的价值仅被发掘了冰山一角""中国语言学界对这类文献尚未有足够认识，更谈不上全面利用"。⑧ 可见，学界对日本古代汉籍的重视程度亟待提高，亟须发掘富有价值的代表性语料，全面整理并充分利用以研究汉字词在域外的流播与发展，为汉语词汇史研究拓展新领域。

① 张磊.《新撰字镜》研究 [M]. 北京：中国社会科学出版社，2012.
② 姚尧. 日本中古汉文文献的语言特点及其在近代汉语词汇研究上的价值 [J]. 中国语文，2018（3）：369-381，384.
③ 周一良. 魏晋南北朝史札记 [M]. 北京：中华书局，1985；周一良. 中日文化关系史论 [M]. 南昌：江西人民出版社，1990.
④ 王晓平. 中日文学经典的传播与翻译 [M]. 北京：中华书局，2014；王晓平. 日本汉文古写本的词汇研究：以《东大寺讽诵文稿》为例 [J]. 中国文化研究，2020（3）：152-167.
⑤ 马骏. 日本上代文学"和习"问题研究 [M]. 北京：北京大学出版社，2012.
⑥ 冯良珍. 变体汉文文献中的词义异变举要 [J]. 中国语文，1999（3）：207-214.
⑦ 张愚. 日本古文献中的汉字词汇研究（日文版）[M]. 上海：上海交通大学出版社，2020.
⑧ 姚尧. 日本中古汉文文献的语言特点及其在近代汉语词汇研究上的价值 [J]. 中国语文，2018（3）：369-381.

二、中日近现代汉字词研究

（一）日本的近现代汉字词研究

日本明治维新之后的近现代汉字词汇研究，日本学界在辞书编纂、新词研究、词汇与文化交流等方面，论著迭出，不胜枚举。[①]

在辞书编纂方面，《英和对译袖珍辞书》（1862）、《和英语林集成》（1872）、《医语类聚》（1872）、《附音插图英和字汇》（1873）、《英华学艺辞书》（1881）、《哲学字汇》（1881）、《订增英华字典》（1884）、《附音插图和译英字汇》（1888）、《言海》（1889—1891）、《日本大辞书》（1892—1893）、《日本国语大辞典》（1972—1976）、《外来语的语源》（1979）、《明治词汇辞典》（《明治のことば辞典》）（1986）、《汉字百科大事典》（1996）、《语源海》（2005）、《现存幕末·明治初期汉字词辞典》（《现代に生きる幕末·明治初期漢語辞典》）（2007）、《假借字、假借读法 汉字表现辞典》（《当て字·当て読み 漢字表現辞典》）（2010）、《新明解语源辞典》（2011）等，为近代日本汉字词个案研究提供了丰富语料。特别是《日本国语大辞典》，许多新词附有"语志"专栏，言简意赅，揭示了日本近代以来新汉字词产生的来龙去脉，包含丰富的学术信息，可谓日本近代语释之集大成者。

在近代汉字词研究方面，佐藤喜代治对日本汉字语汇史的系统研究，[②] 杉本つとむ对兰学文献及近代译语的系列研究，[③] 佐藤亨对江户语汇、近代语汇的精湛研究，[④] 森冈健二对"近代语の成立"的精益求精研究，[⑤] 代表了先辈学者的学术高度。其他如实藤惠秀《中国人日本留学史》（1960）、斋藤静《荷兰语对日语的影响》（《日本語に及ぼしたオランダ語の影響》）（1967）、广田荣太郎《近代译语考》（1969）、永嶋大典《兰和·英和辞书发达史》（1970）、斋藤

[①] 参见佐藤喜代治.汉字百科大事典 [M].东京：明治书院，1996；李汉燮.近代汉语研究文献目录 [M].东京：东京堂出版，2010；沈国威《近代中日词汇交流研究》第三章对近代新词研究历史进行了系统梳理，特别是日本近代新词研究，从国语史、洋学史、英学史、中日词汇交流史、人文领域其他学科等多角度评述介绍；李运博《近代汉语词汇交流研究》第二章"相关的研究成果与课题"已有详述。

[②] 佐藤喜代治.国語語彙の歴史的研究 [M].东京：明治书院，1971；佐藤喜代治.日本の漢語：その源流と変遷 [M].东京：角川书店，1979；佐藤喜代治.講座日本語の語彙汇（11 卷）[M].东京：明治书院，1982-1983.

[③] 杉本つとむ.近代日本語の成立 [M].东京：樱枫社，1960；杉本つとむ.江戸時代蘭語学の成立とその展開（全 5 卷）[M].东京：早稻田大学出版部，1976-1982；杉本つとむ.图录兰学事始 [M].东京：早稻田大学出版部，1985；杉本つとむ.杉本つとむ著作选集（全 10 卷）[M].东京：早稻田大学出版部，1998；杉本つとむ.兰学三昧 [M].东京：皓星社，2009；杉本つとむ.蘭学と日本語 [M].东京：八坂书房，2013；杉本つとむ.江戸時代翻訳語の世界：近代化を推進した譯語を検證する [M].东京：八坂书房，2015.

[④] 佐藤亨.近世語彙の历史的研究 [M].东京：樱枫社，1980；佐藤亨.近世語彙の研究 [M].东京：樱枫社，1983；佐藤亨.幕末·明治初期語彙の研究 [M].东京：樱枫社，1986；佐藤亨.江戸時代語の研究 [M].东京：樱枫社，1990；佐藤亨.近代語の成立 [M].东京：樱枫社，1992；佐藤亨.国語語彙の史的研究 [M].东京：おうふう，1999；佐藤亨.现代に生きる日本語漢語の成立と展開：共有と創生 [M].东京：明治书院，2013.

[⑤] 森冈健二.近代語の成立語彙編 [M].东京：明治书院，1969；森冈健二.語彙の形成 [M].东京：明治书院，1987.

毅《明治的词语：架往西方的桥梁》（《明治のことば：东から西への架け橋》）（1977）、增田涉《西学東渐与中国事情》（《西学東漸と中国事情》）（1979）、铃木修次《日本汉字词和中国》（《日本漢語と中国》）（1981）、柳父章《译词确立经过》（《翻訳語成立事情》）（1982）、小川鼎三《医学用语的起源》（《医学用語の起り》）（1983）、冈田袈裟男《江户的翻译空间：兰语、唐话语汇的对译机制》（《江户の翻訳空間：蘭語・唐話語彙の表出機構》）（1991）、《江户语言接触：兰语、唐话与近代日语》（《江户異言語接触：蘭語・唐話と近代日本語》）（2006）、荒川清秀《近代中日学术用语的形成与传播》（《近代日中学術用語の形成と伝播》）（1997）、内田庆市《近代东西语言文化接触研究》（《近代における東西言語文化接触の研究》）（2001）、朱京伟《近代中日新词的创制与交流：以人文科学与自然科学的术语为中心》（《近代日中新語の創出と交流：人文科学と自然科学の専門語を中心に》）（2003）、高野繁男《近代汉字词研究：日语的造词法、译词法》（《近代漢語の研究：日本語の造語法・訳語法》）（2004）、笹原宏之《国字的位相与发展》（《国字の位相と展開》）（2007）、奥村佳代子《江户时代唐话的基础研究》（《江户時代の唐話に関する基礎研究》）（2007）、朱凤《马礼逊的华英英华字典与东西文化交流》（《モリソンの華英英華字典と東西文化交流》）（2009）、千叶谦悟《国语中的东西语言文化交流》（《国語における東西言語文化交流》）（2010）、野村雅昭《现代日本汉字词探究》（《現代日本漢語の探究》）（2013）、孙建军《近代日语的起源：幕末明治初期创制的新汉字词》（《近代日本語の起源：幕末明治初期につくられた新漢語》）（2015）、金文京《汉字文化的扩散：东亚汉字汉文文化圈》（《漢字を使った文化はどう広がっていたのか：東アジアの漢字漢文文化圏》）（2021）等，各领风骚，峰峦互见。

　　除了出版著作和文集外，日本学者在各类学术刊物发表了大量论文，如新村出、古田东朔、宫岛达夫、飞田良文、野村雅昭、八耳俊文、宫田和子、那须雅之、松本秀士等。中国的日语学者，如朱京伟、彭广陆、刘凡夫、潘钧、孙建军、苏小楠、刘建云、朱凤等，在日本学术期刊也发表了不少有影响的论文。值得关注的是，在近代新词与中日文化交流领域，在日学者沈国威、陈力卫做出了杰出业绩。他们对于近现代新词语料的发掘、对中日近代词汇交流史的洞察、对语言接触背景下个体汉字词演变史的发微、对外来词理论的深刻理解，不同凡响，新著迭出。沈国威先后独著、主编、合编的主要作品有：《近代中日语汇交流史：新汉字词的创制与受容》（《近代日中語彙交流史：新漢語の生成と受容》）（1994）、《新尔雅及其语汇》（《新爾雅とその語彙》）（1995）、《六合丛谈（1857—58）的跨学科研究》（《六合叢談（1857—58）の学際的研究》）（1999）、《植学启原与植物学语汇》（《植学啓原と植物学の語彙》）（2000）、《近代启蒙的足迹：东西文化交流和语言接触》（《近代啓蒙の足迹：東西文化交流と言語接触》）（2002）、《〈遐迩贯珍〉研究》（《遐邇貫珍の研究》）（2004）、《19世纪汉语诸相》（《19世紀中国語の諸相》）（2007）、《汉字文化圈诸语言的近代语汇形成》（《漢字文化圈諸言語の近代語彙の形成》）（2008）、《语言接触与洋泾浜：19世纪的东亚（研究与影印资料）》（《言語接触とピジン：19世紀の東アジア研究と復刻資料》）（2009）、《近代东亚文体变迁》（《近代東アジアにおける文体の変遷》）（2010）、《近代英华华英辞典解题》（2011）、《东亚的及近代新词译词环流》（《环流する東アジアの近代新語訳語》）（2014）、《东亚语言接触研究》（《東アジア語言接触の研究》）（2016）等。陈力卫除出版《和制汉语的形成及其发展》（《和製漢語の形成とその展開》）外，发表了不少有分量的关于中日语言接触与文化交流的学术论文，

在中日学界产生重要影响。其研究主要围绕"和制汉语"展开，大致包括华英 / 英华辞书与新词研究、汉文训读与近代新词研究、近代译书与新词研究、中日同形词研究、近代新词语源研究、近代新词理论研究等，有关论文如《日本近代词语与汉译洋书与英华词典》(《日本近代語と漢訳洋書と英華辞典》)（1995）、《汉文训读对日本新汉语形成的影响》(2002)、《新汉语的产生与近代汉文训读》(《新漢語の産出と近代漢文訓読》)(2005)、《〈博物新编〉在日本的受容形态》(《〈博物新編〉の日本における受容形態について》)(2005)、《从〈新关文件录〉看19世纪后期的汉语对译》(《〈新関文件録〉から見る19世紀後期の中国語の対訳》)(2021)、《近代译词中的所谓转用语》(《近代訳語のいわゆる轉用語について》)(2021)、《中日双语交涉视域下熟字训的形成》(《日中両言語の交渉に見る熟字訓の形成》)(2003)、《"努力・ゆめ"研究》(《"努力・ゆめ"をめぐって》)(1994)、《近代汉语译语再考》(2007)、《"民主"与"共和"》(《"民主"と"共和"》)(2011)、《何谓"新汉语"》(《"新漢語"とは何か》)(2011)、《近代日本汉语词及其出身》(《近代日本の漢語とその出自》)(2011)，等等。同时，沈国威、陈力卫等还组织成立汉字文化圈近代语研究会，定期在中、日、韩等国举办国际学术交流会，编辑出版学术杂志《或问》，合力推动中日近现代汉字词研究不断走向深入。

（二）中国的近现代汉字词研究

在国内，从事近现代中日汉字词研究的学者日渐增多，主要分布在汉语学界和日语学界。纵观国内对近现代中日汉字词的整理研究，较早可以追溯至20世纪初，迄今研究大致可分为发轫期、发展期、兴盛期三个阶段。

1. 发轫期（1900—1949）

19世纪末，日本汉字新名词开始进入中国并通过报刊、译著等媒介得到初步传播。20世纪初，语言学界开始关注汉语译词及日本新名词问题。唐宝锷、戢翼翚编撰《东语正规》(1900)，梁启超出版《和文汉读法》(1900)，有关学者发表新语研究系列论文，如王国维《论新学语之输入》(1905)，胡以鲁《论译名》(1914)，余又荪《日文之康德哲学译著》(1934)、《日本维新先驱者西周之生涯与思想》(1934)、《日译学术名词沿革》(1935)、《谈日译学术名词》(1936)等。

20世纪前半阶段，出版了不少汇释日语汉字词的工具书，很多大型辞书不仅汇释中日同形异义词，而且关注日语新名词，诸如《新尔雅》(1903)、《法规解字》(1907)、《日语古微》(1910)、《新名词训纂》(1918)、《汉译日语大辞典》(1907)、《东中大辞典》(1908)、《辞源》(1915)、《中华大字典》(1915)、《辞源续编》(1931)、《辞海》(1936)等。

2. 发展期（1949—1978）

新中国成立后，现代汉语日源汉字词研究进入新阶段。

孙常叙《汉语词汇》(1956)第二十一章"外来语词汇"，专节讨论汉语"借词"，特别是日语借词，并以"拔河""石炭""挨拶"为例讨论中日词汇源流。王力《汉语史稿》(1957—1958)第五十六节"鸦片战争以后的新词"，主张"尽量利用日本的译名"，并结合具体词例对日本汉字译名进行了类型分析。与此同时，还掀起了日源外来词研究热潮，有关论著可谓该领域里程碑式的研究成果，成为50年代外来词研究的一道靓丽风景。

王立达在《中国语文》1958年2月号发表《现代汉语中从日语借来的词汇》一文，从9个方面分析了现代汉语日源借词的类型和特点，涉及598个日语汉字词。《中国语文》同期还发表了郑奠《谈现代汉语中的"日语词汇"》一文，认为现代汉语中间吸收和融化了的这一大批日译汉语新词，要弄清楚它们的全部以至个别词的来龙去脉，是十分困难的，文章结合有关文献对"权利""文法""伦理""积极"等中日同形词进行了讨论。随后，《中国语文》还刊登了张应德《现代汉语中能有这么多日语借词吗》、王立达《从构词法上辨别不了日本借词》等相关论文，有力推动了日源外来词汇的学术研究。

高名凯、刘正埮《现代汉语外来词研究》（1958）首次对汉语外来词进行系统研究，构建了汉语外来词研究的理论体系，第三章第五节"日语来源的现代汉语外来词"从两大类别列举436个日语汉字词进行分析研究。书稿出版后，邵荣芬在《中国语文》1958年7月号发表书评《评〈现代汉语外来词研究〉》，指出其中存在的缺陷，如语源考证存有欠缺，没能充分参考学界研究成果等。

1959年12月，北京师范学院中文系汉语教研组编著《五四以来汉语书面语言的变迁和发展》，由商务印书馆出版。该著作总分三编，第一编"五四以来汉语书面语言的变迁大势"，第二编"五四以来汉语词汇的发展"，第三编"五四以来汉语语法的发展"。第三编"日语借词的吸收"和"日语借词和自造新词并行现象"，在现代汉语词汇的宏观层面，对日语借词的类型及使用进行了考察和研究，推动了中日汉字词研究向前发展。

由于众所周知的原因，1960年代后虽然也有关于日语汉字词的一些研究，但总体上处于缓慢停滞阶段。

3. 兴盛期（1978至今）

新时期改革开放以来，汉语外来词研究日渐兴盛。整体看来，大致10年一个台阶，成绩可圈可点。

（1）1978—1990年。1984年刘正埮、高名凯、麦永乾、史有为编纂《汉语外来词词典》。该辞书收录汉语外来词1万余条，包括日源汉字词893个。这是在前人研究基础上，对日源外来词的一次汇总和整理，虽然在词源判别方面存在缺陷，但为进一步研究提供了基础资料。此外，三联书店于1983年出版了实藤惠秀《中国人留学日本史》汉译本，第七章"现代汉语与日语词汇的摄取"对汉语中的日语词汇进行了甄别整理，提出了一个包括844个语词的日源汉字词一览表。1988年，谭汝谦《近代中日文化关系研究》在香港出版，著作对中日汉字及相关问题进行了诸多研究，在"现代汉语的日语外来词及其搜集和辨认问题"一节中，特别强调"前人研究的成果""日语教科书""辞典"等在搜集和辨别日语外来词时的重要性。上述定量定性的研究，对日源汉字词研究起到重要的推动作用。

（2）1991—2000年。《汉语大词典》1986年出版第一卷，1993年十二卷出齐。该辞书秉承"古今兼收、源流并重"原则，收录了大量的近现代中日汉字词，为汉字词的中日探源提供了语词标本。1993年7月，香港中国语文学会创办了《语文建设通讯》的姊妹刊物《词库建设通讯》。该刊在香港中国语文学会主席姚德怀主编下，以"词库建设"为目标，以"外来概念词词库"为重点，对汉语外来词的理论和实践展开讨论，将日源汉字词研究推向一个新高地，并催生了一系列成果，在汉语外来词研究史上留下浓墨重彩的一笔。[①] 其间，在各类学术刊物上发表了不少有关日源汉字词的论文，如朱京伟《现代汉语中日语借词的辨别和整理》（1994）、（荷）高柏《经由日本进入汉语的荷兰语借词和译词》（1996）等。

1997年，马西尼著、黄河清译《现代汉语词汇的形成——十九世纪汉语外来词研究》由汉语大词典出版社出版。该著作将汉语外来词置于近代中国大背景中进行研究，对许多外来词创词权进行了重新"判定"，特别是附录有500条词源考证的19世纪新词表，对于日源外来词研究者是一个极大的刺激。可以说，《现代汉语词汇的形成》是1958年《现代汉语中从日语借来的词汇》《现代汉语外来词研究》之后的标志性成果，也是香港中国语文学会在外来词研究方面的重要贡献。

（3）2001—2010年。进入21世纪后，汉语外来词研究日新月异。史有为继《异文化的使者——外来词》（1991）之后，出版《汉语外来词》（2000），对汉语外来词理论与实践进行系统研究。香港中国语文学会组织编纂的《近现代汉语新词词源词典》（2001），收词5千余条，是一部中型的外来词语源词典，对于近现代新词新义研究具有重要价值。2010年，黄河清编著、姚德怀审定的《近现代辞源》，由上海辞书出版社出版。这是继《汉语外来词词典》之后的又一重要收获。该辞书主要收录19世纪初至20世纪中期所出现的近现代新词，特别是中日汉字词，汇集书证，释义探源，是汉语词汇史研究、语言接触研究的重要成果。

在日源汉字词研究方面，来自不同学科的研究队伍日渐壮大，分别从语言学、历史学、文学、法学、政治学等不同视角展开研究，出版了一系列专著。例如：王健《沟通两个世界的法律意义——晚清西方法的输入与法律新词初探》（2001）、刘禾《跨语际实践：文学，民族文化与被译介的现代性（中国，1900—1937）》（2002）、（德）李博《汉语中的马克思主义术语的起源与作用》（2003）、何华珍《日本汉字和汉字词研究》（2004）、冯天瑜《新语探源——东西日文化互动与近代汉字术语生成》（2004）、徐文堪《外来词古今谈》（2005）、李运博《中日近代词汇的交流——梁启超的作用与影响（日文版）》（2006）、钟少华《中国近代新词语谈薮》（2006）、冯天瑜《语义的文化变迁》（2007）、杨锡彭《汉语外来词研究》（2007）、万红《当代汉语的社会语言学观照：外来词进入汉语的第三次高潮和港台词语的北上》（2007）、刘凡夫《以汉字为媒介的新词传播：近代中日间词汇交流的研究》（2009）、李运博主编《汉字文化圈近代语言文化交流研究》（2010）等。可以说，沈国威《近代中日词汇交流研究——汉字新词的创制、容受与共享》（2010），标志着近现代中日汉字词汇交流研究进入新阶段。

（4）2011—2020年。此十年间，近现代中日汉字词研究更加兴盛，成果甚丰。例如：邵艳红《明治初期日语汉字词研究——以〈明六杂志〉（1874—1875）为中心》（2011），崔军民《萌芽期的现代法律新词研究》（2011），谯燕、徐一平、施建军编著《日源新词研究》（2011），顾江萍《汉语中的日语借词研究》（2011），何宝年《中日同形词研究》（2012），朗宓榭等《新词语新概念：西学译介与晚清汉语词汇之变迁》（2012），崔崟、丁文博《日源外来词探源》（2013），于冬梅《中日同形异义汉字词研究》（2013），陶芸《中日法律词汇对比研究》（2013），吴侃、金玺噐、张颖《汉语新词的日译研究与传播调查》（2013），陈明娥《日本明治时期北京官话课本词汇研究》（2014），常晓宏《鲁迅作品中的日语借词》（2014），狭间直树等《近代东亚翻译

---

① 《词库建设通讯》共出版22期，2000年6月停刊。

概念的发生与传播》（2015），赵明《明清汉语外来词史研究》（2016），冯天瑜《近代汉字术语的生成演变与中西日文化互动研究》（2016），杨超时《近代中日词汇交流与"的""性""化"构词功能的演变》（2017），李运博《近代汉日词汇交流研究》（2018），张帆《近代中国"科学"概念的生成与歧变（1896—1919）》（2018），张烨《清末民初词汇研究》（2019），朱京伟《近代中日词汇交流的轨迹——清末报纸中的日语借词》（2019），施建军《中日现代语言同形词汇研究》（2019），王志军《汉日同形词计量研究》（2019），彭广陆《日源新词探微》（2020），孔秀祥《观念传播 19世纪汉语外来观念与外来词》（2020）等。其间，沈国威相继出版《严复与科学》（2017），《一名之立 寻月踟蹰：严复译词研究》（2019），《汉语近代二字词研究》（2019），《新语往还——中日近代语言交涉史》（2020）等，陈力卫撰著《东往东来——近代中日之间的语词概念》（2019），有力推动近现代中日汉字词汇的深入研究。

值得注意的是，"概念史"视域下的中日欧汉字词环流研究，已然成为新的学术热点。2013年孙江主编《亚洲概念史研究》（辑刊），至2022年10月已出版至第9卷。该刊围绕"影响20世纪东亚历史的100个关键概念"，推出了一系列关于概念词产生、发展、变化的学术论文。其中许多关键概念属于近现代汉字文化圈的通用词汇，更是近现代中日汉字词研究的重要内容。当然，除了《亚洲概念史研究》之外，前述有关著作亦有涉及承载文化内涵发展变化之研究，更有诸多专著问世，如冯天瑜《"封建"考论》（2006）、金观涛《观念史研究：中国现代重要政治术语的形成》（2009）、黄兴涛《"她"字的文化史》（2009）、《文化史的追寻——以近世中国为视域》（2011）、孙江《重审中国的"近代"》（2018）、方维规《概念的历史分量：近代中国思想的概念史研究》（2019）等。这是基于语言、历史、文化等跨学科研究的新领域，大有可为。

辞书编纂方面。2019年，史有为《新华外来词词典》由商务印书馆出版。该辞书是《汉语外来词词典》之后的集大成之作，其中收有涉日外来词3295例，其中备注"源"字词355个，备注"考"字词2940例（其中包括同义异形词），其收录日语词量为历代辞书之最。总体来看，该辞书突破了传统的判断性收词原则，拓展知识性、开放性和研究性功能，对推动中日词汇研究，尤其是近现代外来词研究具有重要意义。2020年，黄河清《近现代汉语辞源》，由上海辞书出版社出版。该辞书收录新词4.3万余条，是在《近现代辞源》基础上的精益求精之作，也是中日近现代新词和东亚汉字词研究的集大成之作。

总之，近年在国内出版的专著、辞书，展示了中日汉字词研究的最新成果，也代表了当前中日汉字词研究的学术水准。

三、今后的课题

中日学界在古代汉字词和近现代汉字词研究领域，均取得了诸多成就。但整体而言，日本学界的古代汉字词研究，多立足于日语语汇的类型与演变、结构与语用，其意并不在探讨日语汉字词对于汉语词汇史研究的价值和意义；在近现代汉字词研究方面，虽然取得了令人瞩目的成果，但在利用历代汉籍考察近代新词源流方面，亦需深化完善。在我国，日语学界的中日汉字词研究方兴未艾，但多侧重于日语教学，偏于静态的共时对比，基于历代文献的中日互动性比较研究需要加强；在汉语界，由于获取域外文献及吸纳日语成果等方面的不便，在利用日本汉籍进行词汇史研究以及判别近现代日源外来词方面，需要拓展提升。管窥所见，学界应该在构建中日汉字词数据库的基础上，全面吸收中外既有成果，古今沟通，中日互证，在材料、方法、理论等方面努力创新，合力推进中日汉字词比较研究进程。

（1）加强中日汉字词数据库建设。中日汉籍文献浩如烟海，建设中日汉字词综合检索平台，特别是西学东渐后的中日近现代文献字词检索平台，对考察中日近现代新词的产生、发展及交互影响具有十分重要的意义。

（2）加强研究成果整理研究。百年来中日汉字词研究论著不胜枚举，对于词源考证及理论创新成果，需要穷尽性搜集整理，从原著中吸纳材料和观点，避免重复性研究。

（3）加强中日汉字词断代研究。选择日本汉籍进行断代研究，从汉字词的移植、受容、变异、创制等视角展开国别研究，同时兼顾中日汉字词的共时生态，在共时比较中进行断代史研究。

（4）加强中日汉字词通代研究。断代研究是通代研究的基础，历时研究必须与共时研究相结合。域外汉字词变迁史，往往就是汉语词汇的国际传播史。日本学界出版有"汉语"词汇史著作，基于日本文献的汉语词汇史研究有待拓展。

（5）加强中日汉字词专题研究。词汇史研究并非汉字词研究的全部，此外可以从音读、训读、构词、字词关系等角度对日本汉字词进行多维研究。只有依托专题研究的词汇史研究，才能是全面的深入的研究。

（6）加强汉字词辞书编纂研究。汉字词辞书是中日词汇研究的结晶。学界对中日通用的或国别的汉字词已有诸多整理研究，这些微观的个案研究乃是构建整体研究的基石。在已有研究及有关工具书的基础上，编纂一部可靠的、源流分明的"日制汉字词词典"或"日源外来词词典"，实乃当务之急。

（7）加强东亚汉字词整体研究。中日汉字词比较研究，学界关注较多，成果较为丰富。至于中朝韩汉字词比较，或中日朝韩汉字词比较，或中越汉字词比较，或中日越汉字词比较，或中日朝韩越汉字词比较，则显得薄弱，甚至处于空白或半空白状态。

Review and Prospect on the Study of Chinese Words in China and Japan

HE Huazhen　　　**DING Xinmei**

（College of Literature/Center for Chinese Character Civilization Research, Zhengzhou University, Zhengzhou, Henan 450006）

Abstract: The comparative study of words written by Chinese characters between China and Japan, especially the diachronic comparative study of the origin and flow of these words, is an important content of the study of international Chinese history.Based on the main achievements of the Chinese and Japanese academic circles in the past century, this paper briefly summarizes the history and current situation of the research of the Chinese and Japanese academic circles from the two research fields of ancient Chinese characters and modern Chinese charactersand believes that the academic circles should, based on building the Chinese and Japanese character word database, comprehensively absorb the existing achievements at home and abroad, communicate between the ancient and modern times, prove each other between China and Japan, and strive to innovate in materials, methods, theories, etc, jointly promote the comparative study of Chinese and Japanese characters.

Key words: Chinese words; China; Japan; review; prospect

（学术编辑：陈明娥）

清末民初域外双语教材史
与第二语言的汉语学习史

张美兰

（香港浸会大学中文系，香港 999077）

摘　要：清末民初域外掀起了一股学习汉语的热潮，编撰出一大批学习汉语的教材。其主要编撰方式是双语汉语教材，有英汉、法汉、德汉、葡汉、拉丁文汉语等，内容涉及到目的语的北京官话口语或汉语方言，甚至是书面语官方文书。有自编型、改编型、自编与改编混合型等，从专门类到通用类，呈多样化的特点，它们丰富了汉语教材的国别史和多语种双语史。从母语到目的语，这些在比较基础上的初级、中级汉语教材，成为早期汉语教材的特色，对今天汉语全球化推广背景下的世界汉语教材建设，具有特别重要的参考价值。

关键词：清末民初；双语汉语教材；第二语言习得；汉语教材史；世界汉语教材建设

一、引言

域外汉语教材是针对母语为非汉语的外国人设置的一套特殊化的教科书。域外汉语教材在外国人学习汉语的进程中起着决定性的纽带作用。明清时期东西方人无论是商人、传教士团体、外交官员团体或者是海关人员团体，在来中国之前或之后，学习和掌握汉语的同时，不少人都忙于着手编撰各种类型的教材，为后续来华者所用。如果从明代的《老乞大》《朴通事》谚解体开始算起，双语汉语教材的编写已有几百年的历史。19世纪到20世纪初，西方殖民政策扩张，大批西方人来到中国，来自印欧语系国家和地区的西方人，试图用西方语言作为母语参照来学习汉语。到19世纪中叶开始出现一批英汉、法汉、德汉两种语言对照编撰的双语汉语教材。这些教材不仅关涉到教材的语音、文字、词汇、语法方面的内容，而且种类繁多，丰富多样，对整个双语汉语教材的历史具有十分重要的价值。李丹丹（2012）[①]、张美兰（2021）[②]的单篇论文，王澧华、吴颖（2021）[③]主编的丛书，都反映了双语教材的价值。

---

① 李丹丹. 清代翻译、改编的汉语口语课本类型 [J]. 华文教学与研究，2012(1).
② 张美兰. 继承与创新：清末北京官话的域外传播模式 [J]. 清华大学学报，2021(2).
③ 王澧华，吴颖. 近代来华西人汉语教材研究丛书 [M]. 桂林：广西师范大学出版社，2021.

和普通的汉语教材不同,双语汉语教材的编写是一项复杂的工程。[①]首先是进行汉语口语文献的外语翻译。双语教材是建立在外语翻译的基础上的。一般的汉语教材的编定,基本上是以汉语的知识结构和语言能力的训练为主旨,而双语教材立足于学习者在母语比较基础上的汉语学习,不仅把汉语作为传播知识的目的语,还要在学习内容、汉语文化统筹的同时,将所学目的语知识和文化进行母语本土化的翻译。通过所在国母语为参照,对比学习目的语汉语。

其次,早期的教材除了借鉴汉语蒙学教材,也出现了以母语为载体的自编教材,如万济各《华语官话语法》(1703)是西班牙文的汉语教材。还有把汉语材料翻译成英文作教材的,如:英国伦敦会传教士米怜(William Milne,1785—1822)在1817年完整英译了《圣谕广训》(*The Sacred Edit*)和《圣谕广训衍》,《圣谕广训衍》成为英语世界很多人了解中国文化的教科书,逐渐形成英汉双语的汉语学习教科书。因篇幅限制,本文主要介绍清末民初(1820—1920)期间,非汉字文化圈领域的域外汉语双语教材,从中了解这些外语与汉语对应双语教材的面貌特点,以期对当今汉语作为第二语言习得的汉语教材编撰提供直接的借鉴。

二、域外汉语双语教材

(一)英汉双语教材

英汉双语教材,通过英汉句子的对照来通晓汉语的语义,通过注音来习得汉字的读音,将母语与目的语多方面的结合,达到入门学习的目的。其中,编者最多、面向读者数量最多、影响最大的,当属普通英汉双语教材。我们选取有代表性的教材,根据出版年代的先后加以介绍。

1. 英国传教士麦都思(Walter Henry Medhurst,1796—1857),1844年在上海出版了《汉英对话、问答与例句》(*Chinese Dialogues*, *Questions*, *and Familiar Sentences*, *Literally Rendered into English*, *with a View to Promote Commercial Intercourse*, *and to Assist Beginners in the Language*)。其后,其子麦华陀对之进行了修订,于1863年由上海墨海书馆出版。分为八部分,依次是"数目、称法、丈量、量地、量粮食、银钱、杂句、问答",修订本在"问答"前增加了"通商条款",除了适用于传教士,还带有商务汉语教材性质,如最后两部分中的"问答"主要是围绕商业行为进行的对话。

2. 英国人罗伯聃(Robert Thom,1807—1847)所编写的北京话口语教材《中国话》(The

[①]　在中国本土很早就产生了双语汉语教科书。如清代的满汉合璧系列教科书。在清代顺治、康熙、雍正三代之后,乾隆年间开始,随着满族逐渐被汉化,满语的地位开始下降,满汉合璧成为公文文书的主要形式。为了能培养出更多的"笔帖式"(bithesi),鼓励旗人积极地学习满语,各种满汉合璧教材陆续编撰出版。现存的满汉合璧会话书,有独白体:康熙四十一年(1702)刊,刘顺编撰的满汉合璧《满汉成语对待》(四卷)。有对话体:雍正八年(1730)序,舞格编撰的《满汉字清文启蒙》卷二《兼汉满洲套话》;乾隆二十三年(1758)序,《清话问答四十条》一卷;乾隆二十九年(1764)刊的《满汉合璧集要》一卷;乾隆五十四年(1789)刊的《清文指要》三卷、《续编兼汉清文指要》二卷;嘉庆七年(1802)序,宜兴编著,《庸言知旨》二卷,等。这些双语会话书在18世纪末19世纪初先后出版,属于两种不同语言的双语教材。

Chinese Speaker，1846），大概是目前能见到的西方最早用来教授北京话口语的汉英对照双语体课本。这本书是把汉语教材《正音撮要》翻译成英文，同时用罗马字母对中文加以相应的拼音标音，形成了英汉双语教材，属于翻译中文教材＋自编的混合型的教材。

3. 英国人威妥玛（Thomas Francis Wade，1818—1895）所编写的北京话口语教材《寻津录》（*The Hsin Ching Lu or Book of Experiments：Being the First of a Series of Contribution to the Study of Chinese*，1859）。英国伦敦会传教士米怜（Milne）在1817年完整英译了《圣谕广训》（*The Sacred Edit*）和《圣谕广训衍》。《圣谕广训衍》是对文言《圣谕广训》的白话解释。威妥玛在编撰汉语教材《寻津录》时，第二部分直接选用了王又朴（Wang-yü-po）的《圣谕广训衍》第一条"敦孝弟以重人伦"部分的中文和米怜对应的英文翻译，第一部分"天类"（the Category of Tʰien）根据汉语材料，列出了362句与"天"有关的句子。然后进行英语意译，再后是对句子的字面直译，最后是对句子里出现的重点词汇、语法点或文化点进行英文讲解。总之，该书是从英汉双语对照的角度来习得初级汉语，是早期西方外交官学习汉语的专用教材，属于改编类的教材。

4. 德国传教士罗存德（Wilhelm Lobscheid，1822—1893）编撰的汉语语法著作《汉语语法》（*Grammar of The Chinese Language*）是英汉双语的。《汉语语法》是为初来中国特别是粤方言区的西方人编写的汉语语法书。该书于1864年在香港出版，以英语写就，记录的是粤语语音。它是罗存德对汉语语法的系统描写和教学，集中体现了罗存德的汉语观。属于自编类教材。传教士罗存德还编撰了《广东话短语和阅读文章选编》（*Select Phrases and Reading Lessons in The Canton Dialect*，1864），由香港Noronha's Office印刷出版，英汉双语，是为初来中国特别是粤方言区的西方人编写的自编类教材。

5. 英国人威妥玛所编写的北京话口语教材《语言自迩集》（*Yü Yen Tzu Êrh Chi. A progressive course designed to assist the student of colloquial Chinese as spoken in the capital and the metropolitan department*，1867）用英文写成，并用"威妥玛"字母对北京语音进行了转写。按照语言学习和教学的规律，由简单到复杂，循序渐进，实现"螺旋式上升"。有1886第二版，1903第三版。该书属于改编＋自编的混合型的专用口语教材。

6. 威妥玛编撰的公文类教科书《文件自迩集》（*Wên-Chien Tzu-Erh Chi：A series of Papers Selected as Specimens of Documentary Chinese*，1867）共148篇。公文、信函、法程、檄文和奏疏等全部是汉语，有英文的翻译或注释，属于改编类专用书面语教材。

7. 夏德（Friedrich Hirth，1845—1927）编撰的《新关文件录》（*Text Book of Documentary Chinese：With a Vocabulary for the Special Use of the Chinese Customs Service*，1885），选取了海关的公文共143篇，包括货税验单、出口货物单据、货物总价表和公告等，基本涵盖了海关工作的各个方面。课文旁边并无英文注释，生词和课文的翻译另为一卷。夏德在1909年刊行的第二版中将课文分门别类，使内容安排更加系统，便于学习者加强对各类文件的印象。属于改编类专用书面语教材。夏德编撰的《文件小字典》（*A Vocabulary of the Text book of Documentary Chinese*）是与《新关文件录》配套的书面语教材。同时配套的还有：《文件字句入门》（*Wên-Chien Tzi-Chü Ju-Mên.Notes on the Chinese Documentary Style*）全部用英文编写，《海关英华语言录》（*Custom Officers' English-ChineseVade-Mecum，Compiled with a View to being Useful to Members of the Chinese Maritime Customs Service*，1915，上海商务印

书馆），这是一本针对海关税课司稽查科外班洋员的专门用途汉语教材。

8. 美国传教士狄考文（Calvin Wilson Mateer，1836—1908）编著的《官话类编》（*A Course of Mandarin Lessons*，1892），是一套英、汉双语教材。其课文由词汇、课文和注解三部分组成，并以注解的形式详尽地讲解了汉语的语法知识。附录部分是词汇汇编、课外阅读材料（附卷Ⅰ、附卷Ⅱ），这种范式在此后现代中国及海外的对外汉语教材中也采用。该书属于改编＋自编的混合型的专用口语教材。

9. 海关洋员英国邓罗（Charles Henry Brewitt-Taylor，1857—1938），将旗人金国璞与日本人平岩道知合编的《（北京官话）谈论新编》（1898）翻译成英文教材 *Chats in Chinese：A Translation of the T'an Lun Hsin Pien*（1899），作为海关双语口语教材，在此后的 30 年间，《谈论新编》官话版和邓罗英语译本配套使用，一直是近代中国海关洋员的汉语学习用书与晋级考试指定书目。该教材属于翻译配套类双语教材。

10. 英国外交官员驻烟台领事官金璋（Hopkins，Lionel Charles，1854—1952）在 1900 年将北京官话《官话指南》翻译成英文教材 *The Guide to Kuanhua：A Translation of the "Kuan Hua Chih Nan"*，由凯利·沃尔什股份有限公司（又称别发洋行，Kelly&Walsh Limited）出版，① 是方便外交官学习汉语的双语教材。此后，则有上海商务印书馆的英文重印本。《官话指南》官话版和金璋英语译本配套使用，成为 1900 年代海关系统外国人学习汉语的初中级汉语水平教材。金璋译本用威氏拼音进行了汉语注音，降低了海关洋员自学难度，形成了有母语与汉语目的语对应的双语教材。该教材属于翻译配套类教材。

11. 英国人禧在明（Walter Caine Hillier，1849—1927）编撰《华英文义津逮》（*The Chinese Language and How to Learn It*，1909）第二版时，一共选取改编了 13 个来自《聊斋志异》的故事，包括第一卷的《义犬》和第二卷的《赵城虎》《瞳人语》《种梨》《鸟语》《骂鸭》《菱角》《细柳》《促织》《王成》《向杲》《鸲鹆》和《劳山道士》，同时将《聊斋志异》的白话故事也翻译成英文。禧在明在编撰《华英文义津逮》时还选取了《官话指南》的几则片段，也翻译成英文。该教材属于改编类教材。

12. 瑞典汉学家高本汉（Klas Bernhard Johannes Karlgren，1889—1978）编辑的《北京话语音读本》（*A Mandarin Phonetic Reader in The Pekinese Dialect*，1918）是英汉双语教材。英国传教士鲍康宁（F. W. Baller）在 1892 年英译了《圣谕广训直解》。《圣谕广训直解》是对文言《圣谕广训》的另一个白话解释文本。因此，高本汉《北京话语音读本》后半部分的"读本"20 篇文选中，选择了《直解》十六条之第七条"黜异端以崇正学"作为文选。而《官话指南》有法文本和英文本，所以高本汉也选择了其中几则作为文选。同时，将法国传教士戴遂良《汉语入门》中涉及《今古奇观》的 12 篇文选和白话聊斋中的 2 篇文选共 14 篇纳入其中，并用隆德尔方言字母逐字进行标音转写。该书也属于改编类教材。

13. 英国外交官布勒克（Thomas Lowndes Bullock，1845—1915）《汉语书面语渐进练习》（*Progressive Exercise in the Chinese Written Language*，1912），选用了儒家经典加一些中国各部门处理事务，以及与外交条约有关的事例或者外国人违法的处理办法等公务文件，中英文对照。课文由短句逐渐加长至文段，课文和生词的注释与翻译直接列于下方，便于学习者及

---

① 日本饭河道雄对英国人金璋翻译的《官话指南》英译本进行了日译，成为又一日译本《官话指南》。

时复习与检查学习效果。该教材属于改编类教材。

14. 翟理斯（Herbert Allen Giles，1845—1935）编著的《汉言无师自明》（*Chinese without a Teacher*: *Being a Collection of Easy and Useful Sentences in the Mandarin Dialect*, *with a Vocabulary*，1872）是一本以实用特点为主的汉语速成教材。根据语言交际的情景分为若干单元，每个单元收录相关话题的句子表达。与威妥玛的《语言自迩集》讲究系统不同，全书不做词语解释，没有介绍汉语的语音和语法，虽然用英语给汉语注音，但也不过分地强调语音语调。整本书一切从"简"，不求精准，只求学习者能尽快掌握，实用性很强，也是一本自学辅助教材。

15. 德国籍海关洋员赫美玲（Karl Ernst Georg Hemeling，1878—1925）编著《南京官话》（*The Nanking Kuan Hua*），有 1902 年、1907 年版，作为一部海关内部自编教材，编写初衷是为南京海关洋员处理海关事务服务，教学目标明确，对海关洋员常用书籍中的汉字做了收集整理并注了音节。同时也是一本语言工具书兼南京方言词典，全书重点是南京官话发音的教学，主体包括"南京官话声韵调表"和南京话同音字汇，收字 4315 个。

16. 英国传教士窦乐安（John Litt Darroch，1865—1941）编写了自学类汉语教材《汉语自学》（*Chinese Self-taught*, *By the Natural Method with Phonetic Pronunciation Thimm's System*，1914）及其姊妹篇《汉语语法自学》（*Chinese Grammar Self-taught*，1922）。后者至今已再版 11 次，旨在呈现对西方学习者而言比较熟悉的汉语语法结构，希望能让学习者相信汉语和西方语言一样精确，并且学习起来十分有乐趣。在导论之后，是 24 课正文，按照英语语法的特点对汉语语法进行系统论述，以词类教学为纲，每课讲解 1 到 3 个语法点，所有例句以中英文列出，每一字旁边注有英语字母标音。第三部分是 50 页的课后小词典，供学习者扩充词汇用。[①]

17. 近代海关邮政第一本专科类双语词典，是荷兰籍税务司费克森（Jan Willem Helenus Ferguson，1881—1930）编撰的《邮政成语辑要》（*A Glossary of the Principal Chinese Expressions Occurring in Postal Documents*，1906），由海关总税务司署造册处在上海出版，流传广泛并被大量使用。英语全称为"邮政文件中出现的主要汉语语汇表"，由一名中国老师从已有邮政文件中挑选。序言后即正文，顶栏分为"术语表"和"索引"两部分，前者以汉语拼音音序排列，左栏为威式拼音和汉语词条，右栏为其英语释义，共 475 个词条；索引部分按英语首字母顺序排列。该书统一了邮政术语，提高了邮政业务效率。

18. 意大利人巴立地（F.Poletti，1887—1949），任职于中国邮政，编撰了《邮用语句辑要》（*A Glossary of the Principal Terms and Words Occuring in Postal Documents*，1919），是一本邮政双语专科词典，由北京铸币局出版。该书从最新的邮政文件中搜集了 2819 个词条，按照英语音序排列，未给汉字注音。该书对《邮政成语辑要》既有继承又有发展。

19. 荷兰籍税务司费妥玛（Thomas Taply Helenus Ferguson，1971—1946）的《学庸两论集锦》（*Fragments of Confucious Lore—A Selection of Short Quotations with the Original Text*，1920），仅 41 页，将《论语》《中庸》《大学》中的内容摘选出来，共 194 句，按 16 个主题分类并加以英语释义和提炼，属于选编加工类教材。

20. 英国传教士鲍康宁（Frederick William Baller，1852—1922）的《日日新》（*An Idiom a*

---

① 郑雪萍. 英国传教士窦乐安《汉语语法自学》研究 [D]. 上海：上海师范大学，2013.

Lesson，1920），是专为初来中国的内地会传教士编写的初级汉语口语双语教材。30篇会话课文把汉语句子翻译成英语，每6课一次练习，共20篇简短的记叙体阅读课文。语音方面，除使用威妥玛拼音外，还使用了独特的内地会拼音方案。

汉语教材的内容也从学习汉语官话到汉语方言。如广东作为中国最早的通商口岸，因此最早的方言双语教科书以粤语为多。

21. 英国人罗伯特·马礼逊（Robert Morrison，1782—1834）编撰的《广东省土话字汇》（*A Vocabulary of the Canton Dialect*，1828），英、粤双语对照。第一部分 "English and Chinese"，以英语词目开头，接着是相对应的粤语词，然后是粤语注音。第二部分 "Chinese and English" 以粤语读音和粤语词目开头，接着是用英语详解粤语词的意义。第三部分 "Chinese Words and Phrases"，是粤语词和短语，包括粤语词条和短语、熟语、成语甚至句子。按意义分类，将词语相近相关词条有序排列，每条分列粤语的注音及该粤语词条，接着是对应的英文词语。该书属于自编类。

22. 美国第一位来华传教士裨治文（Elijah Coleman Bridgman，1801—1861）于1841年编写的美国第一部汉语教材《广东方言读本》（*A Chinese Chrestomathy in the Canton Dialect*）出版。全书共分17篇，每篇分若干部分，包括若干条目，条目为词、短语或句子，每条用英文、官话及广东方言拼音罗马字进行对照，有英文翻译和英文注释。这些教材，对西方传教士和商人来说，作用非同一般，极大地帮助西方人在粤语地区顺利进行传教、经商等活动。

23. 美国传教士兼外交官卫三畏（Samuel Wells Williams，1812—1884）的《拾级而上》（*Easy Lessons in Chinese：or Progressive Exercises to Facilitate the Study of that language, Especially Adapted to the Canton Dialect*），为汉语初学者而作，1842年在澳门出版。共十章，依次是部首、偏旁、读和写、课文阅读、会话练习、文选阅读、量词、汉译英练习、英译汉练习、应用文写作，基于广州方言拼读标注，英语注译，也属于自编类教材。

24. 波乃耶（James Dyer Ball，1847—1919）编写的著名的粤语课本《粤语速成》（*Cantonese Made Easy*，1883），是一部以外国人为教学对象的粤方言课本，1888年印行第二版，属于自编类教材。

25. 美国传教士尹士嘉（Sr.Oscar F.Wisner，1858—1947）1906年在广州出版粤语教材《教话指南》（*Beginning Cantonese*）。该书有序言（语音、语法等基础知识）、75课课文、附表（索引）三部分。包含最常用的1234个汉字、4792个惯用表达及50段对话；词汇分为75课，几乎每课均包含16个生词，随后为短语，示例每个生字不同意义的用法，其中有50课附有包含相应短语的对话练习。该书也属于自编类。这一类双语粤语教材，还有丹尼斯（Nicholas Belfield Dennys，1839—1900）的《初学阶》，全称为《广东白话文手册：一系列入门课程，用于家庭和商业目的》（*A Handbook of the Canton Vernacular of the Chinese Language, being a series of introductory lessons, for Domestic and Business Purposes*，1874）等，不一一列举了。

26. 为了让外国人尽快掌握温州方言的日常会话，海关英籍税务司孟国美（P.H.S. Montgomery，？—？）在英国传教士苏慧廉（William Edward Soothill，1861—1935）和温州话教师陈梅生的帮助下，将威妥玛所编的北京官话《语言自迩集》中的"散语章"翻译成温州话，并命名为《温州方言入门》（*Introduction to the Wênchow Dialect*），1893年由别发洋行（Kelly & Welsh limited）出版。该书增加了英文序言和温州话"语音"部分，在"散语四十章"

之后还增加了"短语"部分，最后还增加了索引和附录，从课文开始均是中英对译，且有温州话注音。这是改编＋自编的混合型的双语教材。

27. 美国传教士、上海圣约翰大学校长卜舫济（Francis Lister Hawks Pott，1864—1947）的《上海方言教程》（*Lessons in the Shanghai Dialect*），1907年至1939年间共出版过8个英文版本，第三版中增加了双语对照词汇表。共四个部分，首先是前言，其次是语音，再次是32篇汉语课文，每课涉及1~3个语法点，用英语讲解，课后有注释、英汉对译练习和生词；最后是英汉对译的生词表。

（二）法汉双语教材

1840年鸦片战争以后，法国耶稣会先后在中国上海徐家汇和直隶河间府成立了一南一北两个传教中心——江南代牧区（1847年）和直隶东南代牧区（1856年），之后产生了专门供法国人学习汉语口语的系列汉语教材，这在法国汉语教育史上有很重要的学术价值。这些教材都有法文翻译和注解，成为国别性的汉语教材。以代牧区为中心的汉语教材都能结合所在中心地域的个性特点，江南代牧区面对的是上海话的方言学习，因此有了同时翻译自北京官话《官话指南》的上海话和法语的双语方言教材《土话指南》（1889，中高级法汉双语教材）[①]。而直隶东南代牧区面对的是河间府的北方官话，所以有了带有河间府特点的北方官话口语教材《官话常谈指南》（1890，初级入门汉语，法英汉三语）、《汉语入门》（初级与中高级，1892—1912）。

1. 法国传教士戴遂良（Léon Wieger，1856—1933）的法汉双语《汉语入门》（*Rudiments de Parler Chinois Dialecte du*），在1892—1920年期间陆续分别单独出版，有的并没有冠以《汉语入门》的总书名。这套丛书分《汉语口语入门》六卷与《汉语文言入门》六卷，共十二卷。1892年在河间府天主教会印刷所出版了六卷本的汉语教材《官话入门：汉语口语用教程，供赴直隶东南部传教士使用，河间府日常口语声韵》（*Koan Hoa Jou Men. Cours Pratique de Chinois Parlé à L'usage des Missionnaires du Tcheu li S.E. Sons et Tons Usuels du Houe kien fou*），成为直隶东南代牧区重要汉语口语教科书。1895年再版，其他卷册是分别单独出版，直到1912年。

2. 法国司铎师中董[②]《土话指南》的法译本和法译注（三卷，1889）是专供在上海传教、外交或商贸活动的法国人学习上海话的教科书。该书是对日本明治时期北京官话教科书《官话指南》（1~3卷）的沪语对译后的法文翻译。书前有序曰："司铎师中董君见而爱之，译以法语、并音以西音，于难辨之处加以注译。是以西士来华，莫不先行诵习，奉为指南。"

3. 法国于雅乐（Camille Clément Imbault-Huart，1857—1897）编撰的初级汉语教材《法国人用汉语口语教科书》（*Manuel De La Langue Chinoise Parlée, a L'usage Des Français*，1885），是专门为在华法国外交官和传教士所编的国别化的汉语口语教材。以当时"大清帝国上层文人的通用语言，同时又是资产阶级和商人们的共用语言"的"官话"为教学内容，以大清文人作品为语料来源，借鉴了当时欧洲已经出版的英语、德语、西班牙语等语言教材的编排

---

① 张美兰.《官话指南》汇校与语言研究 [M].上海：上海教育出版社，2017.
② 师中董是从《序》中得知，具体人物介绍信息不详。

模式,首先介绍语法,其次日常用语、实用会话,后续以高频词汇为主的"语法—句子—词汇"的编排体例,为西语背景学习者学习汉语提供了语法、话题会话和词语总汇三个方面的实际内容。书中除汉法对译和高频词语总汇外,其余语法规则和文化现象的讲解均使用法语。[①]

4. 法国于雅乐(1887—1889)《京话指南》(*Cours Éclectique Graduel et Pratique de Langue Chinoise Parlée*),4卷,丛书一共有四册,大开本,前三册讲语音、短语和句子应用,第四册语篇("话章")是小故事集。

5. 在清代,外国人尤其是传教士来中国后,都将《圣谕广训》看作是一部很重要的著作。正如周振鹤[②]所云,西方人"一方面可以借此了解中国民众的心态,一方面又可作为研究中国话的材料或学习中国话的教本,对于用中国话布道以及用中文撰写布道书颇有好处,所以此书很早就已为西洋人所知,特别是传教士早就加以注意,并将其翻译成西文。"[③]法国人帛黎(A.Theophile Piry,1850—1918)法译的《圣谕广训》(*Le Saint Edit*:*Etude De Literature Chinoise*),是最早的《圣谕广训》完整法语译本,最初是作为北京同文馆学习法语的教材,之后多次修改,于1879年出版,供在中国居住的外国人阅读。译文规范,左页中文,右页法文,每章后有详细注释。还对《圣谕广训》中常用的1578个字的使用频率进行了统计。帛黎另一本汉语著作是《铅椠汇存》(*Ch'ien Chan hui Tsiun*,*Manuel de Langue Mandrine*,1895),是一本词汇、短语、常用句的集锦,介于工具书和日常会话教材之间。分为13编,113个类目,内容丰富,有957页,学生可以根据需要选择类目学习,扩大词汇量,增强口语表达能力,实用性强。

6. 法国驻华外交官,巴黎现代东方语言学校汉语教授微席叶(Arnold Jacques Antoine Vissière,1858—1930)编撰的《北京官话:汉语初阶》(*Premières Leçons de Chinois Langue Mandarine de Pékin*,1909)一书,曾是法国巴黎东方语言学校中文系一年级学生的汉语教材。该书利用当时法国汉学界流行的各种标音法进行调整吸收,并创制出新的标音法,以求所有的音符能更好地表现北京话的发音,该书在1914年和1928年两次修订出版,简要地介绍了北京官话的面貌。[④]

(三)德汉双语教材

1. 德国圣言会传教士魏若望(Johann Evangelista Weig,1867—1920)编写了《德华语径》

---

① 根据该书《前言》"谨对塔利亚布埃阁下惠允北堂印书馆出版本书,以及京师大学堂毕利干先生始终笑对痛苦难关的精神,致以衷心的感谢"之说可知,该书的编撰过程似乎无汉语人士加入,这就使得教材在诸如"汉语名词的性""汉语形容词与名词的格关系"以及"汉语'数词+名词'结构的形容词"等章节的论述中不符合汉语的语法实际。(参王海姣.19世纪法国外交官于雅乐《法国人用汉语口语教科书》研究[D].上海:上海师范大学,2020:111)因此,本文认为,好的域外汉语教材,必须请中国本土通晓汉语的专家参加编写和校审,才能保证所编教材的汉语质量。

② 周振鹤.《圣谕》、《圣谕广训》及其相关的文化现象[M]//周振鹤.《圣谕广训》:集解与研究.上海:上海书店出版社,2006:618.

③ 英国人鲍康宁以《圣谕广训直解》作为底本翻译为汉语课本 *The Sacred Edict*,*with the Translation of Colloquial Rendering*(上海美华书馆,1892)。该书将《圣谕广训直解》的白话、英文翻译、注释编于同一页上,上半页是汉字原文的《圣谕广训直解》,下半页是英译和注释。

④ 参见温利燕.微席叶《北京官话:汉语初阶》研究[D].上海:上海师范大学,2009.

（ *Deutsch-chinesischer Sprachführer mit Wörterbuch*，1928 ），词汇部分是德语、汉语拼音、汉字写法对举展开，正文的句子也是按德语、汉语拼音和汉字句子的顺序展开的。

2. 德国穆麟德（Paul Georg von Möllendorff，1847—1901）的《官话学习实用指南》（ *Praktische Anleitung zur erlernung der hochchinesischen Sprache*，1880 ）[①]，由四部分组成：导论（Einleitung）、语法概论（Abriss der Grammatik）、官话必读五十章（Die 50 Abschnitte）和词汇表（Wörterverzeichniss）。作为一本德汉双语教材，在教学内容上以会话为主，以语音、语法、词汇三大要素为基础拓展深入。他自创了一套"穆麟德方案"拼写系统，以德语语法体系为框架对汉语语法进行解说和类比，特别列出"海关"类词汇及相对应的英语词为词汇表。以"北方官话口语"为核心的"五十章"对话，涉及到拜贺、寒暄、劝告、请求、地理省份、衣食住行、城市面貌、官商军农、书画、节日风俗、诉讼纠纷、家庭教育、娱乐、为人处世等内容。

（四）法英汉三语教材

1. 法国顾赛芬[②]（Seraphin Couvreur，1835—1919）编撰的法英汉三语《官话常谈指南》（ *Langue Mandarine Guide De La Conversation Francais-Anglais-Chinois Contenant Un Vocabulaire Et Des Dialogues Et Familiers*，1886 ），是河间府地区的一本官话口语初级教材。法语、英语与汉语三种语言对照，法英双语释义。适用于所有来自欧美各国、以法语和英语为母语的来华西人，适用面较广。截至 1926 年，该教材已再版 11 次，有通用语教材的性质。

2. 法国籍海关税务司穆意索（Bernières，A.Mouillesaux de）在中国文人裕观的帮助下，编撰了口语教材《公余琐谈》（ *Leçons Progressives pour L'Étude du Chinois Parlé et Écrit*，北堂印刷社，1886 ）。这是一部为洋员编写的英法汉三语专用教材。编写体例是仿照《语言自迩集》的"问答章"。全书北京官话对话一百章，一章一个主题，从满汉八旗、官职等级、各类考试到婚丧嫁娶、亲戚本家、房屋结构再到沿海通商口岸的官员设置、船只安置、跨境追捕法例等等，用英语和法语解释中文。其中有四章分别介绍了《三国志》《红楼梦》《水浒传》和《西游记》这四部小说，最后五章是白话《聊斋志异》中的"张诚"。

---

① 该书由上海美华书馆 (The American Presbyterian Mission Press) 印刷出版，分别于 1891、1900 年修订再版；该教材实用、广受欢迎。在穆麟德去世后，别发洋行又于 1906 年将其重印第四版。但是，穆麟德以其所了解的德语语法去笼统概括汉语特点，所列语法功能并不全面，提出的级、时态、格等语法范畴，并不适合汉语语法。

② 顾赛芬 1870 年被派到法国天主教基地河北省献县天主教会（Sienhsien Imprimerie de la Mission Catholique）传教，在中国长达 49 年，1919 年在河北献县去世。他共编撰了五本双语字典：《汉拉字典》（ *Dictionarium Linguae Sinicae Latinum，Cum brevi interpretatione gallica，ex radicum ordine dispositum*，1877 ），该字典按照汉字的笔画顺序排列；《包括最常用的官话表现方式的法汉字典》（ *Dictionnaire Français-Chinois Contenant les Expressions les Plus Usités de la Langue Mandarine*，1884 ），共 14 册，也译作《法汉常谈》（详见顾赛芬.法汉常谈 [M].献县：天主堂印书馆，1884 ），该词典依法语词首字母顺序排列，每个法语词都有对应的中法释义、中文例句、法语例句和拼音；《汉法字典》（ *Dictionnaire Chinois—Francais*，1890 ），收录了约 21400 个汉字，按汉字韵母顺序排列，每个汉字有法语和中文；《汉语古文词典》（ *Dictionnaire classique de la Langue Chinoise*，1904 ）按照部首排列；《小汉法字典》（ *Petit Dictionnaire Chinois-Francais*，1903 ）按汉字部首的笔画顺序排列。（参见罗贝.法国传教士顾赛芬《官话常谈指南》研究 [D].上海：上海师范大学，2017：8-9；赵建卓.顾赛芬《官话常谈指南》语音研究 [D].石家庄：河北师范大学，2020：9 ）

（五）英、葡、汉三语教材

澳门土生葡人伯多禄（Pedro Nolasco da Silva，1842—1912），在任澳门政府翻译员期间，广泛吸收同时期英、法等西人撰写的汉学及汉语教材成果，以其独特的教学方法、理念，为澳门土生族群的学生编译大量实用汉语教材，以一己之力推动澳门葡人的汉语学习。

1.《粤语和北京话的对话常用语》（*Phrases Usuaes dos Dialectos de Cantão e Peking*，1884 Macao：Typographia Popular），是伯多禄将传教士波乃耶（James Dyer Ball，1847—1919）的粤英双语课本《粤语速成》（*Cantonese made easy*，1883）翻译成了葡文，粤语部分由任教于通商义学（Escola Commercial）的华籍老师徐华舫（Hsü-hua-fang）增加了对应的北京官话句式，这样为葡人提供了学习粤语、北京话、英语、葡萄牙语四语对照的新课本。伯多禄还要求学生进行基础练习，以使粤方言与通语，都达到流利、准确的程度。

2.《教话指南》（*Texto Chinez da Bussola do Dialecto Cantonense：Adaptado para as Escolas Portuguezas*，Macao：s.n.，1912）是伯多禄将美国传教士尹士嘉（Sr.Oscar F.Wisner）的粤英双语教材《教话指南》（*Beginning Cantonese*，1906）译成葡文，作为澳门利宵中学（Liceude Macao）的汉语教材。这也形成了英、葡、粤语三语的新课本。

（六）法、英、葡、汉四语教材

葡萄牙语《公余琐谈》（1890），是伯多禄将法国人穆意索的《公余琐谈》（*Leçons Progressives pour L'Étude du Chinois Parlé et Écrit*，1886）翻译成葡文。伯多禄认为"此书正是我们所需要的简洁、实用、有趣的教材，因此决定采用并译成葡文。对原有的罗马化注音进行调整，使之更契合葡语的发音规则，另外还补充了基础知识相关前言，介绍了偏旁部首、罗马注音系统及汉语语法。"[①] 这样《公余琐谈》就有了法、英、葡和粤语四语对照的版本。此书作为澳门市政厅建立的中央学校的初级写作教材，目的仍是在土生葡人族群中推广汉语知识，便于后续高级汉语学习。

三、双语教材的特点

（一）工具性

双语教材为非汉字文化圈国家和地区的海外人员提供了一种可供参照的学习汉语的工具。西方的印欧语与汉语为不同的语系，对西方人来说，母语和母语文化已经深深扎根于他们的生活之中。从母语到目的语汉语之间的桥梁，通过双语比较也许是一条很好的途径。所以在早期西方汉语教科书中存在大量的双语教科书。这就不仅需要实现母语媒介传承，也需要实现非母语媒介的传承。从文字、声韵调、词汇、语法到散句、对话、泛读篇目，都显示汉语教材合理性的一面，突破了中国本土传统汉语教材偏重散句、对话、泛读篇目的特点，将西方

---

① 王铭宇.伯多禄与清季民初澳门葡人的汉语教育[M]//张西平：国际汉语教育史：第一辑.北京：商务印书馆，2020.

的教科书编撰体例与东方传统汉语教科书特点结合起来,逐渐形成适用于外国人学习汉语的双语教材。

(二)针对性

清末民初的这些双语教材,有通用教材、专用教材、专门教材不同种类。这些教材针对性强,有不同国别的国别化情况,有针对传教士、外交人员、海关洋员、商贸人员、海外群体家属等不同学习群体的学习目的,明确所编教材适应的教学对象:一是针对传教士团队、商人团队,为来中国传教和商贸服务,因而不仅学习官话口语,还学习地方方言。不同国别的还有不同语种的教材:英汉、法汉、德汉等。二是针对外交人员团体和海关人员的,学习者目的不同于传教士和商人,需要官话口语、地域方言,还要官方文书,以适应外交和海关特殊工作目的。三是针对学习者学习的起点不同,有零起点、初级、中级和高级之分。四是针对学习方式不同,有短期培训、速成、长期自学等。这些都决定了所编教材应遵守实用性原则。

(三)实用性

编撰者将改编、自编、改编与自编混合、中文西译四种双语教材编写方法,分别用于不同类型的教材中,以求实用。

1. 所谓改编,就是编撰者对已有的汉语教材的内容进行改编,重新组合。如删除原版教材中不适应外国人学习的部分,如选择阅读篇目的内容时,凡涉及男女关系描写、神鬼描写、暴烈场面等的均删去。再就是针对学习者的学习要求,从不同来源的原版书中节选可用章节,增加符合教学大纲的内容,组合成双语教材,以适应那个时代不同受众群体的汉语教学的需要。这种将中国本土教材资源进行适应学习者所在国的语言对译的"本土化"改编,促成了清末民初域外汉语教材的多样化,实现了汉语教材国别化,也是当时双语教材的发展趋势。如《中国话》改编原版教材,就是把本土的《正音撮要》加以英文翻译、增加相关的对话散语篇目。威妥玛的《寻津录》等也属于这一类。王铭宇介绍葡人伯多禄编写汉语课本的特点时也指出,伯多禄精通多国语言,汉语的文言精湛,口语精通。[①]因此,他的汉语教材大多为已有汉语教材的再编译,他均在课本前言详示。其编译的课本涵盖各种语体,包括浅白的文言、典雅的文言、粤语和北京话口语(通俗口语或文雅官话),用于教授不同层级的汉语口语、写作和中葡翻译,为清末民初澳门汉语教育史、地方汉语教材史做出了杰出的贡献。

2. 所谓自编就是编撰者进行双语教材编写,从选材到编排体例都由编者自行设计。自编双语教材,首先都要明确教材的读者对象,做到有的放矢。如巴立地的《邮用语句辑要》就是面向海关邮政的专用教材。费克森的《邮政成语辑要》则体现了当时行业类教材的前沿性和创新性,编排体例比较特殊。专门类教材、特殊类型教材采用自编者较多,独立性增强。

3. 所谓改编与自编混合,一部分为自编内容,一部分为从其他材料改编加入。如英国威妥玛的《语言自迩集》关于语音、文字、词汇、语法的描写是自编,而大量的文选是通过改编加入的。伯多禄的葡语教材《公余琐谈》,就调整了更契合葡语的发音规则,增加了相关前言、偏旁

---

① 王铭宇.伯多禄与清季民初澳门葡人的汉语教育[M]//张西平:国际汉语教育史:第一辑.北京:商务印书馆,2020.

部首及汉语语法的介绍，采用了大部分改编、小部分自编的混合模式。美国狄考文在《官话类编·序》中这样说道："至若课中散语，非尽自编，更博览《圣谕广训》《好逑传》《西游记》《水浒》《自迩致》等书。"① 可知，《官话类编》也是改编与自编混合类型。通用类教材多用这种模式。

4. 所谓中文西译，有两类：一种是把中文汉语教材直接西译。如将中国本土《正音撮要》《圣谕广训直解》《圣谕广训衍》翻译成英文，也有将日本明治时期教科书《官话指南》《谈论新篇》直接英文翻译，成为外交人员、海关人员了解中国文化的双语教材。还有一种是将文言文《聊斋志异》故事，经过白话文翻译，再进行英文翻译成为传教士或其他群体学习汉语和中国文化的泛读双语教材。

（四）有一个比较通晓汉语的编写团队

清末民初比较成功的域外双语汉语教材，还有一个值得学习的经验，就是不少教材的编写者有汉语学习的经历，同时也是有汉语教学经验的专家，如威妥玛、翟理斯、狄考文、戴遂良。他们善于邀请通晓汉语文字音韵、词汇、语法的中国读书人参加或帮助审阅修改教材，重点把握汉语文字的特点、发音的特点，注重内容的完整连贯性、语法的正确性、用词的准确性和汉语常用的习惯表达。如《中国话》的蒙昧先生、《语言自迩集》的应龙田、《官话类编》的邹立文，这些都是成功的范例。在《公余琐谈》封面上唯一的两个汉字是"裕观（Yü Kuan）"："ou les usages de la Chine sont sommairement décrits par le lettré Yü Kuan 裕观"（书中关于中国人习俗的简要描述来自一位叫裕观的文人），说明裕观在《公余琐谈》一书编撰过程中所起的作用。因此域外汉语双语教材的编撰，一定要中外学者联合起来，参编人员精通汉语语音、词汇、语法，对学习汉语的经历十分熟悉。大致做到以下三个方面的工作：

一是以优秀东西方同类汉语教材内容结构作为整体框架，编写内容忠实于不同学习阶段中汉语学习的目的，符合学习者所在国语言学习的课程体系，重实践、重应用。

二是表现形式上，借鉴东西方语言类教材的编写模式和语言类课程体系的设置。注意汉字、汉语语音、词汇、语法诸种语言要素，根据词、句子这样的句式构成要素，以及字词的注解，词汇表汇集，完成语言单位要素的培训。通过散语、篇章、文选这样的篇章构成要素，再加上适当的练习程序，有配套参考书等，构成一本教材的编写体例。浅显易懂、贴近语言习得实际。

三是有选择地引入阅读篇目：精读和泛读内容。如从中国传统的汉语教材、域外汉语教材中选取素材，更多的是从中国传统的文学作品如小说戏曲中选取素材，在一定程度上体现汉语的原味性，体现出中国传统文化的内涵。

双语教学是一种能力的扩展，外语是学习的媒介，采用双语是在外语应用的基础上，旨在让学习者在母语的基础上了解汉语的表达规律。因此，突出教材的实用性和原味性是域外双语教材编写最重要的原则，教材应在内容的选择上、语言和表现形式上更加实用。真正贯彻从所在国语言出发，去掌握汉语这一工具的总目标。立足于西方人对中国原有的文化背景、学习基础，设计、编写汉语教材，重点培养汉语学习者的文化知识、文化理解、跨文化能力。这

---

① 　狄考文. 官话类编 [M]. 北京：北京大学出版社，2017：序.

些是清末民初域外双语汉语教材的一个总特点。

四、结语

（一）清末民初的域外双语汉语教材，在汉语第二语言教育史上有着重要的地位

吕叔湘先生曾在 1980 年 10 月 22 日中国语言学会成立大会上做了题为《把我国语言科学推向前进》的报告，指出："要知道现在中国学问已经成为世界性学问，很多国家里边很多学者在那里研究中国的语言，中国的历史，中国的艺术。他们在方法上，有时候甚至在材料上，有胜过我们的地方。他们的研究成果有很大的参考价值，我们不一定全都接受，但是至少我们不可以不知道。如果有的问题别人已经替我们解决了，我们还在暗中摸索，岂不可笑？"[①]吕叔湘先生的这段话，虽然是针对 1980 年代的背景，但至今读来仍发人深省。一百多年前西方人所编双语汉语系列教材，在世界汉语教材史上，具有不可忽视的开拓性意义。

（二）清末民初的域外双语汉语教材，是第二语言学习的重要工具

早在清末民初，有一批域外汉语教材已经实现了服务于不同国家或地区学习者的目的。其中有用不同外语进行双语自编、改编、自编 + 改编、中文教材的外文翻译等不同的模式，呈现出多样化的特点。从目前初步掌握的材料看，改编、自编 + 改编、外文翻译多于自编，改编、自编 + 改编是主要的编撰手段，说明早期域外汉语教材的多语种的自主研发，还属于草创阶段。正因为原创难度大、时间周期长，改编已有资料或教材为急需汉语教材也成为早期双语教材编撰的一条捷径。一百多年前的域外双语教材历史也体现了汉语作为第二语言教学实践的一种创新和突破，为二语习得教学理论提供了可供研究的范例。

（三）清末民初不同类型的域外双语汉语教材，指明了不同受众群体的学习目的

晚清民国域外汉语双语教材，其双语编撰主要是为了直接服务于欧美西方在华工作人员。清代的海关直接被洋人控制，为满足洋人在华从事外交和海关工作，相当一部分汉语教材属于文书公文类的专门类教材，以及特殊行业的特殊教材，《文件自迩集》《新关文件录》都是应用类专门性教材。方言类双语教材是满足于在不同地区生活的外国人学习地方土话的需求。而文言文类传统书面语教材仅占很少比例，且以直接外文翻译的形式为主。如《圣谕广训》最初颁布于雍正二年（1724），是对康熙圣谕（1671）十六条的阐释，很早为传教士关注，英国传教士米怜（William Milne）有英译本，法国帛黎（A.Theophile Piry）有法译本，还有俄文、意大利文、拉丁文译本。而生活在澳门的葡人伯多禄则认为《圣谕广训》风格典雅、清晰，包含的中式道德原理不失风趣且具启发性，正是作为翻译练习而选择的教材。因此他遂将《圣谕广训》万余言逐段、逐个生词译成葡语，作为生活在澳门的葡人学习汉语文言文的写作教材。他希望学生背诵中文全文，以扩大词汇量并学习更多常用且典雅的表达方式。

---

① 吕叔湘.把我国的语言科学推向前进[C]// 中国语言学会.把我国语言科学推向前进：中国语言学会成立大会学术报告集.武汉：湖北人民出版社，1981.

（四）清末民初不同类型的域外双语汉语教材，为新时代汉语双语教材的编撰与推广提供历史经验

当今的对外汉语教材不仅注重通用教材的编撰，而且随着不同类型海外汉语课堂内容的扩展，已经出现了中医、京剧、古琴、儒学等领域的专门类新汉语教材。特别可喜的是编撰开发各类双语教材已经是汉语作为第二语言教育的一个发展方向。如汉语与匈牙利语双语教材等。如此，编撰不同国家不同语种的双语教材成为一种必须。如何编撰不同国家和地区不同语种的双语教材？编撰人员怎么组成或如何参与海外汉语教材的编写？编写什么类型的海外汉语教材？采用哪种模式？如何进行适合国别性强的专门课程？如何推动今天的汉语国际传播？如何为海外不同国家学习汉语编撰教材时进行适应所在国的本土化改编？以上关于清末民初的各种域外双语教材，对今天的汉语海外传播途径，仍有很重要的参考价值。

History of Extraterritorial Bilingual Textbooks and History of Learning Chinese as Second Language during Late-Qing-Early-ROC

ZHANG Meilan

(Department of Chinese Language and Literature, Hong Kong Baptist University, Hong Kong, 999077)

Abstract: During the Late-Qing-Early-ROC period, the upsurge of learning Chinese started outside the region, and an abundant of Chinese learning textbooks emerged. Among them, the main compilation method is bilingual Chinese textbooks, such as English - Chinese, French - Chinese, German - Chinese, Portuguese - Chinese, Latin - Chinese, etc., whose content involve colloquial Beijing Mandarin, a Chinese dialect, and even the official written documents of the target language. Furthermore, bilingual Chinese textbooks are also characterized by diversification, which not only include the mixed type of self-compiled, recomposition, self-compiled & recomposition but also have categories from specialized to generic. They enrich Chinese language textbooks' national history and multilingual bilingual history. From mother tongue to target language, elementary and intermediate Chinese textbooks based on comparison are the characteristics of early Chinese teaching materials, and have particularly significant reference value for the construction of world Chinese textbooks under the current background of Chinese globalization promotion.

Key words: Late-Qing-Early-ROC; bilingual Chinese textbooks; SLA; history of Chinese textbooks; world Chinese textbooks construction

（学术编辑：陈明娥）

刍议中世韩语汉字音中的多音现象

李继征

(韩国水原大学 国际学院,京畿道 华城 18323)

摘　要:韩国汉字音通常以一字一音形式出现,但部分汉字音以一种以上的形式出现在不同的文献或同一部文献中,我们称其为汉字音多音现象。本文以较能够代表中世韩语汉字音面貌的十三种文献为研究范围,选取具有代表性的例字对特定汉字音多音现象进行考察,重点对其表现出多音现象中的几个显著原因如"类推""通假"等进行论述,以期初步了解中世韩语汉字音一字多音现象形成的重要原因。

关键词:中世韩语;汉字音;多音现象;类推;通假

一、绪论

中世韩语汉字音一般以一字一音形式对应出现,但部分汉字音以一字对应一种以上的形式出现于不同或同一部文献中,该现象可称为中世韩语汉字音的多音现象。

本文主要以中世韩语中具有汉字音代表性特征的佛经类、谚解类、初学类文献中所出现的多音现象为考察对象,在考察代表性例字多音现象的同时,尝试解释该现象产生的主要原因。

本文使用材料共十三种:《六祖法宝坛经谚解》《真言劝供》《三坛施食文谚解》《翻译小学》《小学谚解》《论语谚解》《孟子谚解》《大学谚解》《中庸谚解》《孝经谚解》《训蒙字会》《千字文》《新增类合》。

《六祖法宝坛经谚解》[①]为1496年木活字印刷出版的韩文译本,主要内容为六祖惠能语录,本文简称《六祖》;《真言劝供》《三坛施食文谚解》[②]主要记录佛教日用法事相关内容,合集刊行于1496年,本文简称《真言》《三坛》;《翻译小学》[③]于1518年由朝鲜学者金诠、崔淑生等依王命将《小学》翻译刊行,本文简称《翻小》;《小学谚解》[④]为1588年刊《小学》谚文版本,本文

---

① 六祖法宝坛经谚解(1496):上 [M].影印本.首尔:世宗大王纪念事业会,2006.
　　六祖法宝坛经谚解(1496):中・下 [M].影印本.首尔:世宗大王纪念事业会,2007.
② 真言劝供・三坛施食文谚解(1496)[M].影印本.首尔:世宗大王纪念事业会,2008.
③ 翻译小学:三・四(1518)[M].公开本.首尔:数字韩文博物馆,2007.
　　翻译小学:六・七・八・九・十(1518)[M].影印本.首尔:弘文阁,1982.
④ 小学谚解(1588)[M].影印本.首尔:大提阁,1988.

简称《小谚》;《论语谚解》①《孟子谚解》②《大学谚解》③《中庸谚解》④也被称为"四书谚解",同《孝经谚解》⑤均为朝鲜时期政府官方机构校正厅刊行译著,刊行年代推定为 1590 年,本文分别简称《论谚》《孟谚》《大谚》《中谚》《孝经》;《训蒙字会》⑥为朝鲜学者崔世珍编汉字训蒙类教材,共记录 3360 个汉字音训,睿山版推测为 1527 年刊行。此外还有东京大学所藏版广为学界所知,本文分别简称为《训蒙睿山》《训蒙东中》。《新增类合》⑦1576 年刊行,为朝鲜宣祖时期柳希春因当时字书《类合》遗漏大量重要汉字而增补修订的汉字学习材料,其在《类合》1512 字基础上增补为 3000 字,本文简称《新增》;《千字文》⑧为 6 世纪周兴嗣所作,后传入朝鲜。按发现地点分"光州千字文""石峰千字文"两版。光州本于 1575 年发行,为收录汉字释音现传最古版本,石峰本则于 1583 年刊行,两书均为谚文注释训读字书。本文资料采用较早的光州版。

有关上述材料性质,权仁瀚指出其为"反映 15、16 世纪现实汉字音的谚解书与初学书"。⑨

二、汉字音几种多音现象

汉字具体何时传入韩半岛已无从可考,但汉字使用及汉字音流传历史悠久为学界共识:

> ……这三国汉字音起源悠久,由此反映了古代中国语原有的音韵状态……但说起反映古代中国语中的一点,与中国语构造相异的语言中,在传承的同时,也因为适应各自语言音韵体系的关系,肯定会存有相当程度的变化。此外,也可以说事实上是由于为了适应各自语言的音韵变化而形成了自身更为独特的汉字音。⑩

由此可知当时朝鲜半岛在大量借入使用汉字的同时,也应存在据韩语自身特性形成特有汉字音这一现象。

汉字通常为一字一音,但一字兼二音或者一字兼有二音以上的汉字也较常见——现代汉语中称该类汉字为多音字,将该现象称之为多音现象。在借入汉字尤其是多音汉字时,韩语汉字音或多或少也有该类多音现象的反映。本文考察对象主要集中于中世韩语的该类汉字音。⑪

---

① 论语谚解(1590)[M].影印本.首尔:汉阳大学校国学研究院,1974.
② 孟子谚解(1590)[M].影印本.首尔:汉阳大学校国学研究院,1974.
③ 大学谚解(1590)[M].影印本.首尔:汉阳大学校国学研究院,1974.
④ 中庸谚解(1590)[M].影印本.首尔:汉阳大学校国学研究院,1974.
⑤ 孝经谚解(1590)[M].影印本.首尔:朝鲜学会,1963.
⑥ 训蒙字会:睿山本·东中本(1527)[M].影印本.首尔:檀国大学校出版部,1971.
⑦ 新增类合(1576)[M].影印本.首尔:檀国大学校出版部,1972.
⑧ 千字文:光州版·石峰版(1575)[M].影印本.首尔:檀国大学校出版部,1973.
⑨ 权仁瀚.中世韩国汉字音의分析的研究[M].首尔:博文社,2009:序.
⑩ 南广佑.朝鲜(李朝)汉字音研究[M].首尔:一潮阁,1973:7.
⑪ 中世韩语汉字音多音现象较复杂,考虑篇幅本文暂仅以声母为主要对象并略去韵母及声调部分,以几类较为有代表性现象为对象进行考察整理。

（一）类推

戴维·克里斯特尔提出了"类推"的定义：

> 类推（Analogy），指使一种语言的语法中的例外形式变得整齐规则的过程。例如，英语构成名词复数的规则模式会对不同规则形式产生影响。可见于儿童早期话段对不规则形式的处理，例如 mens，mans，mouses，这些形式是儿童根据规则模式"类推"出来的。方言也常有类推过程在起作用，而标准语一直加以抵制，例如用 goed/seed/knowed 代替 went/saw/knew。这种类比常见于外国人学英语时的语误。"类推创造"是语言演变历史的主要倾向之一，例如古英语中过去时为不规则形式的那些动词后来变为以规则的 -ed 形式结尾，例如 healp 变为 helped。[①]

参考该定义，我们发现汉字音中多音现象最为主要原因之一的便是"类推"。如：

1. 咬

교（翻小 1，训蒙睿山，小谚 1）‖요（训蒙东中 1）

"咬"汉字音对应为"교""요"，出处具体如下：

汉字音中，"咬"对应谚文"교"有 3 例，"요"对应得 1 例。《翻小》《小谚》以'咬：교'出现，《训蒙睿山》记为"교"，而《训蒙东中》则记为"요"，呈现出汉字音声母"ㄱ～ㅇ"交替的现象。

《汉语大字典》所载"咬"字释如下：

> ①上下牙齿相对，用力夹住或切断压碎东西。②比喻伤害。③夹住或相互卡紧。④比喻攀扯或诬陷他人。⑤腐蚀；侵蚀。⑥谓咬舌。⑦谓吐字发音。⑧盯住，紧跟不放。⑨指狗吠。

《广韵》：古肴切，平肴，见。见"咬咬"；于交切，平肴，影。见"咬哇"。

咬咬：《文选·祢衡〈鹦鹉赋〉》："采采丽容，咬咬好音。"李善注引《韵略》："咬咬"，鸟鸣也。音交。交交，鸟鸣声。《诗·秦风·黄鸟》："交交黄鸟，止于棘。"马瑞辰通释："交交，通作咬咬，谓鸟声也。"

咬哇：唐柳宗元《答问》："黄钟、元间之登清庙也，铿天地，动神祇，而呜呜咬哇，不入里耳。"《集注》引孙汝听曰："咬哇，邪声。"宋梅尧臣《次韵再和永叔尝新茶杂言》："公不遗旧许频往，何必丝管喧咬哇。"

《集韵》五巧切，上巧，疑。吉巧切，上巧，见。哀切之声。《庄子·齐物论》："叫者，譹者，宎者，咬者。"成玄英疏："咬者，哀切声也。"

"咬"有疑、影、见三母。其中"上下牙齿相对，用力夹住或切断压碎东西"义对应为"疑母"，影母只得"咬哇"一例。见母"咬"字多为"哀切之声""咬咬"义。见母在韩语汉字音中多对应为"ㄱ"，影、疑母多对应为"ㅇ"。由此，韩语汉字音对应疑母"咬合"义应为"요"，见母拟声词义应为"교"，但从汉字音情况看，"咬合"义多数对应为"교"，只有《训蒙东中》对应为"요"。

---

① 戴维·克里斯特尔.现代语言学辞典 [Z].北京：商务印书馆，2000：18.

据李基文考证《训蒙字会》睿山文库版本为初刊本，《训蒙字会》东京大学中央图书馆版为初刊至壬辰之乱之间的版本，[①] 两者"咬"字音的不同可理解为版本不同或时音变迁的不同反映。《翻小》《小谚》中的谚文注音常被理解为"咬"字声符"交"类推的影响。

考察本文调查材料中含"交"声符汉字音共得 11 字，整理如下：

校 교，见母 古孝切，匣母 胡教切

郊 교，见母 古肴切

绞 교，见母 古巧切

铰 교，见母 古肴切，见母 古巧切，见母 古孝切

皎 교，见母 古了切

狡 교，见母 古巧切

蛟 교，见母 古肴切

姣 교，见母 古巧切，匣母 胡茅切

骹 교，溪母 口交切，溪母 苦曷切

较 각，见母 古孝切，见母 古岳切

恔 효，见母 古了切

上述 11 例中除"恔"字汉字音对应为"효"，声母对应为"ㅎ"外，声符为"交"的汉字音声母均对应为"ㄱ"。

"恔"在《广韵》《切韵》中均为见母萧韵。《集韵》有见母萧韵、匣母萧韵两种。《广韵》古了切，胡教切。《集韵》吉了切，吉巧切，下巧切，后教切。《韵会》后学切，《正韵》胡孝切。中世韩语文献中《孟谚四：19b》"恔"出处如下：

　　또 化者를 比ᄒ야 吐로 ᄒ여곰 腐에 亲티 아디케 ᄒ면 人心에 호올로 恔홈이 업스냐

《孟子·公孙丑》"……无使土亲肤，于人心独无恔乎？"中"恔"音"效"，义为"畅快、快意"。因音与"效"通，"恔"并未与同为见母古了切的"皎"一样对应为"교"，而是对应为"효"。[②]

韵母部分除"较각"外，均对应为"ㅛ"。"较"以"猎·렵较·각"词汇形式出现一次，"较"又读为"见母，古岳切，入声"，《孟子》所载"鲁人猎较"，《康熙字典》释"又与角通，相竞也"。可知"较"与"角"通，而"角"汉字音为"각"。

由此，除例外字"恔（효）""较（각）"外，剩余 9 字均对应为"교"。可见具"咬合"义"咬"的汉字音对应为"교"应是由于"交"声符在汉字音中读为见母趋势的影响，即类推。

2. 涕

톄（翻小 2，小谚 4，孟谚 1，训蒙 2，类合 1）‖ 뎨（翻小 5，小谚 3，孟谚 2）

"涕"对应汉字音形式有"톄""뎨"两类。在资料中分布如表 1：

---

① 李基文 . 訓蒙字會研究 [M]. 首尔：檀国大学出版社，1997.

② "恔"据语义不同有两切，但笔者检索"恔"只此一例，较难给出"恔（畅快）"为"효"，"恔（聪明）"为"교"的结论。"恔"现代汉字音有"교、효"两种，均训为"畅快"义（쾌할 교、쾌할 효），待考。

表 1 "涕"对应分布

字	六祖 1496	真言 1496	三坛 1496	翻小 1518	训蒙 1527	千字 1575	新增 1576	小谚 1588	论谚 1590	孟谚 1590	大谚 1590	中谚 1590	孝经 1590
涕				톄 2 뎨 5	톄 2		톄 1	톄 4 뎨 3		뎨 2			

观察分布,"涕"对应形式之一"톄"共出现 9 次,另一形式"뎨"共出现 11 次。

"涕",《广韵》他礼切,他计切,透母开口四等。

透母因其送气性较强,汉字音中常以"ㅌ"对应。透母字"涕"汉字音对应为"톄",但"涕"还存有不送气对应形式"뎨"。声符"弟"为定母开口四等,汉字音中定母字通常对应为"ㄷ",汉字音中"弟"对应形式为"뎨"。可知"뎨"为定母字声符类推而成,同时也造成该字汉字音的多音现象。

(二)通假

通假是古汉语里同音或音近字的通用或假借。由于该类通假字的特性,汉字音中也相应出现因通假造成的多音现象。

1. 槁

고(孟谚 2)‖고(训蒙 2)‖호(新增 1)

"槁"对应汉字音形式有"교""호"两种。"槁",《广韵》苦浩切,溪母上声晧小韵。《集韵》苦浩切,溪母上声豪韵;古老切,见母上声豪韵。中世韩国汉字音中溪母一般对应为"ㄱ"。出处整理如下:

> 고:《孟谚一:16a》:七·칠八·팔月·월之지間간이 旱:한則·즉苗묘ㅣ 槁:고矣:의라가
>
> 《孟谚三:15b》:苗묘則·즉槁:고矣:의러라
>
> 《训蒙睿山下:2b》:이울 고
>
> 호:《训蒙东中下:4b》:이울 호
>
> 호:《类和下:52a》:서글 호①

上例《孟谚》中"槁"字按照前后文为"枯槁,干枯"义,见母汉字音对应为"ㄱ"无异议,《训蒙睿山》中"槁"释为"이울 고"与其相同,但《训蒙东中》《类合》却均对应为"호"。中世韩语中属溪母字汉字音初声常对应为"ㄱ",据南广佑(1978)考证,当时存在俗音影响将其读为"ㅎ"的情况。可看出初刊本《训蒙睿山》中"槁"读为"고"循对应原则,《训蒙东中》及《类合》则受俗音影响对应为"호"。

伊藤智ゆき认为汉字音对应"槁호"为晓母"蒿호"之类推。②

"蒿"于《训蒙》中出现 2 次,均标记为"俗呼"。"槁호"确有晓母"蒿호"类推可能。但若如此,字形上更为接近的"藁"字汉字音则理所应当类推为"호"。"藁"于《千字》(딥고《千字:21a》)与《类合》(글초～딥ˋ고《类合下:25a》)中各出现 1 次,不过均对应为"고"。

---

① 李继征. 中世国语复数汉字音研究 [D]. 首尔:成均馆大学,2015:34.

② 伊藤智ゆき. 朝鲜汉字音研究 [M]. 李珍昊,译. 首尔:亦乐出版社,2011:177.

依本文资料调查"高고"为声符汉字音共4例："藁,槁,篙,犒。"除"犒"外,其中对应为"호"的汉字音仅"犒"一例,其余均对应为"고"。"槁",《集韵》亦作"藁",通"犒",义为"犒劳,犒赏"。"犒"汉字音为"호"。

《左传》服注载"以师枯藁。故馈之饮食。"韦注《国语》记载"犒,劳也。计左,国皆本作藁。"段玉裁《说文解字注》[①]给予说明:"《周礼》藁人。小行人若国师役则令藁禬之。义皆如是。郑司农以汉字通之。于藁人曰:藁读为犒师之犒。主冗食者,故谓之犒。于小行人曰:藁当为犒。谓犒师也。盖汉时盛行犒字。故大郑以今字易古字。此汉人释经之法也。"对于《左传》《国语》中"藁、犒"的解释,段氏认为:"皆本作藁。今本作犒者。亦汉人所改……此必后郑从大郑所易也。小行人经文从大郑易为犒,而注之曰:故书犒作藁。今本则讹舛难读矣。……许不录犒醻字者。许以藁为正字。不取俗字也。"可见"藁"作"犒"是汉代依当时通行字替换的结果。

由此,相较类推,我们认为"槁(藁)"因与"犒"通假而对应为"호"更为合理。

2. 关

관(六祖,真言,翻小,小谚,论谚,孟谚)‖관(训蒙)

만(孟谚)

"关"在本文调查的多数文献中,主要以谚文"관"对应,但《孟谚》中出现"만"形式对应现象。中世韩语汉字音牙音见母字声母对应为"ㄱ","ㅁ"多对应为明母等唇音字,二者同出较少见。《广韵》"关"字为"见母删韵,合口平声,古还切。"依此,见母字"关"对应形式应为"ㄱ",删韵汉字音一般对应为"ㅏㄴ",故"关"多对应为"관"。

"关"于材料中共出现17次,分别为:《六祖》1次,《真言》1次,《翻小》2次,《小谚》2次,《论谚》2次,《孟谚》8次,《训蒙》1次(睿山,东中各一)。

汉字音"만"于《孟谚》出现两次,其余资料中均以"관"对应,大部分以"关门""玄关""郊关""东关""抱关"等词汇形式出现,均为"关卡"义。"만"出处如下:

만:《孟谚十二:7b》越·월人신关만弓궁而시射·셕之지어든……其기兄형이 关만弓궁而시射·셕之지어

"关",《集韵》乌关切,《正韵》乌还切,并音弯。《集韵》持弓关矢也。《左传·昭二十一年》将注豹则关矣。《注》关,引弓。《释文》乌环反。《孟子》越人关弓而射之。上例"越人关弓而射之(若是越国人张弓射他)"中的"关"此处应为"弯"。

"弯",《说文解字·卷十二·弓部·弯》载"弯,持弓关矢也",《集韵·删韵》载"弯,乌关切",《左氏·传》载"作'关',或作'贯'"。

"弯"为影母删韵合口,平声乌关切。伊藤智ゆき认为影母字在汉字音中对应为零声母"ㅇ",鲜有例外。[②]由此,影母删韵之"弯"应对应为"완",但材料中汉字音却对应为"만"。汉字音中,影母字与明母字相混情况几乎未见,"弯"对应为"만"是因声符相同的明母字"蛮"汉字音"만"之类推而成。

---

①　段玉裁.说文解字注:卷六:木部 [M/OL].经韵楼刻本,1815.中国哲学电子书计划 [2022-12-20].https://ctext.org/library.pl?if=gb&remap=gb&file=93012&page=1017&

②　伊藤智ゆき.朝鲜汉字音研究 [M].李珍昊,译.首尔:亦乐出版社,2011:179.

"关"为"关卡"义时,汉字音严格对应为"관";而"关"表"引弓"义时,与"弯"通假,此时的"关"对应为"만"。"弯"的汉字音非"완"为"만"的原因则是由"蛮"字汉字音"만"类推而来。即,

蛮만 → 弯만(类推)　　弯만 → 关만(通假)

(三)专有词汇

1. 陀(阤)

타(六祖 5,真言 3,三坛 2)‖다(真言 3)

"陀"汉字音主要对应为"타""다"两种。其中《六祖》《三坛》中为"타",《真言》中为"다"。"陀",《广韵》为"徒河切,平歌,定";《集韵》为"待可切,上哿,定",声母均为定母。汉字音定母字初声通常对应为"ㄷ"。

伊藤智ゆき指出汉字音中若声母为全浊且为平声,则有送气化倾向,由此"陀(阤)"对应为"타"在中世韩语汉字音中较常见,因此大部分资料中均以"타"对应。[①]《真言》中"타"出现 4 次,但同时"다"也出现 3 次。根据出处可知"다"主要为佛教词汇"佛·불陀다"。"佛陀"为梵语"Buddha"之音译,"跋陀罗"为"Bhadra"音译,汉字音各以"불다",与"발다라"对应。此处非送气音"d"对应为"ㄷ",由此可理解"陀(阤)"对应为"다"为固定形式。而梵语佛教术语"Amitābha"(阿弥陀佛)的汉字音则以"아미타·불"对应,即"t"与"ㅌ"对应,但音译汉字依然用"陀"。

此外,除送气音影响之外,伊藤智ゆき还提出"陀(타)"汉字音为透母字"它(타)"类推的看法。[②]但依本文调查,"陀"均以异体字"阤"形式出现,依照类推规则,声符为"包이","阤"对应为"이"较合理。

整体来看,我们认为"陀"在特定文献中的特性,即佛教专有词汇对应音译的传承保持是造成该汉字音多音现象的原因。

2. 陶

도(翻小 2,训蒙叡山 1,训蒙东中 1,小谚 2,孟谚 3)

도(千字光州 1,新增 1)

요(论谚 1,孟谚 3)

"陶"汉字音对应为"도""요"两种。其绝大多数为"도",只有《论谚》《孟谚》对应为"요"。依《广韵》"陶"为徒刀切,平声豪韵,定母,依《集韵》则为大到切,去声号韵,定母。定母字于汉字音中常对应为"ㄷ",少见"ㅇ"对应例。

요:《论谚三:33a》:舜:슌有:유天텬下하애 选:션于어众:즁ᄒᆞ샤 举:거皋고陶요ᄒᆞ시니

《孟谚五:25b》:舜:슌이 以:이不·블得·득禹:우皋고陶요로 为위己·긔忧우ᄒᆞ시니

《孟谚十三:28a》:舜:슌이 为위天텬子·ᄌᆞㅣ오 皋고陶요ㅣ 为위士:ᄉᆞㅣ어든

《孟谚十四:32b》:若·ᅀᅣ禹:우皋고陶요则·즉见:견而ᅀᅵ知디之지ᄒᆞ시고

原文可知汉字音"도"主要对应"陶渊明、陶侃"等姓氏人名或"陶渔、陶冶"等词汇,表

---

① 伊藤智ゆき.朝鲜汉字音研究 [M].李珍昊,译.首尔:亦乐出版社,2011:119.

② 伊藤智ゆき.朝鲜汉字音研究 [M].李珍昊,译.首尔:亦乐出版社,2011:119.

"制陶、陶匠"等义。"요"共出现四次,均为"皋고陶요"。《广韵》:"陶,余昭切,平宵,以……皋陶,舜臣。一作咎繇。"

由此"陶"汉字音"도,요",并非韩国汉字音自身特性造成两种对应变化,而是对应专有词汇多音汉字时的反映。汉语部分专有名词,如人名、地名、官名、族名、姓氏等,因其专有而具备了稳定性,从而保留专有发音(如"可汗")。"陶요"汉字音对应可视为反映了汉语这一特性。

(四)讹字

枣

亽(六祖)‖조(翻小,训蒙,小谚,孟谚)‖조(新增)

"枣"汉字音对应为"亽""조",汉字音初声呈现出"ㅊ,ㅈ"的差别。"枣",《广韵》:"子晧切,上晧,精母"。汉字音中精母字声母常对应为"ㅈ",文献《六祖》中得1例对应为"亽",声母对应为"ㅊ"。原文如下:

《六祖上:80a》:城셩邑·읍과　聚:쥬落·락이다 띠 홀로딕 大:대枣·초ㅅ 닙 匹 둧ㅎ고ㅎ다가

《汉语大词典》"枣"释义有三项:"1. 木名。2. 枣树的果实。3. 姓。"无他义,亦无通假义。伊藤智ゆき将"枣"汉字音"초"的对应解释为"草초"汉字音类推。[①]

胡适《荷泽大师神会传》注释"参看坛经明藏本《般若品》,文字稍有异同,如'如漂草叶'误作'如漂枣叶'"[②],指出佛经经典版本差异之问题。可见《六祖》中亦是遵循误作版本记录,将"草"写为"枣",由此汉字音亦相应记载为"草초"之读音。此处"枣초"汉字音应是本字"草초"之反映,"草"字讹为"枣"是造成多音现象的原因。

(五)"△"脱落与"○"交替

中世韩语汉字音中"△"与"○"共存现象于日母字多有体现,便以汉字音日母多音字声母为对象进行调查。汉语史中有关日母讨论较多,其中古音值多构拟为 [*ŋ]。

韩语学界有关半齿音"△"音值讨论较多,部分学者以"△"为人为表记,推测其并无实际音值。如南广佑(1959,1966)[③]、徐廷范(1964)[④]、金东昭(1996)[⑤]等,均认为"△"不过为正音观念产物,实际为"ㅅ"音值已脱落方言与仍保留该音值方言间一种折中反映;朴炳采(1971)亦认为其为中国音表记规范性产物,认为其并无实际音值。[⑥]但学界以李崇宁(1956)研究之后确定"△"音值为 [z],大致为16世纪中叶后脱落消亡。[⑦]李基文(1959)认为时间约

① 伊藤智ゆき. 朝鲜汉字音研究 [M]. 李珍昊,译. 首尔: 亦乐出版社,2011: 158.
② 胡适. 荷泽大师神会传 [J]. 现代佛教学术丛刊,1980(1): 29.
③ 南广佑. ᅀ论考 [J]. 中央大学校论文集,1959(4): 115-140;南广佑. 东国正韵式汉字音研究 [M]. 首尔:韩国研究院,1966.
④ 徐廷范. 十五世纪国语的表记法研究 [J]. 庆熙大学校论文集,1964(3): 9-42.
⑤ 金东昭. 中世韩语综合研究 – 表记法与音韵体系 [J].HAN-GEUL,1996(231): 5-42.
⑥ 朴炳采. 古代国语的音韵体系再构试论 [J]. 民族文化研究,1971(5): 55-97.
⑦ 李崇宁. △音考 [J]. 首尔大学校论文集(人文·社会科学),1956(3): 51-235.

为 15 世纪末、16 世纪前。[①]

日母汉字音声母主要以"△ [z]"与"○ [zero]"两种形式对应,大体以"△ [z]"为中世早期形式,"○ [zero]"为后期变化之后形式,其变化原因一般认为是"△"脱落。见表2:

表 2 　△,○ 频度表

资料	△	○
六祖 1496	303	2
真言 1496	39	0
三坛 1496	46	0
翻小 1518	651	467
训蒙 1527	58	2
千字 1575 光,1583 石	1,(ㅅ 1)	20
新增 1575	1	38
小谚 1576	2	1539
论谚 1588	998	14
孟谚 1590	2217	12
大谚 1590	227	11
中谚 1590	196	2
孝经 1590	77	0

由表2可知,日母汉字音声母对应除"耳,시"对应为"ㅅ"1例外,均以"△""○"交替对应。

佛经文献《六祖》《真言》《三坛》中大部分声母以"△"对应,只有"人,然"二字由"○"对应声母各出现1次。即:"人:△인 108、인 1;然:△연 9、연 1"。

《六祖》《真言》《三坛》皆为15世纪末翻译,从以上2例来看,大致该时期已存有"△"脱落现象,但《真言》《三坛》中仍是脱落现象一例未见。《六祖》为反映当时现实汉字音最初资料,翻译时取东国正韵式汉字音表记,虽较为保守但其中仍有现实音反映。

儒学经典谚解类文献则大部分以"△"对应,间或对应为"○"。其中《翻译小学》体现出一种"△"较占优势的均衡状态,除《小学谚解》外,《四书谚解》及《孝经》则更多体现为以"△"为主要对应倾向。

从本文考察资料可知"△"脱落发生时期始于16世纪末《六祖》,至《翻小》出现大量脱落现象。考虑到《翻小》谚解类书籍性质,其中"○"对应可认为与保留"△"声母均衡—— 相较于"△"651次,"○"出现467次。崔世珍编纂《训蒙》审音较保守,因其字典规范性质,呈现继续保留"△"对应现象。《四书谚解》及《孝经》则经由校正厅,其保守存古正音意识导致"△"对应现象的出现亦与此相似。理由在于同为四书谚解的《小谚》,突然呈现出与其他文献不同的压倒性"○"占优势的现象。[②]《千字》《新增》因收录大量俗音字,"○"对应之声母明显占据优势。

从汉字音中"△"脱落环境来看,其后续环境常为介音"i/j",汉字音中"△"是否有颚化

---

① 李基文.十六世纪国语的研究 [J]. 文理论集,1959(4):263-266.
② 晚于《小谚》的谚解类书籍均未出现"○"占优势的现象,可见翻译人员对此进行了调整。

现象产生还需进一步考察——本文只得《千字文（石峰）》中 1 例 "耳，시 1"，尚无法确认为版本问题或方音影响。但我们大体可认为在介音 "i/j" 前 "△" 会先出现脱落为 "ㅇ" 这一变化。上述《六祖》仅有两例后续环境均有介音出现。此外，"儿" 主要以 "△" "ㅇ" 两种形式对应。据考察《千字》"△" 出现 1 例，《小学谚解》虽出现两种对应，但 "△" 只有 1 次，而 "ㅇ" 却有 10 次，可知该时期 "△" 的脱落基本已成为趋势。河野六郎指出 "△" 可能反映了 "zï" 这一阶段音值，是日母脱除鼻音化过程的反映。[①]韩国语中 "·[ʌ]" 与介音 "i/j" 并无关系，可知 "儿" 对应声母 "△" 脱落为 "ㅇ" 声母则为另一种途径，而引发该现象的原因还需深入研究。总而言之，该现象可视为韩语汉字音自身语音系统特点而引发的多音现象。

（六）紧音化现象与其表记

紧音化现象（Tensification）通常指受前面音节韵尾影响，松音变为紧音的一种特殊强化（Reinforcement）现象。"紧音化" 为韩语中特有语音现象之一，中世韩语汉字音中未见其例，近世汉字音中开始有紧音现象出现。据李准焕（2008）汉字音中最早出现紧音化记载为肃宗朝《马经抄集谚解》（1682）中 "双쌍" 字，表记法上大致经过 "ㅽ-ㅆ" 的变化。[②]

李基文（1955）指出紧音化现象自训民正音创制前高丽时代始，[③]虽未能于现存于今文献中发现直接证据，但大致可知是韩语语音系统较早存在的一种现象。训民正音创制后，紧音表记及松音表记在很长一段时间共存。大致 15 世纪初已有较为明确的紧音化表记，主要以《法华 7：91》（1462）中 "시一△一다" 为代表，其后各词汇中开始出现紧音化表记。特别是 15 "ㅅ" 系列（ㅺ，ㅼ，ㅆ）与 "ㅂ" 系列（ㅲ，ㅄ，ㅵ，ㅳ，ㅄ）得到广泛使用。

本文资料有几例类似紧音化现象的汉字音如下：

（1）君군（六祖，真言，三坛，翻小，论谚，孟谚，大谚，中谚，孝经）
　　　꾼（训蒙东中，训蒙睿山）┆꾼（千字，新增）
（2）薑쌍（训蒙东中，训蒙睿山）┆강（千字）┆강（千字）┆강（小谚，论谚）
（3）矜긍（翻小，训蒙，小谚，论谚，孟谚，大谚，中谚）┆싕（千字）┆긍（千字）

"君" 通常以 "군" 对应，但《训蒙》出现 "꾼" 对应形式，声母对应为 "ㅺ"；"姜" 则多以 "강" 对应，《训蒙》以 "쌍" 对应；"矜" 则多以 "긍" 对应，《千字》中以 "싕" 对应。中世韩语中的 "ㅅ"（사이시옷）是指复合词两词间出现挤喉音时的一种表记，如："죳블" "냇믈" 的 "ㅅ"。同时，结合紧音表记出现的时期及其发展过程，《训蒙》中常出现的这一类表记并非紧音表记，只是中世韩语表记法上的惯用方法，不可视为表现多音现象的表记，需与汉字音紧音化对应形式区别看待。

三、余论

本文以中世韩语十三种文献为研究材料，以其中一种以上形式出现于不同或同一部文献

---

① 河野六郎. 朝鲜漢字音の研究 [M]. 天理：天理时报社，1968：481.
② 李准焕. 近代国语汉字音体系与变化 [D]. 首尔：成均馆大学，2008：76-77.
③ 李基文. 语头子音群的生成与发达 [J]. 震檀学报，1955（17）：187-258.

中汉字音多音现象为研究对象,选取代表例字概要归纳了中世韩语汉字音多音现象的几种主要原因类型。

中世韩语汉字音多音现象主要原因类型之一为类推。基于汉字形音义的特性,形声字占比较大的比重,依声符进行类推是中世韩国汉字音出现多音现象的主要原因。以"咬"字为例,声符为"交"汉字音声母均对应为"ㄱ",由此具"咬合"义"咬"的汉字音并未对应为"효",而是对应为"교",原因在于"交"声符在汉字音中读为见母的影响,即类推的作用。

此外,通假也是造成汉字音多音现象的重要原因。如"关"主要对应为"관",但《孟谚》中以"만"对应。汉字音见母字声母对应为"ㄱ","ㅁ"多对应为明母等唇音字。当"关"为"关卡"义时,汉字音对应为"관";在"关"通假为"弯",取"引弓"义时,"关"对应为"만",形成多音。

固有词汇读音的维持也是造成多音现象的原因。例如"陶"汉字音为"도,요"。"요"主要出现在人名"皋陶"中。该类固有词汇、专有名词读音的对应也是造成汉字音多音现象的原因。

讹字的传播也会造成汉字音的多音现象。如"枣"字汉字音初声呈现"ㅊ,ㅈ"差别的原因便在于版本的讹字。

中世韩语汉字音多音现象较特殊,形成原因较为复杂。①总体可分为反映中国汉字语音多音及因为自身系统特性形成的多音两大类,其可视为中世韩语汉字音显著的特点之一。

A Study on the Polyphony in Middle Sino-Korean

LI Jizheng

（ International College, Suwon University, Hwaseong-si 18323, Korea ）

Abstract: Sino-Korean usually appear in the form of one character and one sound, but there are still some Sino-Korean characters that appear in more than one form in different documents, or the same document. It can be called the phenomenon of Sino-Korean polyphony. This paper takes the thirteen kinds of documents that are more representative of the pronunciation of Sino-Korean in the Middle Ages as the research scope, selects representative examples of characters to investigate the polyphonic phenomenon of specific Sino-Korean and focuses on several of them that exhibit polyphonic phenomena. Discussinos on the obvious cause of polyphony such as analogy and Tongjia, etc., and through this analysis to understand the reasons for the formation of polyphonic characters in Sino-Korean in the Middle Ages.

Key words: Middle Age Korean; Sino-Korean; polyphone; analogy; Tongjia

（ 学术编辑：陈明娥 ）

---

① 除韩语表记法也会造成汉字音多音现象外,还有 "n/l" 交替、感染（Contamination）等原因,限于篇幅暂不赘述。

洋泾浜英语的语音摹写与创新

——论曹骧《英字入门》的方言音韵价值*

裴梦苏

（广东海洋大学 文学与新闻传播学院，广东 湛江 524088）

摘　要： 上海人曹骧于1874年编写洋泾浜英文教科书《英字入门》。该书创造性地用上海方音及传统音韵学手段摹写英文发音，着重挖掘英文的发音规律。国际音标发明之前，此举对中国英语启蒙教育起到积极而深远的意义，也为研究19世纪上海方音提供线索。

关键字：《英字入门》；沪语；洋泾浜英语

一、洋泾浜英文与《英字入门》

"洋泾浜本为上海租界，该地华人与洋人杂处，语言混杂，一些人以不纯正的英文跟英美人交谈（语法依据汉语，词语来自英文），这种英语被讥称为"洋泾浜"英语。"① "洋泾浜英文"是继"中葡混合语""广州英文"后，中国皮钦语的又一发展阶段。② 发生背景是中英鸦片战争英国取得胜利后，《南京条约》将上海、宁波等几座城市划为通商口岸。愈发频繁的对外贸易带来中英文言的接触，洋泾浜英文就此产生。

《英字入门》便是此一时期的产物。该书的作者曹骧（1844—1923），上海黄浦人，早年间曾在英国人创办的"英华书院"学习③。在《英字入门》之前，已经有中国学者开始英文教科书的编纂工作，比较有名的如浙江宁波学者冯泽夫的《英话注解》（1860），广东学者：唐廷枢的《英文集全》（1862）、邝容阶的《字典集成》（1868）。《英字入门》于1874年在上海出版，在当时影响甚大，目前所见的版本有1902年上海申昌书庄版及1906年上海商务印书馆版。该书最大的特色是采用沪语注音英文，在尚无国际音标的时代，此法推动英语教育的普及与发展。

《英字入门》的编纂目的是海外贸易，学界将其归入商务英语范畴。曹骧曾在序言中说明该书的特点及出版因由："横览今天之全局，贸易往来之所甚要者，孰有如英字英文之通行而有用乎？迩来各口岸习学英国字语者，日新月盛，我国之研究西学者，往往有所撰述。如粤东唐景星先生之《英文集全》、邝容阶先生之《字典集成》、浙宁冯泽夫先生之《英话注解》等书，

* 广东海洋大学2022校教改"《习近平用典》有机融入古代汉语教学研究"（项目编号：10210）成果之一。

① 罗竹风等.汉语大词典：第5卷[M].上海：上海辞书出版社，2008：1185.
② 曾剑平.文化认同和语言变异视角下的中国英文研究[M].南昌：江西高校出版社，2017：96-97.
③ 吴成平.上海名人辞典1840—1998[M].上海：上海辞书出版社，2001：477.

大抵殚精研足以嘉惠后学。然所注均非沪音，我邑人之欲习者，终以未易学步为憾……况沪上贸易之盛，甲于各口，西人之来中土贸易者，亦以吾沪为总汇，而顾无人焉？辑一书以启后学，终属缺如，爰不揣是书，注以沪音，既竣既付剞劂，以公有心之人之同好焉。"①《申报》曾这样评价该书："见其书内细列英文，以字母拼合，反切以及变化成音之；去备录详陈，奥妙臻至。向来英字各书未有如是之清楚而简捷，可以便初学之读解者，真届入门之普法也。"②

1906年上海商务印书馆版的《英字入门》正文内容共分十一部分：（1）论英字原委（介绍英文字母发音规律）；（2）单字门（分析讲述元音字母与辅音字母）；（3）二字拼法门；（4）三字拼法门；（5）四五六字拼法门；（6）七字以外拼法门（按照字母个数讲述发音技巧、规律）；（7）数目字门（讲解数词，包括基数词和序数词）；（8）学语要诀（讲述语法内容，包括名词复数、形容词比较级和最高级、人称代词的格、英文虚词等启蒙英文语法内容）；（9）语类汇编（共收23个大类，共1124个单词、短语及短句）；（10）论写字法（指出中西书写工具、姿势上的差异，列出英文字母手写体）；（11）论笔算法（讲解西方数学加减乘除竖式算法）。作为一部启蒙英文课本，《英字入门》内容包括语音、词汇、语法，但是讲授重点仍是语音。

二、《英字入门》摹写英语发音

《英字入门》借助沪音（上海方音）及汉字摹写英文发音。如："Thirteen 偷丁，十三""Fog 福辖，雾"。当时，尚无国际音标及方言拼音，借助汉字为英文记音难度较大，为了精准记音，《英字入门》采用传统音韵学的手段摹写语音。

（一）摹写音节

《英字入门》利用沪音摹写英语发音，主要是利用两种音系间相同或相似音节，有必要归纳沪语的音节类型。根据与《英字入门》时代相近的传教士文献《开埠初期上海话》（1883）中的注音，可将此时的沪语归纳为9种音节类型：（1）V，如：伊（[i]），爱（[ɛ]）；（2）VV，如：爷（[ia]）；（3）VC，如：阿（[ɑʔ]），耳（[el]）；（4）CV，如：里（[li]），船（[ze]）；（5）CVV，如：面（[mie]），钱（[die]）；（6）CVC，如：命（[miŋ]），圣（[səŋ]）；（7）CVVC，如：镜（[kiəŋ]）；（8）VVC，如：闻（[uən]）；（9）C，如：无（[m]），五（[n]）。而英文音节结构可用（C）（C）（C）V（C）（C）（C）（C）表示，③由于沪语中不存在复辅音结构，因此也仅有CV、CVC、V、VC这四种结构是相合的。在音节结构相同、音素一致的情况下，汉语能够准确摹写英文音节，具体情况如表1：

---

① 曹骧. 英字入门 [M]. 上海：商务印书馆，1906：1-2.
② 王余光等. 中国阅读通史：清代卷下 [M]. 合肥：安徽教育出版社，2017：241.
③ 竺家宁. 语音学之旅 [M]. 新北：学新林出版股份有限公司，2016：170.

表 1　《英字入门》中英音节对比

音节结构	英文·音标注音	汉字注音·国际音标拟音
CV	Tar [tɑː]	他 [tɑ]
CV	Saw [sɔː]	烧 [sɔ]
CVC	Part [pɑːt]	派脱 [pɑt]
CVC	Bed[bed]	培叠 [bed]
V	Are[ɑː]	挨 [ɑ]
V	E[iː]	衣 [i]
VC	M[em]	爱姆 [em]
VC	It[it]	一脱 [it]

　　虽然，上表为英文与沪语中共有的音节类型，然而 CVC 及 VC 中的音节末的辅音 C 在两音系的适用范围却不同。沪语中 C 仅由鼻辅音充当，或由入声韵尾 [ʔ] 充当。入声韵在《英字入门》中记录短元音，此点在后文会详述。因此书中 C 仅为鼻音。而英文中的 C 或为擦音、塞音、塞擦音、边音等。然而，这些辅音并不能用汉字直接记录，因为除却个别辅音能独立成音之外，辅音不能单独构成音节。《英字入门》则用轻声摹写这些不与元音结合的辅音。轻声作为汉语中的语流音变，很多汉语方言中都存在轻声现象，沪语也存在轻声。无论在音高、音强、音色、音长方面都会发生改变。读轻声的字，音长变短，音强变弱，元音或改变或失落。轻声的这一特点，正可以描写英语闭音节末的辅音。《英字入门》中称："所注之字稍小者，其音轻。"[①] 而《英字入门》选的轻声字，多与英文的音位相同或相近。书中轻声字具体应用情况详见表 2：

表 2　《英字入门》轻声用字

发音方法	尾音	例字
塞音	[d]（叠）	Bad（拔叠）；Had（瞎叠）；Gad（轧叠）
塞音	[b]（勃）	Dab（达勃）；Cab（铅勃）；Nib（你一勃）
塞音	[g]（𣃁）	Lag（蜡𣃁）；Nag（捺𣃁）；Hag（瞎𣃁）
塞音	[t]（脱）	Bat（拔脱）；Cat（铅脱）；Fat（法脱）
塞音	[k]（克）	Lac（蜡克）；Drink（叠而林克）；Work（活候克）
塞音	[p]（泼）	Nap（捺泼）；Cap（铅泼）；Tap（搭泼）
擦音	[s]（司）	Yes（狎司）；Endless（恩叠来司）；Nonsense（纳杭生司）
擦音	[f]（甫）	Elf（爱而甫）；fifth（非甫）；Rough（而勒甫）
擦音	[v]（扶）	Five（法哀扶）；Eve（衣扶）；Live（立扶）
塞擦音	[dʒ]（其）	Age（爱其）
塞擦音	[tʃ]（欺、去）	Which（灰欺）；Each（衣欺）；Church（邱去）

---

① 曹骧. 英字入门 [M]. 上海：商务印书馆，1906：2.

续表

发音方法	尾音	例字
鼻音	[n]（痕）	Pen（泼痕）; Wen（活痕）; Men（末痕）
	[m]（姆）	Gum（格姆）; Hum（黑姆）; Mum（墨姆）
边音	[l]（而）	Hill（黑一而）; Pearl（剖而）; Coal（可而）

《英字入门》摹写复辅音也用类似的方法。这些复辅音或出现于词头，或出现于词尾，而与元音相连的部分辅音则可能与元音结合而用汉字记录，而那些没有与元音相连的辅音则用轻声字辅音记录。如：Black [blæk]（勃腊克），其音节样式为 CCVC，则被记为 C 勃 +CV 腊 +C 克，收尾的 C 常用记录辅音的轻声字"勃"和"克"。再如：Contract['kɔntrækt]（康脱腊克脱），其音节样式为 CVC+CCVCC，则被记为 CVC 康 +C 脱 +CV 腊 +CC 克脱。而 Merchant['mɜːtʃənt]（茂轻脱），其音节样式为 CV+CVCC，则被记为 CV 茂 +CVC 轻 +C 脱。沪语没有复辅音结构 CC（C），书中常用两个轻声字记录。总结复辅音 CC 如表 3：

表 3　《英字入门》中复辅音表

《英字入门》复辅音	《英字入门》单词、注音
[ft]（甫脱）	Draught（特拉甫脱）; Oft（哑甫脱）
[ks]（格司、克司）	Fix（弗一格司）; Six（昔格司）; axe（鸭克司）
[kst]（格司脱）	Next（纳格司脱）
[kt]（克脱）	Contract（康脱腊克脱）; Project（泼落及合克脱）
[lp]（而泼）	Help（海而泼）
[lt]（而脱）	Bolt（耙而脱）
[mp]（姆泼）	Lamp（蓝姆泼）
[pt]（泼脱）	Slept（司垃泼脱）
[sk]（司克、司揩）	Screw（司克罗）; Sky（司揩哀）
[st]（司脱）	Assist（鸭昔司脱）; Fast（法哀司脱）
[sp]（司浦）	Asp（鸭司泼）
[tl]（脱而，塔而）	Cuttle（克脱而）; Capital（铅劈塔而）
[vl]（佛而）	Shovel（歇佛而）

此外，《英字入门》也巧用反切法，注音当时不存在的沪语音节。反切法为中国传统音韵学注音方法之一，反切上字为被切字提供声母，反切下字为被切字提供韵母和声调，通过反复拼读而自然成音。反切法不仅能拼读出汉语已有的音节，此外还能拼读出声母与韵母组合的空位音节，也就是并不能被汉字记录的音节。反切法增加音节的样式，使沪音注音能力大大增强。《英字入门》全书广泛使用反切法注音，如表 4：

表 4　《英字入门》反切注音示例表

英文	音标	汉字注音
J	[dʒei]	及哀
Ghost	[gəʊst]	辭蛙司脱

续表

英文	音标	汉字注音
Gun	[gʌn]	猲恩
Ago	[əˈgəʊ]	爱猲蛙
You	[ju]	雨乎

利用反切摹写英文发音，有时虽然无法准确地摹写，但是却避免因沪语声韵拼读存在有音无字无法标音的问题。

（二）摹写元音

《英字入门》摹写元音是利用含有该元音的沪语音节。由于英文与沪语两种音系存在相同的元音，因此能做到相对准确的摹写。如 [ei]、[ɑ]、[i]、[e]、[u]，以 [ei] 为例，观察其与元音的组合，如表 5 所示：

表 5　《英字入门》元音 [ei] 与辅音拼合示例

[-ei]	[p]	[b]	[m]	[f]	[g]	[k]	[n]	[l]
英文	Pay	Bay	May	Fay	Gay	Kay	Nay	Labor
汉字注音	潘	倍	煤司	弗哀	猲哀	开司	男	来哀
[-ei]	[d]	[t]	[h]	[s]	[w]	[ð]	[-m]	[-dʒ]
英文	Day	Take	Hay	Say	Way	they	Aim	Age
汉字注音	台	退克	海	奢	为	台	爱姆	爱其

《英字入门》中元音与汉字对应规律总结如表 6：

表 6　《英字入门》英文元音用字表

英文元音	《英字入门》用字
[æ]	鸭,拔,轧,蜡,杀,捺,腊,滑,达,蹶,狎,铅,法,蛮,攀,兰,坦,罚,湾,袜,塔,搭;
[ə]	瞎,吼,爱,头,偷,邱,浮,谑;
[ə:]	欧,恩,哀,口,否,候,剖;
[ɑ:]	挨,排,卡,他,槐,派,拉,爷,哈,卡,楷,杏,埋;
[e]	培,弗,垃,累,活,倍,勘,泼,海,叠,亨,恳,末,合,猲,狎,勃,叶,失,佛,爱,物,会,纳,待;
[ɔ:]	哑,可,逃,桥,牢,毛,抛,烧,拷,跑;
[ɔ]	恶,握,爆,壳,福,桥,毛,落,索,凹,霍,诺,炮,铎,叨,嚣;
[i]	一,立,密,弼,敌,歇,匹,你,铁,昔,提,及,凡;
[i:]	衣,西,提,皮,梯,非,其,希,犁,迷,你,披,惟,齐,夷,批;
[u]	簿,六,可,华,个;
[u:]	杜,乌,扑,苟,何,火,速,蒙,侬,罗,福,枯;
[ʌ]	厄,益,克,黑,勒,白,墨,忒,格,色,能,猲,滕,分,泼;
[ai]	拉哀,挨哀,他哀,罚哀,歇哀,歪哀,大哀;

英文元音	《英字入门》用字
[ei]	培,哀,弗,开,台,来,梅,丕,奢,爱,为,才,倍,台,海,煤,潘,南,退,会,男,哀;
[əu]	蛙,耙,花,罗,葩,沙,土,拿,蛇,麻,华,马,跑罗,爆何,可何,闹何;
[au]	蒿,罚和;
[ɔi]	抱哀,可哀,好哀,桥哀,烧哀,叨哀,哑哀,跑哀,凹哀;
[eə]	海挨,待挨,攀挨;
[uə]	活而;
[iə]	非欧,夷欧,你欧;

通过《英字入门》英文元音用字表,说明三点问题:

第一,单元音与部分双元音,多用当时沪音中已有的含有相同元音的音节去替代。据《开埠初期的上海话》(1883)记录的上海音系,韵母有 63 个,复杂程度远超现在的新上海话音系。而该音系中 [i]、[ɔ]、[ɑ]、[u]、[e]、[eɪ]、[ʌ]、[æ] 等为英沪两种音系中共有的元音,说明二者元音系统相差不大。记录双元音,常采用两个汉字,第二个汉字常用零声母字记音,如 [ɔi]:Boy(抱哀);[uə]:Flower(弗落活而);[eə]:Pear(攀挨)。

第二,从上表信息能看出《英字入门》也存在一字记二音的现象,如"爱""海"被用来记 [ei],如 A(爱)、Hate(海脱),亦可以记录 [e],如 Any(爱内)、Egg(爱犗)、Heaven(海文)、Help(海而泼)。《沪语口语语法》(1868)中"爱""来"则被记为 [eɪ],而"爱""海"在《开埠初期上海话》(1883)中被记为 [ɛ]。而"爱"在当下上海三林塘地区为 [ei],在上海市区为 [e];"海"在现今沪语中也确有分歧,如在上海三林塘地区为 [ei],在上海市区为 [E]。因此推测,可能 [ei] 与 [e] 在当时或为上海话中的音位变体。

第三,由于沪音中长音短音并非是区别性音质音位,因此短音常用入声字记音,如记录短元音 [i] 的 12 个字中有 10 个为入声字。记录长元音 [i:] 的 16 个字中,仅有 1 字为入声,但是入声字"西"在沪语中并非入声。记录短元音 [ɔ] 的大多数字也是入声,同样记录长元音 [ɔ:] 为非入声。

(三)摹写辅音

英沪两种音系,有 14 个相同辅音:[p]、[b]、[m]、[f]、[d]、[t]、[n]、[l]、[g]、[k]、[h]、[s]、[z]、[ts]。以 [p] 为例,观察其与元音的组合,如表 7 所示:

表 7　《英字入门》辅音 [p] 与元音拼合示例

[p]	[-æ]	[-i:]	[-i]	[-ə:]	[-ɔ]	[-ɔ:]	[-ʌ]	[-ɑ:]
英文	Pan	P	Pig	Per	Pot	Port	pup	Part
汉字注音	攀	披	匹犗	剖	朴脱	抛脱	迫泼	派脱
[p]	[-ei]	[-ai]	[-in]	[-əu]	[-e]	[-ju:]	[-ʌn]	[-eə]
英文	Pay	pie	Pin	Po	Pen	Pew	Pun	Pear
汉字注音	潘	派哀	品	葩	丕痕	泼育	烹	潘挨

辅音用字, 情况如表 8:

表 8 　《英字入门》英文辅音用字表

发音部位 / 发音方法	音标	《英字入门》中用字
双唇塞音	[b]	培, 皮, 排, 耙, 勃, 弼, 平, 亭, 品, 衰, 拔;
	[p]	丕, 披, 派, 菠, 披, 潘, 泼, 匹, 朴, 烹, 迫, 攀, 品;
唇齿擦音	[v]	物, 未, 罚, 惟, 扶, 凡;
	[f]	弗, 非, 法, 福, 否, 分, 甫;
齿龈塞音	[d]	台, 提, 大, 杜, 敌, 铎, 唐, 叠, 特;
	[t]	贪, 提, 他, 土, 梯, 吞, 托, 忒, 拖, 脱, 搭;
齿龈边音	[l]	垃, 离, 落, 罗, 累, 而, 娄;
齿龈无擦通音	[r]	而, 垃, 罗, 辣, 来;
软腭塞音	[g]	猴, 格, 骱, 轧;
	[k]	开, 可, 口, 壳, 康, 克, 勘, 铅, 拷, 快;
声门擦音	[h]	海, 希, 花, 黑, 哈, 吼, 许, 霍, 好, 华, 灰, 化, 瞎;
齿龈后塞擦音	[tʃ]	去, 欺, 去衰, 硗, 吃恶;
	[dʒ]	其, 骱, 及, 茄;
齿龈塞通音	[tr]	脱利, 脱来;
	[dr]	特拉, 特牢, 特勒;
齿龈塞擦音	[ts]	此;
	[dz]	此, 池;
齿龈擦音	[s]	西, 烧, 啥, 奢, 沙, 失, 新, 索, 色, 生, 赛, 会, 物, 司;
	[z]	徐, 静;
齿间擦音	[θ]	甫, 失, 收, 叨, 偷;
	[ð]	头, 待, 敌, 台, 杜, 舌;
齿龈后擦音	[ʒ]	笙;
	[ʃ]	歇, 虚, 孝, 谑;
硬腭无擦通音	[j]	叶, 育, 狎;
软腭无擦通音	[w]	为, 活, 槐, 握, 甩, 滑;
齿龈鼻音	[n]	男, 你, 那, 拿, 女, 纳, 牛, 诺, 闹, 能, 侬, 捺;
	[-n]	盏, 音, 蒙, 丁, 文, 欣, 痕, 汀, 吞, 生, 碰;
软颚鼻音	[-ŋ]	丁, 音, 林;
双唇鼻音	[m]	梅, 迷, 买, 米, 末, 毛, 密, 麻, 袜, 煤, 埋, 蒙, 摩, 墨;
	[-m]	姆;

英文有 28 个辅音, 而与《英字入门》时代相仿的文献《开埠初期的上海话》(1883), 其中记录的辅音为 25 个。由此可见, 二音系间存在差异。《英字入门》尽量采用发音方法、发音部

位相近的音代替沪音中没有的辅音。如记齿间浊擦音的 [ð]，则选用发音位置相近的齿龈浊塞音 [d] 的字记"头""待""敌""台"；也有用齿龈浊擦音 [z] 的音记录，如"舌"。齿间清擦音的 [θ]，用齿龈清塞音 [t] 记录，如"叨""偷"；也用齿龈清擦音 [s] 记录，如"失""收"；同时也用唇齿清擦音 [f]"甫"记录。另外，无法与沪音音系对应的辅音连缀，如 [tr]，常采用两个汉字记录，此举与后文处理复辅音的方法一致。齿龈后清擦音 [ʃ] 也并非是沪语中原有的音位，则用舌面清擦音 [ɕ] 记，如"歇""孝"等。记齿龈塞擦音 [dz] 的两个字一个为舌尖后清塞擦音 [ts]"此"，一个为浊齿龈擦音 [z]"池"。

在上表中，能够发现 [r] 和 [l] 记音用字多有重合，除却日母字"而"外，多为来母字。艾约瑟《上海方言口语语法》（1868）中确实存在音位 [r]，代表例字正为"而"，[①] 根据《开埠初期的上海话》（1883）记载，"而"的音位则为 [øl]。[②] 依《英字入门》中的对音材料，可推断"而"当正处于音变过渡期，读音趋近于来母字，因此常用来母字记录 [r]。

此外，发现《英字入门》对于鼻辅音的处理也比较有特色。英文中鼻辅音为 [m][n][ŋ]，上表中关于这三个音，多为汉字的韵尾，如"生""吞""汀"等。这些字也不仅摹写英文单词中的鼻辅音，同时也摹写相关的其他辅音与元音。而仅有"姆"与"痕"单纯摹写鼻音 [m] 和 [n]。如 Gum（格姆）、Hum（黑姆）、Mum（墨姆）、Pen（泼痕）、Wen（活痕）、Men（末痕）。其中"姆"在沪音中本为由辅音单独构成的音节 [m]。但是，"痕"在现代沪音中为 [ɦəŋ]，被与无鼻音韵尾匹配的元音相结合，推测可能"痕"在《英字入门》编写时期也当为 [n]。另外 [ŋ] 与 [n] 摹写用的汉字有时相混，而这两个鼻音韵尾在现代沪语中也常存在讹混。

三、《英字入门》在语音摹写上的创新

利用沪音相对精确地摹写英文发音，关涉方言、音韵、语音诸多学科。在 19 世纪语音学体系、方法尚未建构完成之际，传统音韵学对沪语转注英文起到调解与干预的作用。《英字入门》语音摹写上的创新值得关注，将其创新点归为以下三点：

（一）有针对性地引入沪音摹写英语发音

《英字入门》的读者多在上海本地从事对外贸易。该书的编写可以称得上"量体裁衣"，是针对读者群体的需要、语言习惯编写的英语教材。引入沪音、汉字摹写英文是本书的方法和特色。在音标未被发明之前，打破英文面授教学局限，推动中国早期英语教育的发展。早期沪语音系的复杂性为摹写英文发音提供条件。

（二）创造性地引入传统音韵方法摹写英语发音

《英字入门》创造性地将传统音韵的方法、概念引入摹写英文。关于这点，上文在论述摹音方法时已有充分讨论。反切法，摹写上海声调组合的空位音节；入声韵因读音短促的特点被摹写短元音；另外，沪语中特殊的语流音变——轻声，被引入摹写辅音。利用传统语音知识

---

① 　艾约瑟.上海方言口语语法 [M].钱乃荣、田佳佳，译.北京：外语教学与研究出版社，2011：10.

② 　钱乃荣.开埠初期的上海话 [M].上海：上海书店出版社，2015：4.

的创造性迁移，是本书的又一特色。

（三）总结发音规律，尽可能精确摹写英文发音

《英字入门》作为一部英文入门教材，语音是全书讲授的重点。在首章"论英字原委"中，归纳英文字母的发音规律。作者指出："英国之字母，只有二十六字，其所以千变万化而层出不穷者，均不外此二十六字母拼合而成。其字写法常用者，共有四种，即正书大小楷二种及草书大小楷二种是也。其正书二种，系刻板所用为多，其草书二种则日用所写也。其入门之法，先在认识此二十六字大小弗混，辩正声音，依次读熟，然后学习拼法，便觉次序不紊，入门较易矣。"[①] 该书对英语发音的讲授，以归纳英文字母发音规律为主线。书中将二十六字母分为三种：一为音韵（元音字母），一为字母（辅音字母），一为半音韵字（半元音字母）。其中"音韵有音，字母无音。音韵能自发音，不赖字母拼合，字母须赖音韵拼之，然后有音。"[②] 之后其总结元音辅音的发音规律，如对音韵（元音字母）发音规律的总结："A 爱，有五音：哀、鸭、挨、凹、恶，如 Fate 弗脱，Fat 法脱，Far 法挨，Fall 法豪而，Was 握司是。"再如摹写字母（辅音字母）发音规律："F 爱甫，止有一音，如 Fat 法脱，有时同于 V 惟字之音，如 Of 哑扶，是此字常有音，纵无无音之时。"摹写半元音字母："二十一字母中有二字，可当作音韵，即 W 特勃而雨乎与 U 雨乎字可以通用。Y 槐哀与 I 挨哀字可以通用，故此二字名为半音韵字。"[③]

《英字入门》全书教学内容分为 70 课，前 61 课均与发音相关，按照字母数分为：二字拼读法（1~15 课），三字拼读法（16~35 课），四五六字拼读法（36~49 课），七字以外拼读法（50~61 课）。如第一课内容："Ba（培）、Be（皮）、Bi（排哀）、Bo（耙）、Bu（皮育）、By（排哀）；Ca（开）、Ce（西）、Ci（啥哀）、Co（可蛙）、Cu（口育）、Cy（啥哀）；Da（台）、De（提）、Di（大哀）、Do（杜）、Du（提育）、Dy（大哀）。"[④] 其排列规律为 B、C、D 三个辅音字母与元音字母 A、E、I、O、U 及半元音 Y 相拼合的规律。规律性的排列更有助于学习者通过类比掌握英文拼读规律。

能够看出，《英字入门》虽然作为一部洋泾浜英文教材，但尽可能精细、科学地摹写语音，旨在让学习者掌握英文发音规律，科学地建构沪英对音体系。

四、《英字入门》的价值与影响

可从其方言资料的价值、外语教学的启发及中国早期英语历史的构建三方面，认识《英字入门》的价值与影响。

（一）《英字入门》对沪语研究的价值

《英字入门》可看作是 19 世纪沪语、英语的对音资料。据曹骧本人的籍贯及行历，文中的上海方音当是早期的"新上海话"。钱乃荣曾区分新、老上海话："我们现在通称的'上海话'

---

① 曹骧. 英字入门 [M]. 上海：商务印书馆，1906：1.
② 曹骧. 英字入门 [M]. 上海：商务印书馆，1906：3.
③ 曹骧. 英字入门 [M]. 上海：商务印书馆，1906：8.
④ 曹骧. 英字入门 [M]. 上海：商务印书馆，1906：4.

是上海 1843 年开埠以后，在老上海话的基础上迅速发展起来的新上海话，其使用范围到 20 世纪末，在黄浦江西面大致是中环线以内的地域，浦东大致在黄浦江沿岸不远的地带。""而那些老上海话，现在通常被称为上海'乡下话'，或以地名直称'浦东话''梅陇话''三林塘话'等。"① 在开埠后的一百余年的时间里，沪语的语音系统也经历"巨变"，钱乃荣曾指出上海开埠后语音的变化："1853 年英国传教士艾约瑟（J.Edkins）的《上海口语语法》中准确记录了 63 个韵母，是吴语中韵母最多的一个方言，到了 2003 年的上海，40 岁以下的上海人口中，许多人已经演变为 32 个，几乎减少了一半，成为吴语各地方言中韵母最少的一个方言。"② 虽然《英字入门》利用汉字对英语发音的摹写并不精确，但是作为对音材料，体现的语音特征与当下的"新上海话"对比的区别还是比较明显的：如上文提及的"痕"可独立记 [n]；再如，与如今沪语存在分歧的音如"爱""海"等；此外，含有 [l] 音的字常用作记 [r] 音等。方言对音材料显示出的差异，不应被简单地看成是两种语音系统转换过程中的"折中"，它们恰恰为研究 19 世纪"新上海话"提供参考。

（二）《英字入门》对当下语言教育的启发

19 世纪正是中国打开国门放眼世界的重要时期。中西方经济、文化接触促进中西语言间的学习与审视。在国际音标发明之前，无论是外国人学习汉语，还是中国人学习外语，巧用母语语音迁移是主要的学习方法。英国传教士马礼逊（Robert Morrison）在编写中国第一部汉英字典《华英字典》（1823）时，也曾借助英文相似发音摹写构拟出汉语音系，如"A（大 TA），as in hard；Ay（社 SHAY），as in May"③。当时记录沪语的传教士文献，如艾约瑟的《上海方言口语语法》（1868）也用此方法注音上海话。曹骧的《英字入门》，不仅用沪音摹写英文，同时创造性地将传统音韵学概念、方法引入其中，努力创造学习英文的正向迁移。虽然当下已有更准确、科学的方法标音，但是在第二语言学习时，利用本国语言或学习者所持方言特点，巧妙地创造不同音系间的正迁移；注意母语与目标语言的差异，避免负迁移，也是教材编者需要思考的问题。曹骧的《英字入门》无疑对于当下的语言教育有启发价值。

（三）《英字入门》对后代洋泾浜英文教材的影响

以前的洋泾浜英文著作，往往用汉字直接标记语句与单词，读者可以拿来就用，但是不分析发音规则，漠视语言的内在逻辑。《英字入门》有了更高层次的追求，更看重语言的内在逻辑与习得规律，利用方言的特点及传统音韵学的方法手段更细致地摹写英文，力图打破洋泾浜英文教材记音粗陋的桎梏。

《英字入门》出版后影响甚大，模仿、改编、摘录该书的教材相继出现。许多上海出版的蒙学教材都将《英字入门》作为附加内容补入。如上海锦章图书局与江东茂记书局出版的《幼学琼林》将《英字入门》的部分内容引用置页眉上，这些摘录也多沿用《英字入门》轻声、反切等方法，足见《英字入门》对当时英文蒙学教育的影响。

---

① 钱乃荣 . 沪语 [M]. 上海：文汇出版社，2007：9-10.

② 钱乃荣 . 沪语 [M]. 上海：文汇出版社，2007：51-52.

③ MORRISON R.A dictionary of the Chinese language[M].Britain：East India Company's Press，1815：XVii.

Phonetic Description and Innovation in Pidgin English

—Take *Introduction to English Language* as an Example

PEI Mengsu

（College of Literature and Journalism, Guangdong Ocean University, Zhanjiang, Guangdong 524088）

Abstract: *Introduction to English Language* is a pidgin English textbook written by Shanghai scholar Cao Xiang in 1874. The textook creatively uses the Shanghai dialect and traditional phonological theories to describe English pronunciation, focusing on the rules of English pronunciation. When the international phonetic alphabet has not been invented, this practice not only has a positive and far-reaching significance for China's English Enlightenment education, but also provides a clue for us to understand the pronunciation of the Shanghai dialect in the 19th century.

Key words: *Introduction to English Language*; Shanghai dialect; Pidgin English

（学术编辑：孟广洁）

萨默斯的汉语量词研究
——兼论西方汉语研究中的"承继"

陈　微

（马耳他大学人文学院 中东及亚洲语言与文化系，姆西达 MSD 2080；
莱顿大学语言学中心，莱顿 2311BX）

摘　要： 在追溯西方学者对相关汉语研究观念的承继关系时，宜采用本证、旁证为主，多种类型的证据相结合的方法。本文以此为引，分析了英国首位系统地研究汉语的教授萨默斯（James Summers，1828—1891）对汉语中特殊词类——量词的研究（包括量词的定名与功能、量词与名词和数词之间的关系、量词的教学），并结合了本证、旁证来追溯萨默斯相关观点的来源，并探讨其量词研究为后世学者所承继的情况。

关键词： 量词；萨默斯；承继；语言学史；西方汉语研究

西方学人在学习和研究汉语的历史过程中，其认识和理解是逐代累加的，换言之，后代学者们的研究是建立在对早期研究的承继的基础之上的，因而我们在研究中也多会追本溯源，寻找某一思想或方法的承继链条，追溯某位学者的研究是否受到了前辈学者的影响等。研究承继关系是建立在对某人某书的深入研究基础之上的，却可以摆脱这一类研究的孤立性，便于梳理语言学史的发展脉络。然而，学者之众、研究之多，如何在纷繁复杂的文本中判定真正的承继关系，又如何排除"心同理同"的偶然相似？本文以这个问题为引，分析英国第一位系统研究汉语的汉学教授——萨默斯（James Summers，1828—1891）的汉语量词研究，盘点现有资料中切实可查的证据类型，进而论述萨默斯对于量词相关研究的承继。

一、判定"承继"关系的证据

著名语言学史学家科纳（Ernst Frideryk Konrad Koerner，1939—2022）在探讨语言学研究史中"影响"这一概念时，提出了判定两部作品之间承继关系的三类证据：

（1）作者本人的书信、论文、所修课业、家庭背景等所涉及的或可能涉及的著作及观点，可以作为该作者所受影响的佐证；

（2）文本措辞上的相似性；

（3）最重要的证据是作者本人的直接陈述。

科纳表示,这三类证据应结合使用,而且作者本人的陈述应该首先予以考量。^①

中国的学者们也在很早以前就提出了类似的方法论。晚明时期音韵学家焦竑及陈第确立了本证与旁证相结合的考据方法,在对《诗经》的训释中采取以《诗经》本身的内容为本证,并以时代相距不远的《楚辞》《易经》及汉魏诗歌为旁证,来考证《诗经》的古音。他们的方法为明末清初的音韵学家、史学家顾炎武发扬。顾炎武进一步提出,若本证和旁证都不可得,就要"宛转以审其音,参伍以谱其韵",^②多方寻求、比对其他证据来确定古音。^③尽管顾炎武等人设计该方法的初衷并非是用来研究语言学史的,但他们对证据的分类及处理方式可以借鉴到语言学史的研究中。

2003年,姚小平在论证《马氏文通》思想来源时,将他掌握的证据分为四类:主证(作者本人陈述)、副证(同时期知情人士陈述)、条件(客观历史环境)及类同(体系和范畴上的类同),并指出,(单独使用时)这些证据的可靠性依次递减。^④其实,"类同"这一术语也为文学理论及比较文学研究所采用,意指"没有任何关联的两部作品在风格上、结构上、情调上或观念上的近似",^⑤这个定义本身就暗示了两部作品之间是不存在承继关系的。

因此,在研究西方汉学家汉语思想承继的时候,亦宜采用严谨的推演方法,多种类型的证据相结合,除非有明确的文本措辞上的雷同,则应以汉学家本人的直接陈述(即:本证)为主,辅以同时期、与汉学家本人有交集的知情人士的旁证,并联系史实的必然进行推演,但观念上的相似性的孤证绝不能作为判定承继关系的标准。换言之,若有学者提出相似的理念或观点,但无本证、旁证且在史实梳理上无法推断出他们之间的交集,是不足以判定这些学者之间的承继性的。这一节提到的中西方学者的证据论其实就是一个很好的例子。从年代来讲,顾炎武等人的方法论在科纳之前。科纳在他的著作中并没有提及顾炎武等人的著作,虽然科纳致力于语言学史的研究,有接触到中国古代音韵学知识的条件,但在过往的西方语言学史研究资料中,科纳本人没有表示过对顾炎武等人的学术方法的关注,且顾炎武等人的方法论并非针对语言学史,在既无本证又无旁证且史实模糊的情况下,仅凭观点上微弱的相似性的证据,无法直接得出科纳的论断与中国小学家之间的承继关系,而只应看作二者"此心同,此理同"的一个表现。而姚小平对四种证据类型的梳理,从史实推演及观念类同考证上,可以说和中国古代考据学传统及科纳的部分观点较为相似,但所用术语与二者均不同。姚小平在"主证""副证"的基础上,加入了"条件"及"类同"两个相当于"宛转""参伍"形式的证据,得出了一套适合应用在语言学史上讨论承继关系的标准。然而,同样的,由于缺乏必要的本证及旁证,我们不能武断地判定姚小平的方法是对顾炎武及科纳的承继。

① KOERNER E F K. On the problem of "influence" in linguistic historiography [C]//AARSLEFF H, KELLY L G, NIEDEREHE H. Papers in the history of linguistics, proceedings of the third international conference on the history of the language sciences (ICHoLS Ⅲ), Princeton, 19–23 August 1984. Amsterdam: John Benjamins, 1987: 22-23.
② 顾炎武. 音学五书 [M]. 北京: 中华书局, 1982: 35.
③ 该段是对中国小学传统中本证旁证方法论传承过程的总结, 引自: 许苏民. 顾炎武评传 [M]. 南京: 南京大学出版社, 2006: 287-289.
④ 姚小平.《马氏文通》来源考 [C]// 姚小平.《马氏文通》与中国语言学史. 北京: 外语教学与研究出版社, 2003: 112-113, 116.
⑤ 刁绍华. 外国文学大词典 [Z]. 长春: 吉林教育出版社, 1990: 113.

二、承继与影响的一个个案——萨默斯的量词研究

萨默斯是第一位系统地分析汉语语法的英国汉学教授。他以传教士的身份旅居中国四年之久（1848—1852），并于返回英国的当年年底受聘于伦敦大学国王学院，教授汉语及中国文学课程。[①] 本文主要就是探讨萨默斯量词研究的承继。

"承继"关系的研究是双向的，既可以用来探求萨默斯观点的来源，也可以用来考究萨默斯观点的影响。萨默斯在他的多部著作中提及了欧洲的汉学研究，尤其是在他最全面的汉语研究著作《汉语手册》（*A handbook of the Chinese language*，1863）的前言部分更是对在此之前出版的欧洲著名的汉语研究做了述评，其中包括瓦罗（Francisco Varo，1627—1687）的《华语官话语法》（*Arte de la lengua Mandarina*，1703）[②]、马礼逊（Robert Morrison，1782—1834）的《通用汉言之法》（*A grammar of the Chinese language*，1815）、马若瑟（Joseph Marie de Prémare，1666—1735）的《汉语札记》（*Notitia linguae sinicae*，1831）、雷慕沙（Jean-Pierre Abel-Rémusat，1788—1832）的《汉文启蒙》（*Éléments de la grammaire chinoise ou principes généraux du kou-wen ou style antique*，1822）、马士曼（Joshua Marshman，1768—1837）的《中国言法》（*Clavis Sinica*，1814）、艾约瑟（Joseph Edkins，1823—1905）的《官话语法》（*A grammar of the Chinese colloquial language，commonly called the Mandarin Dialect*，1857）、巴赞（Antoine Pierre Louis Bazin，1799—1863）的《官话语法》（*Grammaire Mandarine*，1856）、卫三畏（Samuel Wells Williams，1812—1884）的《拾级大成》（*Easy lessons in Chinese*，1842）、恩德利希（Stephen Endlicher，1804—1849）的《汉语语法基础》（*Anfangsgründe der chinesischen Grammatik*，1845）、郭实腊（Karl Friedrich August Gützlaff，1803—1851）的《汉语语法说明》（*Notices of Chinese grammar*，1842）、江沙维（Joaquim Afonso Gonçalves，1781—1834）的《汉字文法》（*Arte China constante de alphabeto e grammatical comprehendendo modelos das differentes composiçoens*，1829）以及绍特（Wilhelm Schott，1802—1889）的《汉语语法》（*Chinesische Sprachlehre*，1857）。同样的，他的研究也为一些学者所关注及评述，比如甲柏连孜。[③]

上述材料即为探讨萨默斯量词研究承继本证的潜在参考资料。至于萨默斯的思想究竟承继及影响了这些材料中的哪几部，要结合观点上的相似性进行具体探讨，详见本文第二节。与萨默斯同时代的，且与萨默斯有交集的汉学家们的研究是为旁证的可能范围。作为学者和教授的萨默斯必然和当时的学术界有联系。从已有文献来看，威妥玛曾对萨默斯的教学设计

[①] 关于萨默斯身世的详细介绍，参看 AKAISHI K. The early life of James Summers：How he became an English teacher in Japan[J]. 日本英学史学会英学史研究，2021(54): 1-25；关诗佩. 翻译与帝国官僚：英国汉学教授佐麻须（James Summers，1828—1891）与十九世纪东亚（中日知识的产生）[J]. 翻译学研究集刊，2014(17): 23-58.

[②] 弗朗西斯科·瓦罗. 华语官话语法[M]. 姚小平，马又清，译. 北京：外语教学与研究出版社，2003.

[③] GABELENTZ G. Beitrag zur Geschichte der chinesischen Grammatiken und zur Lehre von der grammatischen Behandlung der chinesischen Sprache[J]. Zeitschrift der Deutschen Morgenländischen Gesellschaft，1878(4): 601-664.

颇有微词,且质疑过萨默斯的教学能力及汉语水平,① 因而威妥玛极有可能参看过萨默斯的汉语研究,他的某些观点也有可能承继自萨默斯。再者,萨默斯任教于国王学院二十年,他的学生中有二人后来成为著名的汉学家:② 一位是专攻汉语音韵学的庄延龄(Edward Harper Parker,1849—1926),他将欧洲历史比较语言学的方法引入汉语,是第一位系统地对汉语方言进行描述和比较的语言学家,③ 然而他的著作绝大多数都是关于汉语音韵学的,只有少数笼统地提及语法的部分,④ 因而与本文所论量词研究关系不大。另一位是萨默斯1873年去任后其国王学院汉学教席的继任者道格拉斯(Robert Kennaway Douglas,1838—1938),他的代表著作是《华语鉴》(*A Chinese manual comprising a condensed grammar with idiomatic phrases and dialogues*,1904),其中多有关于汉语语法的论述。

除本证及旁证外,萨默斯生长于19世纪的欧洲,因而欧洲的语言学传统及19世纪盛行的学术观念潜移默化地影响着萨默斯的研究。此外,萨默斯对汉语的研究也受到了中国语言学传统的影响,然而这两点对本文来说并不是很重要,将另文详述。

本文以观点上的相似性为出发点,主要采取本证与旁证相结合的方式来探讨萨默斯在汉语量词问题上的承继,并以此为依据,找寻萨默斯的观点在前人研究的基础上有何发展,以及他的论述是否影响到其后辈学者。

（一）萨默斯的量词研究

萨默斯在其多部著作中都对量词有过论述,而且间或提及了不同的术语,⑤ 比如"classifier""numeral"以及"numerative",⑥ 但他所真正采用的,并且能反映自身对量词主要功能的看法的是"名词同位词"(appositive)这一术语。

"名词同位词"是萨默斯在分析汉语词法的时候为标明一个词内部成分之间的关系而使用的一个术语。萨默斯认为,汉语中存在很多同音词,因而口语中为了避免歧义而将意义相近的两个词放在一起构成一个新的词以明确意义。⑦ 这说明:一来萨默斯认为,"名词同位词"

① 关诗佩. 翻译与帝国官僚:英国汉学教授佐麻须(James Summers,1828—1891)与十九世纪东亚(中日知识的产生)[J]. 翻译学研究集刊,2014(17):43-44.

② KWAN U S. Transferring sinosphere knowledge to the public:James Summers(1828—1891)as printer,editor and cataloguer[J]. East Asian Publishing and Society,2018(8):56-84.

③ BRANNER D P. Notes on the beginnings of systematic dialect description and comparison in Chinese[J]. Historiographia linguistica,1997(3):235-266.

④ 庄延龄有关汉语的著作,见:BRANNER D P. The linguistic ideas of Edward Harper Parker[J]. Journal of the American Oriental Society,1999(1).

⑤ 他还介绍过日语的量词,参看:SUMMERS J. The Japanese language and grammar[J]. The Chinese and Japanese repository,1967 [1864](2):151-158.

⑥ SUMMERS J. A handbook of the Chinese language[M]. Oxford:Oxford University Press,1863:47;SUMMERS J. The rudiments of the Chinese language,with dialogues,exercises,and a vocabulary[M]. London:Bernard Quaritch,1864:49-50;SUMMERS J. Lecture on the Chinese language and literature[M]. London:John W. Parker & Son. West Strand,1853:19,25.

⑦ SUMMERS J. A handbook of the Chinese language[M]. Oxford:Oxford University Press,1863:41;SUMMERS J. The rudiments of the Chinese language,with dialogues,exercises,and a vocabulary[M]. London:Bernard Quaritch,1864:49;SUMMERS J. Lecture on the Chinese language and literature[M]. London:John W. Parker & Son. West Strand,1853:19.

本身是有实在的意义的，而且这个意义和与之搭配使用的名词的意义是相应的；二来，该成分是一个构词成分，和与之搭配的名词一起构成一个新的名词。

具体而言，萨默斯认为，量词的功能之一是对名词进行分类。他认为"名词同位词"表示的是一般的、通用的（generic）概念，而与之搭配的名词则表示特殊的、具体的（specific）概念，[①] 他在分别介绍每个量词的时候所使用的小标题是《名词同位词以及与之搭配的名词及名词的类别》，[②] 比如，他提到，"条"与表示长条形物体的名词一同使用，"把"和表示可以抓握的物品的名词共用，[③] 这也反映了萨默斯认为量词为名词划类的依据是物体的形状、功能等。量词为名词分类的功能也正是今天西方语言学界将量词的一部分称作"classifier"的原因。上文提到，萨默斯本人在其著作中也提到过有学者称此类词为"classifier"，但他本人却没有选择使用这一术语，原因极有可能在于，在萨默斯看来，这类词最重要的功能不是分类，而是其构词能力。

萨默斯引入量词的方式是由欧洲学生熟悉的数量表达入手，类比于英语中"cup of wine"的"cup"以及德语中"ein Glas Wein"的"Glas"。[④] 因而，在萨默斯看来，无论是汉语、日语等语言中特有的个体量词系统，还是欧洲语言中也具有的度量词，都属于名词同位词的大类，只不过汉语中的名词同位词适用范围更广，在不涉及称量的场合也会使用。从学生熟悉的内容入手引入汉语中特殊的量词，这一手法也彰显了萨默斯编撰该书的目的正是用于实际教学。

如上所述，萨默斯认为，名词同位词与其所涉名词共同构成一个复合名词，这个复合名词再进一步与数词或者指示代词[⑤]相连。数词可以出现在该复合名词的前面，也可以出现在名词同位词和名词之间，即如"三匹马"或"马三匹"这样的结构。[⑥] 萨默斯更是明确指出，名词同位词是属于其所涉名词的，而非属于数词的，[⑦] 这一点显然是批判同时代学者认为数词与量词的关系更为紧密的观点（见二）。

此外，萨默斯还提到，名词同位词有时可以直接加在名词之后，不需要数词的参与，构成表示一般概念的词，比如"马匹"和"船只"。[⑧]

（二）萨默斯量词研究溯源

上文提到，萨默斯反对将量词看作数词的下位分类。实际上，认为量词与数词关系尤为紧密的传统源自于早期西班牙传教士对汉语的研究，比如在现存最早的汉语语法研究著作——

---

① SUMMERS J. The rudiments of the Chinese language，with dialogues，exercises，and a vocabulary [M]. London：Bernard Quaritch，1864：50.

② SUMMERS J. A handbook of the Chinese language[M]. Oxford：Oxford University Press，1863：47.

③ SUMMERS J. A handbook of the Chinese language[M]. Oxford：Oxford University Press，1863：47-48.

④ SUMMERS J. A handbook of the Chinese language[M]. Oxford：Oxford University Press，1863：47；SUMMERS J. The Japanese language and grammar[J]. The Chinese and Japanese repository，1967 [1864]（2）：156.

⑤ SUMMERS J. A handbook of the Chinese language[M]. Oxford：Oxford University Press，1863：64.

⑥ SUMMERS J. A handbook of the Chinese language[M]. Oxford：Oxford University Press，1863：114.

⑦ SUMMERS J. The rudiments of the Chinese language，with dialogues，exercises，and a vocabulary[M]. London：Bernard Quaritch，1864：52.

⑧ SUMMERS J. The rudiments of the Chinese language，with dialogues，exercises，and a vocabulary[M]. London：Bernard Quaritch，1864：52.

17世纪写就的《漳州话语法》(*Arte de la lengua Chio Chiu*)中,量词被冠以"特定数词"(specific numerals)的名号①,这为后世许多传教士文献所沿袭,其中就包括一些萨默斯所参考的著述,比如马礼逊(1815)、②雷慕莎(1822)、③江沙维(1829)④等,其中江沙维暗示了量词是属于数词的一类,⑤而马礼逊指出这类词的功能就是用于计数,⑥这大概就是这些学者以"数词"命名量词的原因。

然而,在萨默斯之前已经有学者质疑这一名称的合理性,比如卫三畏就提出这个称呼太容易将量词和真正的数词混淆。他受到马礼逊的启发,认为量词揭示了与其搭配使用的名词的一些特征,所以"classifier"这一术语更适合用来指代量词。⑦还有学者,比如巴赞,发现了量词分别有对应名词及数词的功能,即:量词用于数词和名词之间以计数,因而应该称作"数词性小词"(numeral particle),同时,量词又标明所搭配名词的意义,取消了单音节名词的歧义,因而应该称作"名词性语助"(substantive auxiliaries),但他没有办法决定哪一种功能更为重要,因此同时使用这两个术语来指代量词。⑧

萨默斯所使用的术语"名词同位词"源自于深受萨默斯称赞的德国汉学家绍特的作品。绍特也用"名词同位词"这一术语,且认为名词同位词与其名词的组合实则是名词与名词的结合。⑨与萨默斯不同的是,在绍特看来,汉语中不存在复合词,因而名词和名词同位词的结合不属于构词的范畴。另外,绍特并未就名词同位词再做更多阐述,相反,他在其著作中数词部分对量词的称呼术语也改为了"数词"。⑩因此,绍特对量词的看法还没有发展成为成熟的观点。

1. 量词与名词

尽管雷慕莎宣称量词本身并没有意义,⑪但大多数萨默斯参考的著作中都写到量词本身是

---

① GIANNINOTO M. The development of Chinese grammars and the classification of the parts of speech [J]. Language and history,2014(2):139;CHAPPELL H,PEYRAUBE A.The history of Chinese grammars in Chinese and Western scholarly traditions[J]. Language and history,2014(2):124;KLÖTER H. The language of the Sangleys:a Chinese vernacular in missionary sources of the seventeenth century[M]. Leiden:Brill,2011:74.

② MORRISON R. A grammar of the Chinese language[M]. Serampore:Printed at the Mission Press,1815:37.

③ ABEL-RÉMUSAT J. Élémens de la grammaire chinoise ou principes généraux du kou-wen ou style antique [M]. Paris:Imprimerie Royale,1822:50.

④ GONÇALVES J A. Arte China constante de alphabeto e grammatica comprehendendo modelos das differentes composiçoens[M]. Macao,1829:49.

⑤ GONÇALVES J A. Arte China constante de alphabeto e grammatica comprehendendo modelos das differentes composiçoens[M]. Macao,1829:131.

⑥ MORRISON R. A grammar of the Chinese language[M]. Serampore:Printed at the Mission Press,1815:37.

⑦ MORRISON R. A grammar of the Chinese language[M]. Serampore:Printed at the Mission Press,1815:37;WILLIAMS A W. Easy lessons in Chinese:Or progressive exercises,especially adapted to the Canton dialect[M]. Macao:Office of the Chinese Repository,1842:123.

⑧ BAZIN A. Grammaire mandarine,ou principes généraux de la langue chinoise parlée[M]. Paris:Imprimerie impériale,1856:21,22,66.

⑨ SCHOTT W. Chinesische Sprachlehre[M]. Berlin:Ferd. Dümmler's Verlagsbuchhandlung,1857:56.

⑩ SCHOTT W. Chinesische Sprachlehre[M]. Berlin:Ferd. Dümmler's Verlagsbuchhandlung,1857:154.

⑪ ABEL-RÉMUSAT J. Élémens de la grammaire chinoise ou principes généraux du kou-wen ou style antique [M]. Paris:Imprimerie Royale,1822:50.

有含义的,且它们的含义和与之搭配使用的名词相关,比如:卫三畏[①]、艾约瑟[②]以及马礼逊。[③] 郭实腊及巴赞认为量词修饰或标明名词的意义,[④] 而巴赞和恩德利希及卫三畏都和萨默斯一样,认为量词和与它们意义相近的名词一起使用以达到消除歧义的目的。[⑤] 其中,卫三畏的论述尤其值得一书。他认为,同一个名词可以和不同的量词搭配以表达不同的意义,比如"一张地图"指向未经装裱的普通地图,而"一幅地图"则明确标示装裱好并悬挂于墙上的地图,[⑥] 因而量词明确了名词诸多义项中的一项,使得名词的表义更明晰。

自然,也有很多学者提到了量词的分类功能,比如马士曼、恩德利希、绍特等。[⑦] 其中,马士曼和郭实腊都和萨默斯一样强调了量词是表达一般的、通用的概念的,[⑧] 也就是说与之搭配使用的名词是表达特殊的具体的意义的。谈及名词是按照何种标准分类时,马礼逊、马士曼及恩德利希举例说明了与不同量词搭配的名词所指向的物体本身具有的形状及功能等方面的特点,[⑨] 比他们更进一步的是卫三畏及郭实腊,他们直接指出了量词为名词分类的依据。比如:卫三畏写道:"每个量词都用来定义或者指向某一类对象。这一类中的成员应该具有某些共同的特质或情况,如大小、用途、材料、形状等";[⑩] 郭实腊也明确说道:"这些成分中的大多

① WILLIAMS A W. Easy lessons in Chinese:Or progressive exercises,especially adapted to the Canton dialect[M]. Macao:Office of the Chinese Repository,1842:124.

② EDKINS J. A Grammar of colloquial Chinese,as exhibited in the Shanghai dialect[M]. Shanghai:Mission Press,1853:75.

③ MORRISON R. A grammar of the Chinese language[M]. Serampore:Printed at the Mission Press,1815:37.

④ GÜTZLAFF K. Notices of Chinese grammar:Orthography and etymology[M]. Batavia:Mission Press,1842:37;BAZIN A. Grammaire mandarine,ou principes généraux de la langue chinoise parlée[M]. Paris:Imprimerie impériale,1856:66.

⑤ ENDLICHER S T. Anfangsgründe der chinesischen Grammatik[M]. Wien:Carl Gerol,1845:174;BAZIN A. Grammaire mandarine,ou principes généraux de la langue chinoise parlée[M]. Paris:Imprimerie impériale,1856:21;WILLIAMS A W. Easy lessons in Chinese:Or progressive exercises,especially adapted to the Canton dialect[M]. Macao:Office of the Chinese Repository,1842:148.

⑥ WILLIAMS A W. Easy lessons in Chinese:Or progressive exercises,especially adapted to the Canton dialect[M]. Macao:Office of the Chinese Repository,1842:124.

⑦ MARSHMAN J. Clavis Sinica. Elements of Chinese grammar:With a preliminary dissertation on the characters,and the colloquial medium of the Chinese,and an appendix containing the Tahyoh of Confucius with a translation[M]. Serampore:Printed at the Mission Press,1814:500;ENDLICHER S T. Anfangsgründe der chinesischen Grammatik[M]. Wien:Carl Gerol,1845:175;SCHOTT W. Chinesische Sprachlehre[M]. Berlin:Ferd. Dümmler's Verlagsbuchhandlung,1857:154.

⑧ MARSHMAN J. Clavis Sinica. Elements of Chinese grammar:With a preliminary dissertation on the characters,and the colloquial medium of the Chinese,and an appendix containing the Tahyoh of Confucius with a translation[M]. Serampore:Printed at the Mission Press,1814:500;GÜTZLAFF K. Notices of Chinese grammar:Orthography and etymology[M]. Batavia:Mission Press,1842:23.

⑨ MORRISON R. A grammar of the Chinese language[M]. Serampore:Printed at the Mission Press,1815:56;MARSHMAN J. Clavis Sinica. Elements of Chinese grammar:With a preliminary dissertation on the characters,and the colloquial medium of the Chinese,and an appendix containing the Tahyoh of Confucius with a translation[M]. Serampore:Printed at the Mission Press,1814:508,509;ENDLICHER S T. Anfangsgründe der chinesischen Grammatik[M]. Wien:Carl Gerol,1845:179.

⑩ WILLIAMS A W. Easy lessons in Chinese:Or progressive exercises,especially adapted to the Canton dialect[M]. Macao:Office of the Chinese Repository,1842:123.

数都附加在名词之上，它们与名词有某种关系，无论是在形状上还是在质量上"。①

而艾约瑟则提出，尽管有的时候偶然可以发现名词和与之搭配的量词之间语义上的联系，但名词与哪一个量词搭配使用完全是出自于规约。按照艾约瑟的解释，名词根据其本身语义指向本就是有类别的，而这些不同的、业已形成的类别再分别和对应的量词搭配，因此，量词的作用并不是为名词分类，而只是标识名词已有的类别。值得指出的是，艾约瑟将量词分为不同的种类，我们今天所说的"个体量词"实则被他分为了"特别的数词性小词"（distinctive numeral particle）及"有意义的小词"（significant numeral）两类。前者和表示事物名称的名词搭配（appellative nouns），后者和表示质料的名词搭配（material nouns）。艾约瑟的这一论断是基于英语对译情况而非汉语本身特征，即：若一个汉语量词在英语中能够找到对应的词项来翻译，就算作"有意义的小词"一类，这其中就包括了一些我们今天认为的个体量词，比如"一张纸"里的"张"。那些无法翻译成英语的成分自然就成为"特别的数词性小词"，被艾约瑟认为是没有含义的成分。②

同萨默斯一样，马士曼也认为量词和名词先构成一个复合词，然后再和数词等成分组合。③换言之，量词具有构词功能。

2. 量词与数的表达

在谈到量词的使用场合时，马若瑟、马礼逊及郭实腊都认为只有需要计数的情况下量词才是必不可少的，④瓦罗、艾约瑟、雷慕沙及绍特也提到除数词外，量词还和指示代词一同使用。⑤被这些学者提及最多的结构就是现代汉语中常见的"数 – 量 – 名"的组合，⑥马礼逊、雷慕沙

---

① GÜTZLAFF K. Notices of Chinese grammar：Orthography and etymology[M]. Batavia：Mission Press，1842：37.

② 艾约瑟对量词的研究，尤其是对量词的分类是极为细致的，而且指出了动量词的存在。本段中关于艾约瑟对汉语量词的讲解基于：EDKINS J. A Grammar of the Chinese colloquial language，commonly called the Mandarin dialects[M]. Shanghai：London Mission Press，1857：120-121，133. 然而，萨默斯并未承继艾约瑟对量词的研究，因而本文不对艾约瑟的分析过多着墨。

③ MARSHMAN J，CLAVIS S. Elements of Chinese grammar：With a preliminary dissertation on the characters，and the colloquial medium of the Chinese，and an appendix containing the Tahyoh of Confucius with a translation[M]. Serampore：Printed at the Mission Press，1814：500.

④ PRÉMARE J. The Notitia linguae sinicae of Prémare[M]. BRIDGMAN J G，trans. Canton：Printed at the office of Chinese Repository，1847[1831]：30；MORRISON R. A grammar of the Chinese language[M]. Serampore：Printed at the Mission Press，1815：37；GÜTZLAFF K. Notices of Chinese grammar：Orthography and etymology[M]. Batavia：Mission Press，1842：37.

⑤ COBLIN W S，LEVI J A. Francisco Varo's grammar of the Mandarin language（1703）：An English translation of Arte de la lengua Mandarina[M]. Amsterdam/Philadelphia：John Benjamins，2000：95；EDKINS J. A Grammar of the Chinese colloquial language，commonly called the Mandarin dialects[M]. Shanghai：London Mission Press，1857：120；ABEL-RÉMUSAT J. Élémens de la grammaire chinoise ou principes généraux du kou-wen ou style antique[M]. Paris：Imprimerie Royale，1822：116；SCHOTT W. Chinesische Sprachlehre[M]. Berlin：Ferd. Dümmler's Verlagsbuchhandlung，1857：154.

⑥ 比如：ENDLICHER S T. Anfangsgründe der chinesischen Grammatik[M]. Wien：Carl Gerol，1845：175；EDKINS J. A Grammar of the Chinese colloquial language，commonly called the Mandarin dialects[M]. Shanghai：London Mission press，1857：120.

和绍特同萨默斯一样，还提到了"名-数-量"的结构。①艾约瑟还在书中给出了很多"名-量"结构的例子，②然而他并未如萨默斯一样点明这一类结构表示的是统称，换言之，与其参考了的学者相比，萨默斯是第一位提出了"名-量"结构表达统称含义的学者。

卫三畏在研究粤语的过程中发现，粤语中量词的一个作用就是个体化名词（individualization），"量词在需要个体化的时候使用"。③今天的一些学者在对粤语量词的研究中也发现了量词的该项功用，④可以说，卫三畏早在19世纪就已注意到了这个问题。

至于上文提到如何在教学中引介汉语中个体量词，萨默斯的前辈学者们几乎都是通过类比欧洲语言中的度量表达方式来入手的，比如：卫三畏、艾约瑟、马士曼、马礼逊以及郭实腊。⑤

（三）对萨默斯观点的承继

以本证、旁证为标准所圈定的萨默斯后辈学者的著作多关注于量词与名词之间的关系，比

---

① MORRISON R. A grammar of the Chinese language[M]. Serampore：Printed at the Mission Press，1815：37；ABEL-RÉMUSAT J. Élémens de la grammaire chinoise ou principes généraux du kou-wen ou style antique[M]. Paris：Imprimerie Royale，1822：50；SCHOTT W. Chinesische Sprachlehre[M]. Berlin：Ferd. Dümmler's Verlagsbuchhandlung，1857：155.

② EDKINS J. A Grammar of the Chinese colloquial language，commonly called the Mandarin dialects[M]. Shanghai：London Mission press，1857：107.

③ WILLIAMS A W. Easy lessons in Chinese：Or progressive exercises，especially adapted to the Canton dialect[M]. Macao：Office of the Chinese Repository，1842：123.

④ SYBESMA R. Classifiers，nominal[G]//SYBESMA R. Encyclopedia of Chinese language and linguistics：Vol. I. Leiden：Brill，2017：620-627，624；CRISMA P，MARTEN L，SYBESMA R. The Point of Bantu，Chinese and Romance nominal classification[J]. Rivista di Linguistica，2011（2）：290. 审稿人指出，大河内康宪早在1993年就有过类似论述。然而，大河内康宪的研究针对的是普通话（参看：大河内康宪. 量词的个体化功能[G]//大河内康宪. 日本近、现代汉语研究论文选. 北京：北京语言学院出版社，1993：426-446），而本文此处提及的卫三畏的研究是针对粤语中量词的个体化功能，而普通话与粤语中的量词在语法功能上似乎并不相同（参看：SYBESMA R. Classifiers，nominal[G]//SYBESMA R. Encyclopedia of Chinese language and linguistics：Vol. I. Leiden：Brill，2017：620-627页；CHENG L，SYBESMA R. Classifiers in four varieties of Chinese [G]//CINQUE G，KAYNE R S. Handbook of comparative syntax. Oxford：Oxford university press，2005：259-292；司马翎. 北方方言和粤语中名词的可数标记[G]// 北京大学汉语语言学研究中心《语言学论丛》编委会. 语言学论丛：第35辑. 北京：商务印书馆，2007：234-245）。再者，若追溯单纯地从世界语言普遍规则及类型学角度探讨量词的个体化功能的研究而不考虑粤语及普通话之间的区别，大河内的研究也并非最早的，Joseph H. Greenberg早在1974年就做出了相关论断（参看：GREENBERG J H. Numeral classifiers and substantival number：Problems in the genesis of a linguistic type [G]//DENNING K，KEMMER S. On Languages：Selected writings of Joseph H. Greenberg. Stanford：Stanford University Press，1990[1974]：184）。更重要的是，本文关注的重点是萨默斯对量词的研究，此处只是指出卫三畏著作中一个值得关注的观点，以供学者参考，但这个观点并未被萨默斯承继，因此不属于本文探讨的范围。

⑤ WILLIAMS A W. Easy lessons in Chinese：Or progressive exercises，especially adapted to the Canton dialect[M]. Macao：Office of the Chinese Repository，1842：123；EDKINS J. A Grammar of the Chinese colloquial language，commonly called the Mandarin dialects[M]. Shanghai：London Mission Press，1857：120；MARSHMAN J. Clavis Sinica. Elements of Chinese grammar：With a preliminary dissertation on the characters，and the colloquial medium of the Chinese，and an appendix containing the Tahyoh of Confucius with a translation[M]. Serampore：Printed at the Mission Press，1814：500；MORRISON R. A grammar of the Chinese language[M]. Serampore：Printed at the Mission Press，1815：37；GÜTZLAFF K. Notices of Chinese grammar：Orthography and etymology[M]. Batavia：Mission Press，1842：33.

如，道格拉斯指出量词是用来为名词分类的，因而"classifier"被他用作称呼量词的术语。① 甲柏连孜使用的术语是"apposition"，② 和萨默斯的同源，但绍特的作品也是甲柏连孜的参考书目之一，③ 而且甲柏连孜使用的德语术语和绍特的完全一致，因此相较于萨默斯，甲柏连孜更有可能是完全继承了绍特的术语。威妥玛则采用了"数量名词"（numerative nouns）及"陪伴名词"（associate or attendant nouns）的术语来指代量词。威妥玛也指出了量词具有的个体化功能，他说："it represents the item as distinguished from the total"。④ 这一点和卫三畏所论粤语量词的功能之一有相似之处，却和萨默斯的研究无关。但威妥玛也在其著作中提到"名词＋量词"这一表示"泛说"的结构，⑤ 这一点应该是承继自萨默斯。

上文提到，萨默斯认为量词先与名词构成复合词，之后再与数词等结合。这与现代语言学理论中以 DP 理论分析名量结构有着一定的相似性，即：自底向上来看，量词先与名词结合构成量词短语；然后量词短语再与数词结合，构成数词短语；数词短语再与限定词结合，最终形成限定词短语（DP）。⑥ 在这个分析中，数词与量词分属两个不同的短语，而传统研究中将数量结构的组合看作是对名词的修饰。因而，萨默斯的观点及 DP 理论对数量名结构的分析都认为是名词与量词先结合。早期应用 DP 理论分析汉语名词结构的代表性研究有汤志真（Chih-Chen Jane Tang，1990）⑦、李艳惠（Yen-Hui Audrey Li，1999）、辛普森（Andrew Simpson，2005）等，⑧ 并在著名的《汉语句法学》（2013 [2009]）中得以重申，⑨ 对学界产生重要影响。然而，就本人目前搜集到的资料来看，从本证角度上说，上述学者本人并未谈及自己曾阅读过萨默斯的著作，而致力于研究萨默斯汉语思想的学者也不包括上述这些学者。因而，没有本证可以证明 DP 理论对汉语数量名结构的分析借鉴了萨默斯的研究。其次，也未见可建立萨默斯及这些学者研究承继关系的旁证。因此，DP 理论对汉语数量名结构的分析与萨默斯的论述中出现的微弱的相似性只是偶然的，二者不具备承继关系。

① DOUGLAS R K. A Chinese manual comprising a condensed grammar with idiomatic phrases and dialogues[M]. London：Crosby Lockwood and Son，1904：64.
② GABELENTZ G. Chinesische Grammatik mit Ausschluss des niederen Stiles und der heutigen Umgangssprache[M]. Leipzig：T. O. Weigel，1881：129.
③ GABELENTZ G. Beitrag zur Geschichte der chinesischen Grammatiken und zur Lehre von der grammatischen Behandlung der chinesischen Sprache[J]. Zeitschrift der Deutschen Morgenländischen Gesellschaft，1878（4）：620.
④ WADE T F. Yü-yen Tzŭ-erh Chi，a progressive course designed to assist the student of colloquial Chinese，as spoken in the capital and the metropolitan department：With key，syllabary，and writing exercises. Key to the Tzŭ Erh Chi：colloquial series[M]. London：Trübner，1867：106. 该句的中文翻译是："其用为何？乃能指出所说的名目、为总类之那一项。"（参看：威妥玛. 语言自迩集 [M]. 张卫东，译. 北京：北京大学出版社，2002：406）
⑤ 威妥玛. 语言自迩集 [M]. 张卫东，译. 北京：北京大学出版社，2002：406.
⑥ 沈阳，何元建，顾阳. 生成语法理论与汉语语法研究 [M]. 哈尔滨：黑龙江教育出版社，2000：396. 关于以 DP 理论来分析汉语名量结构的提议来自于匿名审稿人的建议，并蒙刘锐校订，在此表示感谢。
⑦ TANG C J. Chinese phrase structure and the extended X'-theory[D]. Cornell University，1990：413.
⑧ LI Y A. Plurality in a classifier language[J]. Journal of East Asian linguistics 1999(8)：76；Simpson A. Classifiers and DP structure in Southeast Asia[G]//CINQUE G，KAYNE R S. The Oxford handbook of comparative syntax. Oxford：Oxford University Press，2005：806-838.
⑨ 黄正德，李艳惠，李亚非. 汉语句法学 [M]. 张和友，译. 北京：世界图书出版公司北京公司，2013：280.

三、总结

　　本文采用本证及旁证相结合的方式考察了萨默斯量词研究的承继，认为萨默斯称呼量词的术语承继自德国汉学家绍特。这一术语重点强调的是量词构成复合名词的功能（这一点也见于马士曼的著作中），而非其分类或与数词结合的功能。萨默斯以多位前辈汉学家的研究为基础，形成自己对量词较为成熟的见解。相较于其参考了的各项研究，萨默斯是第一个提出"名词＋量词"这一结构可以表示概述、泛指功能的学者，这一点为他之后的威妥玛所继承。尽管甲柏连孜采用的术语和萨默斯的同源，但很有可能并非承继自萨默斯，而是直接承自绍特。在萨默斯的前辈学者中，艾约瑟对量词的研究，尤其是对量词的分类颇有价值，卫三畏提出的粤语中量词具有将名词"个体化"的功能也值得关注，却都并未被萨默斯采用。

James Summers' Research on Chinese Classifiers

—A Discussion on "Inheritance" in Western Chinese Studies

CHEN Wei

（ Department of Middle Eastern and Asian Languages and Cultures, Faculty of Arts, University of Malta, Msida, MSD 2080；Leiden University Centre for Linguistics, Leiden 2311BX ）

Abstract: In tracing the train of inheritance of certain ideas in the history of research on the Chinese language conducted by Western sinologists, the sinologist's direct statements, and the contemporary witness' statements should be both taken into consideration, together with other types of evidence. James Summers (1828—1891) was the first British professor who conducted systematic research on the Chinese language. This paper analyses Summers' study on a particular part of speech in Chinese—classifiers, including his discussions on the terminology and the function of classifiers, the relationship between classifiers and nouns and numerals, and pedagogy. It further takes the aforementioned method as the point of departure to trace the source of Summers' ideas and examine whether later scholars have recognized his research on classifiers, i.e., the inheritance of Summers' ideas.

Key words: classifiers；James Summers；inheritance；history of linguistics；research of Chinese in the west

（ 学术编辑：李湘 ）

山梨稻川《古声谱》述评 *

卢晓阳

（南昌大学 中文系，江西 南昌 330031）

摘　要：山梨稻川是日本江户时期重要的汉语古音学家，他在继承顾炎武古音学的同时，进一步将古音学与《说文》研究结合起来，创作了《古声谱》《文纬》《考声微》等著作。本文对其《古声谱》一书进行述评，并将是书与万光泰、江有诰以及日本学者中井履轩等人的研究进行对比，以对此书做出客观评价。文章认为，《古声谱》在继承顾炎武《音学五书》的基础上，进一步搜集上古韵文，将《左传》《尚书》《楚辞》《老子》等著作的韵文编排成韵谱，是他对顾炎武古音学的发展。固守顾氏的古韵分部，没有系统的合韵理论，是其研究的局限。

关键词：山梨稻川；古声谱；日本；古音学

一、引言

山梨稻川（1771—1826），名山梨治宪，字玄度，通称东平，号稻川，日本江户时代汉语古音学家、文字学家，在文学、音韵学、文字学、方志学等领域都有很深的造诣。他生于骏河国庵原郡，十七岁时在阴山丰洲就学，深受"萱园派"的影响。萱园派的创始人是荻生徂徕（1666—1728），他在中国李攀龙、王世贞等"后七子"复古文学思潮的影响下，一反宋儒私意解经的作为，倡导"文必秦汉，诗必盛唐"的文学理念，创立了古文辞学。正是这种复古的学统促使山梨稻川关注汉语的古音学和文字学。

他很早就致力于汉语古音学的研究，其《古今韵笺》序文说：

> 独清昆山顾氏，始有见于兹。乃捆摭三代两汉之文，苟有关系于韵者，无不笼络，字比而音栉。考据确实，始得古音之旨，秩然有条理。乃著《古音表》及《音论》，以崇《唐韵》。盖以字揭，而不以韵部概也，力矣哉！余凤私淑斯文，抱疑于古音者，十余年于兹，窃有所发明。及读顾氏书，从来疑团，涣然冰释，数年抱负，一旦褫气，所谓先得我心者哉。①

* 　基金项目：国家社科基金重大项目"基于先秦两汉通假字的上古音韵研究大系"子课题"基于先秦两汉通假字的上古韵部关系及通转关系研究"阶段性成果，编号：22&ZD302。日本大东文化大学丁锋教授为本文提供了有关山梨稻川的宝贵资料，文章也得到张民权教授的悉心指导，在此向两位先生致以诚挚谢意。文章一切错误由本人负责。本文在江西省语言学会2022年度学术年会上宣读，有修改。

① 《古今韵笺》今未见，其序文收录于1912年山梨稻川曾孙中村春二所编的由东京神田区三秀舍印刷所出版的《稻川遗芳》中。

该序作于享和癸亥（1803 年），从中我们可知，他在 32 岁时就已经钻研古音多年了，这期间他于古音学有所发明，但终究还有许多疑惑，读了顾炎武的著作，这些疑惑涣然冰释。可见顾炎武对他影响之大。

其古音学的一大特点就是将古音学与《说文》研究结合起来。戴震曾给段玉裁写信说："谐声字，半主义，半主声。《说文》九千余字，以义相统，今作《谐声表》，若尽取而列之，使以声相统，条贯而下如谱系，则亦必传之绝作也。"① 可惜段玉裁没有实现戴震作谐声谱的愿望，其弟子江沅作《说文解字音均表》，才实现了这一宏愿。而山梨稻川的《文纬》《考声微》《谐声图》等著作就是戴震所期许的"必传之绝作"，他视《说文》五百四十部为汉字的经度，将古韵十部视为纬度，以为经纬相交才能体现汉字的系统性，因此这三部书都将《说文》所收之字依据谐声关系按古韵十部重新编排，反映了汉字谐声的孳乳过程，与万光泰《经韵谐声》、朱骏声《说文通训定声》等有异曲同工之妙。

其研究的另一个特点是能充分发挥日本的材料优势。他曾说："况我邦所传，隋唐古籍旧音，多存于今者。陆词之为法言，彼土未晰也。东宫之有《切韵》，彼土不载也。《玉篇》《唐韵》之古本，玄应慧琳之《音义》，彼土既逸，我邦独存也。彼土音之传于我者，无虑有五：一曰吴音，二曰汉音，三曰宋音，四曰明音，五曰清音。"② 就以《考声微》为例，其释字部分引书多种，包括许多彼时中国难以见到的文献，这是他较中国学者的优势之处。内藤湖南评价该书道："山梨先生完成了中国人因缺乏材料无法进行的研究，从这一点来看，《考声微》是非常珍贵的。当然，重要的不仅只是对《慧琳音义》的研究，山梨先生博学洽闻，其埋身群书故纸堆中，广事搜求，博采众言，且一一作出见解独到的评价，一部《考声微》足以窥见山梨先生学殖之深厚和史料运用手法之精巧。"③

据李无未（2012）④ 研究，日本学者对中国《切韵》《韵镜》等著作的研究历史悠久、成绩很大，然而明治以前，日本的汉语上古音研究并不发达，许多学者以为"斯学难解"，故对这一领域望而却步。正因为如此，山梨稻川的古音学著作就更显珍贵，进一步挖掘这些著作对我们深入了解日本汉语古音学史及顾炎武学说的海外传播都有很高的价值。迄今为止，国内对山梨稻川古音学的研究未全面展开，就笔者所见，李无未《日本汉语音韵学史》（2012）介绍了山梨稻川的古音学成就，内容虽为介绍性质，但对于国人了解山梨稻川功不可没。丁锋（2018）对山梨稻川的生平、音学著作做了详尽的梳理，起到提纲挈领的作用。⑤ 然具体著作仍需深入研究，我们计划对其《文纬》《考声微》《谐声图》《古音律吕三类》等著作做一次比较全面的梳理，本文可视为开端。

《古声谱》是山梨稻川所编的一部重要的古音韵谱，段玉裁在创作《六书音均表》之前就有了《诗经韵谱》《群经韵谱》，分出古韵十七部，足见韵谱对古音研究的重要作用。因此本文对其《古声谱》一书进行述评，并将该书与万光泰、江有诰以及日本学者中井履轩等人的研究进行对比，从而对此书做出客观评价。

---

① 戴震 . 答段若膺论韵 [M]// 戴震集 . 上海：上海古籍出版社，2020：91.

② 山梨稻川 . 文纬 [M]// 山梨稻川集：第一卷 . 山梨稻川集刊行会，1929：45-46.

③ 内藤湖南 . 日本历史与日本文化 [M]. 刘克申，译 . 北京：商务印书馆，2012：433.

④ 李无未 . 日本汉语音韵学史 [M]. 北京：商务印书馆，2012.

⑤ 丁锋 . 山梨稻川汉语古音学之先行研究与考察 [J]. 中国言语文化学研究（第七号），2018.

二、《古声谱》的体例及其韵例分析

《古声谱》收于 1929 年出版的《山梨稻川集》第四卷，该书由静冈市追手町静冈县立葵文库山梨稻川集刊行会编辑出版，图 1 是该书的书影：

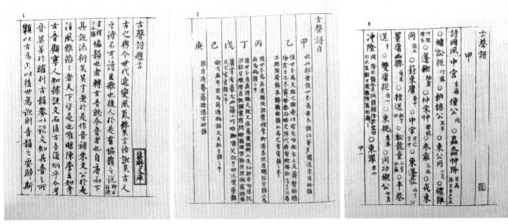

图 1　《古声谱》书影

书前有《题言》一篇，内容主要是反对"叶音说"，推崇顾炎武的古音研究方法，并指明了该书所收的先秦两汉著作。《题言》后有《古声谱目》一篇，用十天干罗列出顾氏古韵十部，又说："右十部之韵犁然，无相混者也。《老子》《楚辞》而下有一二出入，然仅仅晨星，而其大体则秩然不可乱也。本于顾亭林《音学五书》。"再后是正文，每部中先列《诗经》韵谱，后列群书韵谱。其中《诗经》《周易》韵谱改编自顾炎武的《诗本音》与《易音》，顾书是在韵文原文上直接标记韵脚字的，《古声谱》与之不同，使用的是韵谱归纳法，按照韵部汇集韵字。韵谱中个别韵脚字下加有双行注释，主要是对该字是否入韵进行讨论，这部分有的直接引用《诗本音》《易音》的说明文字，有的是山梨稻川个人的见解。

江有诰《诗经韵读》《群经韵读》等著作与《古声谱》相同，也是对上古韵文韵例的分析之作。日本学者神田喜一郎推断江有诰出生年份为乾隆三十八年（1773 年），虽然学界多有争议，然山梨稻川与江有诰在学界活跃时间大致同时，因此可视为同时代的学者。江氏《先秦韵读》里收有《老子》韵段，下面我们就以《老子》韵谱为例，对比中日基本同时代的两位学者对它的韵例分析，以展现山梨稻川对上古韵文的分析情况。[①]

两个韵谱的差异大致可分为以下几种情况：

---

① 朱谦之《老子校释》专门讨论了《老子》各章的押韵情况，并引述了姚文田、邓廷桢、奚侗、陈柱、高本汉等人的观点，喻遂生（1995）也全面考察过《老子》的押韵情况，因此在对比时间或引用以上诸家的观点。参见朱谦之.老子校释 [M].北京：中华书局，2000；喻遂生.《老子》用韵研究 [J].西南师范大学学报（哲学社会科学版），1995（1）.

（一）对一个韵段里个别字是否入韵看法不同

有些韵段山梨稻川与江氏均已标出，然而对于韵段内个别字是否入韵看法却略有不同，例如：

1. 八章之"居善地，心善渊，与善人（一作仁），言善信，政善治，事善能，动善时。夫唯不争，故无尤"，江有诰未列"动善时"一句，以"渊信"相韵入真部，"治能尤"相韵入之部。山梨稻川则以"渊仁信"相韵，入丁部，"治能时尤"相韵，入乙部。

2. 十四章之"迎不见其首，随不见其后"，江氏以为"首后"为幽侯合韵，山梨稻川则曰："首下后字非韵。"山梨稻川承顾氏之弊，顾氏说："按后字古无与首为韵者，《老子》'迎之不见其首，随之不见其后'乃散文，非韵也。"[①]顾氏没有系统的合韵说，故不将"后"视为入韵。然山梨稻川以"首"与"执古之道"之"道"字韵，姚文田以"首后道有"韵，与山梨稻川略同。

3. 二十章之"我愚人之心，纯纯。俗人昭昭，我独若昏。俗人察察，我独闷闷"，"纯纯"河上本、王弼本均作"沌沌兮"，山梨稻川以"沌昏闷"同入丁部，江氏不以"沌"入韵。奚侗、陈柱、喻遂生均以"沌"字当入韵，与山梨稻川同。

4. 四十七章之"不窥牖，见天道"，江氏以"牖道"相韵入幽部。而山梨稻川则以"其出弥远，其知弥少"之"少"亦当入韵，陈柱、高本汉与山梨稻川同。《唐韵正》注"牖"字仅引"不窥牖，见天道"，未引"其出弥远，其知弥少"，可见山梨稻川并非完全承顾氏之说。

5. 五十六章之"塞其兑，闭其门；挫其锐，解其忿（又作纷、分），和其光，同其尘，是谓玄同"，江有诰以"门纷尘"相韵，入文部，与姚文田、奚侗等相同。山梨稻川以下句之"故不可得而亲"之"亲"字亦当与"门纷尘"相韵。此处山梨稻川不正确，从语义上看，"故不可得而亲"与后文为一段，"亲"入韵就模糊了两段的界限。

6. 五十八章之"祸兮福所倚，福兮祸所伏，孰知其极"，江氏以"祸倚"相韵，入歌部，"福伏极"相韵，入之部。山梨稻川不以"祸""倚""福"三字入韵，而仅以"伏极"相韵。《唐韵正》注"倚"字时引此句说："祸与倚为韵，福与伏为韵。"[②]此山梨稻川未完全承顾氏之说的又一证据。

（二）对合韵认识不同致韵例分析有异

段玉裁的一大贡献是对"合韵"问题的探索，解决了不同韵部的字相互入韵的问题，他还按亲疏关系将其十七部的顺序重新排列。江有诰亦据韵文、谐声等材料将其二十一部按线性方式排列出来，并提出"通韵""合韵""借韵"之思想。与之相反，山梨稻川没有系统的合韵理论，因此在分析韵段时与江氏产生一些差异，见表1：

表1　山梨稻川与江有诰"入韵字"对比

序号	入韵字	江有诰	山梨稻川
1	事教辞有恃（二章）	之宵合韵	教不入韵
2	已保守咎道（九章）	之幽通韵	出按语曰："已"字《老子》凡三见，《史记·龟策传》一见，并读为咎，疑当时有此音。"

---

① 顾炎武. 音学五书 [M]. 北京：中华书局，1982：366.

② 顾炎武. 音学五书 [M]. 北京：中华书局，1982：366.

序号	入韵字	江有诰	山梨稻川
3	离儿疧为疧知（十章）	歌支通韵	以离儿疧为雌知有恃宰德入韵，出按语曰："离音罗，此为吕支反；为音讹，此于妩反，始入支韵，开后世讹音之端。"
4	盲聋爽狂妨（十二章）	阳东通韵	聋字左加圈，出按语曰："聋非声，未详，或楚人方言有此声。"
5	常明常凶容公王（十六章）	阳东通韵	常明入庚部，凶容公入甲部
6	道久殆（十六章）	之幽通韵	久殆入韵，道不入韵
7	改殆母道（二十五章）	之幽通韵	道不入韵
8	名臣宾均名（三十二章）	真耕通韵	臣宾令均入韵，名不入韵
9	久寿（三十三章）	之幽通韵	出按语曰："久字读为韭，与《周易》传同例。"《易》戊部韵谱《象传》乾卦"道咎造久首"段下注："久字始读若韭，盖开后世讹音之端。"
10	事救（五十二章）	之幽通韵	此段山梨以兑亦入韵。又曰："救非韵，或方言叶软。"
11	嗇嗇复德德克克极国母久道（五十九章）	之幽通韵	以嗇复德德克克极极国母久柢入韵，道不入韵，出按语曰："复，似入韵，未详。"
12	散乱末（六十四章）	祭元通韵	末不入韵

（三）整段江有诰入韵，山梨稻川不入韵

有些韵段江有诰收录，山梨稻川不以之入韵（这里排除了因合韵问题与古韵分部不同致山梨整段不入韵的情况，它们以顾氏十部来看也可视为入韵），例如：

道道（一章）名名（一章）腹目（十二章）阿何（二十章）恶若（二十章）直得惑式（二十二章）争争（二十二章）者下（三十章）右辞（三十四章）居主（三十四章）象往（三十五章）藏亡（四十四章）门勤（五十二章）垢主（七十八章）言反（七十八章）

出现上述差异主要有以下原因，首先是像第一章之"道道""名名"、第二十二章之"争争"等皆为同字韵，对于同字韵是否算作入韵学界多有争论，江氏也并非将所有的同字韵标写出来；[1] 其二，江氏将部分句中字也标记为入韵，例如第十二章之"腹目"、第四十四章之"藏亡"、第七十八章之"言反"等，王显批评过破句求韵的现象，以为所谓的"句中韵"多不可信；[2] 其三，有些韵段山梨不录可能是疏漏，例如七十八章之"受国之垢，是谓社稷主；受国不祥，是谓天下王"一句，本为上下对偶，然山梨仅录"祥王"不录"垢主"，不妥；其四，个别虚词江氏入韵，例如"者"江氏以为在三十章与"下"入韵，原句为"以道作人主者，不以兵强天下"，然三十一章之"夫乐煞者，不可得意于天下"，两句句式基本相同，江氏却未标出三十一章之"者下"，可见对于这种虚词是否入韵江氏也犹豫不定。总之山梨稻川对上述同字韵、句中韵、虚

---

① 喻遂生.《老子》用韵研究 [J]. 西南师范大学学报（哲学社会科学版）,1995(1).
② 王显. 诗经韵谱 [M]. 北京：商务印书馆,2011：18.

字入韵等现象比较谨慎。

（四）整段山梨稻川入韵，江有诰不入韵

有些韵段山梨稻川收录，江氏不以之入韵（这里排除了因古韵分部不同致江氏整段不入韵的情况，它们以江氏二十一部来看也可视为同部入韵或合韵），例如

用宗（四章）先存（七章）患身身患（十三章）义伪和（十八章）恶处（三十一章）夫厚薄华（三十八章）动用（四十章）坚间（四十三章）除芜虚余夸（五十三章，夸一作竽）神人（六十章）举补足足余下者处（七十七章）食服（八十章）

山梨稻川对以上段落的分析多有可取之处，例如七章之"先存"两字，姚文田、奚侗、喻遂生等均以之相韵，陈柱以"先存私"韵，朱谦之以"生"与"先存"叶，为文耕通韵。又如十八章，姚文田、喻遂生以"义伪"为韵，邓廷桢以"废出"亦韵，高本汉则以"废义出伪"隔句为韵，说法虽不尽相同，但江氏不圈出"义伪"两字实属不妥。再如四十章，邓廷桢、陈柱、高本汉皆以"动用"为韵，与山梨稻川同，孔广森《诗声类》阳声四也举该段为例，此二字皆入东部且为上下句，因此以此二字入韵甚是。但山梨稻川的分析亦有不足之处，例如三十八章之"是以大丈夫处其厚不处其薄，居其实不居其华"，山梨稻川以"夫厚薄华"相韵，该句上下两句句式基本相同，"实"与"华"不相押韵，同等位置上的"厚"与"薄"自然不宜看作入韵，何况"夫""厚"在句中，如把它们都视作入韵，则句子就被严重割裂了。

（五）因古韵分部不同致韵例分析不同

这部分韵段多集中在山梨稻川之乙丙丁三部，乙部当从戴震、段玉裁、王念孙、章太炎、王力诸人再分出支脂之微祭质物月诸部，丙部当从江永、段玉裁等人进一步离析为鱼侯等部，丁部当从江永、段玉裁再分出真文元三部。它们大致可再分两类，其一，一些韵段江氏认为不入韵而山梨稻川认为同部入韵；其二，一些韵段虽江有诰与山梨稻川所出之韵字相同然江氏以为合韵而山梨稻川以为是同部押韵。江氏分部较顾氏密甚，因此韵例分析一般也较山梨稻川精确，现将这些韵段举例如表2：

表 2　山梨稻川与江有诰韵例分析对比

序号	韵字	江有诰	山梨稻川
1	客释朴谷浊（十五章）	客释入鱼部，朴谷浊入侯部	均入丙部
2	誉侮（十七章）	鱼侯通韵	均入丙部
3	熙台孩归遗（二十章）	哉熙台孩入之部，归遗入脂部	均入乙部
4	谪策开解 师资师资迷（二十七章）	迹谪策解入支部，开不入韵，师资师资迷入脂部	均入乙部
5	还焉年（三十章）	元真合韵	均入丁部
6	笑道（四十一章）	幽宵通韵	均入戊部

续表

序号	韵字	江有诰	山梨稻川
7	恶谷（四十二章）	两字不入韵	均入丙部
8	厚螫据搏固作嗄（五十五章）	螫据搏固作嗄入鱼部，厚不入韵	均入丙部
9	远反顺（六十五章）	顺不入韵	均入丁部
10	饥治死（七十五章）	均不入韵	均入乙部

　　总体来说，山梨稻川对《老子》的韵例分析大致准确，有些地方与江氏不合，然不合之处在学界也多有争议，甚至一些见解较江氏更为正确。但也存在不足，其一在于固守顾氏十部之说，致使不入韵之处多标记入韵，尤其乙部此弊弥彰；其二在于没有系统的"合韵"学说，因此对合韵韵段多有纠结。这里仅述大概，下文还要谈到。

三、《古声谱》与《音学五书》的关系

　　对山梨稻川古音学影响最大的学者无疑是顾炎武。《古今韵笺》就是总结顾炎武学说并订正其误的著作，《古音谱》《文纬》《谐声图》《考声微》等均是按照顾氏十部编排的，他在《文纬·凡例》中说："此书分为十部，因顾氏《古音表》也，述而不作，窃有所景仰，故列《古音表》于卷首，云其弟甲乙者，以便搜阅也。"[1]《钦定四库全书简明目录》批评顾炎武"惟割裂入声，随意分配，是一失"，山梨稻川则回击说：

　　　　宪按：顾氏割裂入声是其眼力最高于人处，能跳出世俗之圈套，澡涤旧染之陋习，撰此好著述，使后人考古音者为楷梯，而《目录》反指之为一失。噫！莫邪为钝斡弃九鼎，贾谊之所以为长大息也。[2]

　　对顾炎武的仰慕之情可见一斑。

　　在编写《古声谱》之前，他还有一部《古音谱》，仅收了《诗经》韵字，由此我们可以说，山梨稻川先是根据《诗本音》改编成《古音谱》，[3]此后在《唐韵正》所引韵文的基础上，进一步搜集其他韵文材料，用韵谱归纳法编成《古声谱》一书。他在《古声谱·题言》中说：

　　　　古之与今世代递变，风气殊矣，言语讹矣。古人之诗不可读且歌也。后人于是有协韵之说（师古注《汉书》谓之合韵）。协韵也者，转古音就今音者也，自唐而下其说流衍矣。吴才老于是作《音补》，朱文公于是注风雅，滔滔者天下皆是也。唯明陈季立知考古音，顾宁人知据《说文》，而后古音复炳乎今！考音莫善于胪列古韵，参以《说文》，知其音

---

①　山梨稻川．文纬 [M]// 山梨稻川集：第一卷．山梨稻川集刊行会，1929：6.
②　山梨稻川．文纬 [M]// 山梨稻川集：第一卷．山梨稻川集刊行会，1929：32.
③　内藤湖南认为《古音谱》与《诗本音》内容相近，如果山梨读过《诗本音》就没有编撰《古音谱》的必要了，因此作《古音谱》时山梨没有充分阅读过顾炎武之著作。丁锋（2018）举出小川环树、成家彻郎等人的观点否定了这一说法。丁锋．山梨稻川汉语古音学之先行研究与考察 [M]// 中国言语文化学研究（第 7 号），日本大东文化大学外国留学部，2018.

之所类，以古为正，以后世为讹，则音韵之要归斯晰矣。①

《题言》批评了历史上的协韵说，对吴棫、朱熹等人的研究进行了反思，而后充分肯定了顾炎武等人据韵文与谐声研究古音的方法。他又说"此编列周秦汉三代之韵，以三百篇为正鹄，战国而下微有出入，音之讹也，汉音虽转讹，犹不失古律也。东汉而下渐漓而散，故斯编不列也。欲别辑为续集（东汉而下至西晋汇为一集，东晋而下至宋齐汇为一集，以为续编，未遑就之也）。"② 这既是他对汉语语音史做出的历史分期，也体现了受顾氏《诗本音》影响而形成的科学的语音发展观念。

然而，正如上文所说，固守顾氏十部、没有系统的合韵理论也使他的许多见解流于失误。例如乙部《卫风·竹竿》韵段下，山梨稻川于"弟"后说："宪按：顾氏《诗本音》依唐石经作'父母兄弟'，今此本作'兄弟父母'，是欲强叶于'右'字，妄改者也。""右母"均为之部，如"弟"入韵则不谐，顾氏支脂之不分，段玉裁、江有诰皆正之，均改为"兄弟父母"。又如《郑风·女曰鸡鸣》三章"来赠"一段，《诗本音》于"赠"下说："《集传》皆叶入声，按：来字或可读入声，赠字不可读入声，姑阙之。"③ 山梨稻川又出按言，以"赠"当作"贻"，与'来'相协，以为两字草书相近，盖六朝传写之误。现在看来，之蒸两部属于正常的阴阳对转，山梨稻川所论不甚准确。

松崎慊堂在山梨稻川的墓志铭中说："《文纬》之说，鉥剭冥索，皆出于自得之精而与近日舶载江戴钱段之言往往暗合，又有出其表者。其书之传，必可期也。"④ 如松崎慊堂所言属实，则山梨稻川应该没有见到江永、段玉裁、戴震等人的古音著作，他像万光泰一样，完全是在顾炎武基础上进一步展开研究的。那么《古声谱》中除《诗经》《周易》外的《尚书》《左传》《国语》《老子》《庄子》《礼记》《楚辞》《文选》《荀子》《管子》《急就章》《尔雅》《孟子》等书的韵谱可视为山梨稻川的创作。山梨稻川之前，日本学者中井履轩《谐韵瑚琏》也用了韵谱归纳法，内藤湖南说："履轩的研究方法与山梨稻川先生颇为相似，但他的这两本著述传世极少，除中井家和我本人有这两本书之外，再也没听说过哪里有这两本书。国语调查委员会委员大矢透先生前年在看到我的书之前也从未见过这两本著述，所以山梨稻川先生是不可能见到这两本书的。"⑤ 因此山梨稻川使用韵谱归纳法可能并未受到中井的影响，而是其创举。虽然《唐韵正》也引用了大量的韵文材料，但其所引之句于入韵字一般不特别标出，而且并非所有字头下都列韵文，因此《唐韵正》并不能替代《古声谱》。

《古声谱》也不乏山梨稻川的见解，有些观点较顾氏甚是。例如《鄘风·君子偕老》二章"玼翟髢掃皙帝"韵段，山梨稻川在"翟"下注曰："翟非韵也。顾云：按《简兮》'翟'与'籥爵'为韵，与此不同，当阙。宪按：古人'翟''狄'通用，'狄'入韵，《释文》"翟"本作'狄'。"⑥ 与段玉裁、孔广森等人见解相似。又如《周南·兔罝》二章之"仇"，顾炎武说："此字

① 山梨稻川. 古声谱 [M]// 山梨稻川集：第四卷. 山梨稻川集刊行会，1929：1-2.
② 山梨稻川. 古声谱 [M]// 山梨稻川集：第四卷. 山梨稻川集刊行会，1929：5.
③ 顾炎武. 音学五书 [M]. 北京：中华书局，1982：84.
④ 松崎慊堂（17711844），日本江户后期学者，对中国经学、小学颇有研究，也是山梨稻川生前好友。松崎慊堂所作山梨稻川墓志铭《山梨稻川集》（1929）第1卷卷首。
⑤ 内藤湖南. 日本历史与日本文化 [M]. 刘克申，译. 北京：商务印书馆，2012：413.
⑥ 山梨稻川. 古声谱 [M]// 山梨稻川集：第四卷. 山梨稻川集刊行会，1929：31.

有二音，此章音渠之反。《秦·无衣》首章音渠犹反，后人混入十八尤韵，疑古元有二音之字，如母戒与难之类。然三百篇之中亦不过四五字而已。或以为遂当作'馗'，音求，与仇字同，音甚协。而经文未可辄改，姑阙所疑。"① 山梨稻川认为："顾音渠之反，非是。《说文》遂馗同字，则音渠犹反，正与'仇'为韵。"此处他突破了经典束缚，较顾氏更进一步。再如《楚辞·大招》"禁苛暴只"一句，山梨稻川注曰：按苛暴当作暴苛，传写之误也。苛字与下韵叶。"江有诰亦说："当作禁暴苛只。"② "苛"与"罢麾施为"均入歌部，如此一改则音相谐矣。

因此我们可以说山梨稻川忠实地继承了顾炎武的古音学，但没有亦步亦趋，而是在这个基础上有所发展。

四、《古声谱》的价值与不足

中国学者万光泰与山梨稻川有着相似的研究背景，都在顾炎武基础上，独立展开研究。万光泰《九经韵证》与《古声谱》有许多相似之处，例如都使用了韵谱归纳法，对《诗经》《周易》外的其他韵文进行归纳总结。《九经韵证》收录了《诗经》《尚书》《礼记》《周礼》《仪礼》《周易》《左传》《论语》《孟子》等经典的韵文，其《古韵原本序》说："其采据取之《诗》者十之九，取之《易》《书》《春秋》《礼》者十之一，经以外不一取也。"③ 《九经韵证》基本也是据"经以外不取"这一标准编写的，万氏以儒家经典作为研究对象，可能是为了保持材料的纯粹，但缺点也是显而易见的，就是材料过于局限，《楚辞》等韵文对古音研究也很重要。《古声谱》除儒家经典外，还涵盖了《老子》《庄子》《楚辞》《文选》《荀子》《管子》《急就章》《尔雅》等著作的韵文，如此来看，《古声谱》较《九经韵证》取材更为广泛，是其优点。

万光泰在古音学上的一大成就，就是对"合韵"问题的探索，突破了"韵缓说"的束缚。"韵缓说"对纠正"叶音说"确有一定作用，但影响顾氏太深，使其十部尚显粗疏，例如顾氏在分析《芄兰》韵例时说：

> 此章亦可以平去通为一韵，古人音部虽宽而用之则密，故同一部而有亲疏，如此章"支觹知"平与平为韵，"遂悸"去与去为韵，而合之则通为一也。《干旄》二章"旟都"平与平为韵，"组五予"上与上为韵，而合之则通为一也。《木瓜》二章"桃瑶"平与平为韵，"报好"去与去为韵，而合之则通为一也。同一声而有亲疏，如秦诗《黄鸟》之首章"棘息特"为韵，"穴栗"为韵，而合之则通为一也。分之而不乱，合之而不乖，可以知其用音之密矣。④

他认为同一韵部内，同一声调的字关系比较紧密，而同一韵部同一声调的字亲疏亦有不同，他并非不知"棘息特"与"穴栗"的区别，但囿于"韵缓说"，没有将它们分开。又如他发现尤韵的部分字与萧宵肴豪音读有别，说："按此韵中字可不必改音，亦如佳皆灰咍之与支脂

---

① 顾炎武.音学五书[M].北京：中华书局，1982：58.
② 江有诰.音学十书[M]//续修四库全书：248 册.上海：上海古籍出版社，2002：146.
③ 万光泰.古韵原本[M]//万光泰音韵学稿本整理与研究.北京：社会科学文献出版社，2017：118.
④ 顾炎武.音学五书[M].北京：中华书局，1982：77.

之微齐也。"① 这也使其韵部更像是韵摄。段玉裁《古合韵说》就明确指出了否认"合韵"的弊端，以为不知"合韵"则或以为无韵，或指为方音，或以为学古之误，或改字以就韵，或改本音以就韵。而山梨稻川也有这些问题，例如《楚辞·招魂》之"都黰掉駆牛来灾"段，山梨稻川曰："都非韵，未详。朱子叶丁奚反，未允。"江有诰以此为之鱼借韵，宋玉《风赋》亦有"灰"与"余庐"等鱼部字相韵的情况。又《尔雅》之"极德直力服急息德毒忒食告则慰职鞠"段，此《释训》之第 60 条至 74 条，山梨稻川注曰："以上十六句皆韵语，以便记诵也，但急字非韵，疑当作棘。棘，急也。由训而误者也。《诗·六月》戒字今本作急，与此同，误。又告毒鞠三字宜属章末别为韵也。盖传写淆讹以失次序者。"江有诰以此段为缉之幽合韵，之幽关系自不待说，《诗经》中《小雅·六月》《大雅·思齐》等就有职缉合韵的现象。韵谱归纳法对调整部类划分作用很大，但山梨稻川囿于顾氏学说，导致此法不能充分发挥其功用。万光泰、段玉裁承认"合韵"，因此才能利用此法在一个平面上观察《广韵》与《诗经》的用韵关系，使古韵分部更为精密。

《古今韵笺》的序言作于 1803 年，此时山梨稻川已钻研古音 10 余年，直到去世前，他都在研究古音，彼时正处于中国的乾隆后期、嘉庆年间，即清代古音学第二个阶段的后期，② 经过江永、段玉裁、戴震、孔广森、王念孙等人的不断努力，中国古音学不论是材料还是方法，都较顾炎武有了巨大进步。江有诰与山梨稻川基本同时，他不仅分出二十一部，其《音学十书》涉及到的古代韵文也达 30 余种。山梨稻川去世后的第七年，夏炘刊刻了《诗古韵表廿二部集说》，总结了顾炎武、江永、段玉裁、王念孙、江有诰五人的研究成果，分古韵为二十二部，代表了清代古音学的最高成就。从这点看，《古声谱》大致落后于当时的中国古音学，这也印证了李无未先生日本古代汉语上古音研究并不发达的观点。

李无未《日本汉语音韵学史》引大矢透《周代古音考》的观点，认为日本较早将古音学纳入自己研究范围的学者有释观海和中井履轩。释观海资料较少，中井履轩（1732—1817）古音学著作有《履轩古韵》③《谐韵瑚琏》④ 等。《谐韵瑚琏序》作于明和己丑（1769），《履轩古韵序》作于明和庚寅（1770），比山梨稻川著作略早。中井履轩分古韵为九部，分别是⑤：

东第一　冬钟江蒸登

支第二　脂之微齐佳皆灰咍队代废

鱼第三　虞模歌戈麻

真第四　谆臻文欣元魂痕寒桓删山先仙侵覃谈盐添咸衔严凡

阳第五　唐庚耕清青

幽第六　侯萧宵肴豪

屋第七　沃烛觉药铎陌麦昔锡职德

质第八　术栉勿月没曷末辖屑薛

① 顾炎武. 音学五书 [M]. 北京：中华书局，1982：315.

② 有关清代古音学的分期，参看张民权. 清代前期古音学研究 [M]. 北京：北京广播学院出版社，2002：序例.

③ 中井履轩. 履轩古韵 [M]// 丛书集成续编：第七十五册. 台北：新文丰出版公司，1989.

④ 中井履轩. 谐韵瑚琏 [M]// 丛书集成续编：第七十五册. 台北：新文丰出版公司，1989.

⑤ 中井履轩. 谐韵瑚琏 [M]// 丛书集成续编：第七十五册. 台北：新文丰出版公司，1989：757.

缉第九　　合盍叶帖洽狎业乏

与山梨稻川相似,他也极力反对"叶音说",并且注意到汉字的谐声系统,《履轩古韵》将谐声偏旁相同的字排列在一起,《谐韵瑚琏》将《诗经》《离骚》《周易》等韵文按韵谱归纳法罗列出来,这些都值得肯定。但他的古韵分部尚显粗疏,例如其入声仅有屋部、质部、缉部三部,它们分别是 -k、-t、-p 尾的韵部,可以说他没有真正做到离析入声韵;再如其真部不仅包含真文元三部,甚至还有闭口韵,这就大大影响了其学说的价值。他说:"九韵自判,各不相逾焉。唯第二韵与第三韵,其音相近者,时通相谐,亦非所谓叶音也。"[①] 他能意识到不同韵部间语音接近者可以押韵,值得肯定,但这个观点的提出很大程度上是由于他没有离析出真正的歌部,因此导致其第二部与第三部牵扯不断。反观山梨稻川,他不仅肯定了以入声承阴声的做法,还肯定了顾氏对《唐韵》的彻底离析,依靠顾氏十部,其《古声谱》的韵例分析也较《谐韵瑚琏》更为精密。虽然这一切都是站在顾炎武这个巨人的肩膀上,可也说明了山梨稻川的远见卓识。正如内藤湖南所说:

> 在某些方面,山梨先生与履轩所做的工作相似,但不能说履轩在山梨先生之前已经作了与山梨先生相同的古韵研究。在不精于音韵学的人们眼里看来,山梨先生所做的同履轩的工作相似,但若从内容来看,则完全不同,山梨先生的研究已具有真正现代的学术意义,而中井履轩则不然。[②]

五、结语

山梨稻川的研究大致落后于当时的中国古音学界,但他较日本前代学者有了很大进步。明治时代,在西方语言学的影响下,日本学者在考订音类的基础上给汉语古音构拟音值,涌现了诸如大岛正健、大矢透等大批古音学家,因此山梨稻川也可以视为日本汉语古音学发展中承上启下的学者,他与清代的中国古音学家一样,继承了顾炎武正确的古音研究方法,并沿着这条道路走了下去,其成果也是江户时代汉语古音学研究的重要组成部分。作为异邦人,汉语并非母语,山梨稻川能做到这一步,也值得我们敬佩了。

A Study of Yamanashi Inagawa's *Paleoacoustic Spectrum*

LU Xiaoyang

（Department of Chinese Literature, Nanchang University, Nanchang, Jiangxi 330031）

Abstract: YamanashI Inagawa was an important ancient Chinese phonologist in the Edo period of Japan. While inheriting Gu Yanwu's ancient phonology, he further combined ancient

---

①　中井履轩 . 谐韵瑚琏 [M]// 丛书集成续编:第七十五册 . 台北:新文丰出版公司, 1989: 757.
②　内藤湖南 . 日本历史与日本文化 [M]. 刘克申, 译 . 北京:商务印书馆, 2012: 425.

phonology with the study of *Shuo Wen* and created books such as *Paleoacoustic Spectrum*, *Wen Wei*, and *Kao Sheng Wei*. This paper reviews his book *Paleoacoustic Spectrum* and compares it with the research of Wan Guangtai, Jiang Yougao, and Japanese scholar NAKAI Riken, to make an objective evaluation of the book. The article believes that the ancient phonology of Gu Yanwu was developed by him through further collecting ancient rhymes based on inheriting *Gu Yanwu*'s *Five Books of Phonology* and arranging rhymes from *Zuo Zhuan*, *Shang Shu*, *Songs of Chu*, *Lao Zi*, and other works into rhyme scores. The limitations of its research are the adherence to the theory of GuYanwu and the lake of syetematic He Yun theory.

Key words: Yamanashi Inagawa; *Paleoacoustic Spectrum*; Japan; ancient phonology

（学术编辑：陈明娥）

"东亚语法学的近现代进程"
高端国际论坛顺利召开

孟广洁

（厦门工学院 博雅教育与艺术传播学院，福建 厦门 361021）

摘　要："东亚语法学的近现代进程"高端国际学术论坛于 2023 年 3 月 18 日至 19 日顺利召开。本次论坛一共有 23 场报告，每一位学者都展示了最前沿的学术研究成果。从宏观到微观，从整体到局部，兼顾语法理论研究与应用，多视角多维度共同探讨东亚各国近现代化进程中语言研究的共性与个性特征，开启了东亚语法学史研究的新格局。

关键词："东亚语法学的近现代进程"高端国际论坛；会议综述

由日本筑波大学矢泽真人教授、厦门大学李无未教授牵头，在两位教授以及文教大学蒋垂东教授、东北财经大学刘剑副教授、筑波大学尚小欢博士、林廷修博士、延边大学韩春梅等学者的共同努力下，"东亚语法学的近现代进程"高端国际学术论坛于 2023 年 3 月 18 日至 19 日顺利召开。本次论坛由日本筑波大学人文社会国际比较研究机构综合言语科学ラボラトリー主办，厦门大学中国语言文学系、文教大学言语文化研究所、东北财经大学国际商务外语学院协办，来自中日韩三国相关领域的知名学者，跨越时间和空间的界限，首次相聚网络云端，共享学术盛宴。本次论坛因为大咖云集，议题新颖，引起了海内外专家学者的广泛关注，110 余人参加了此次线上论坛。

本次论坛一共有 23 场报告，每一位学者都展示了最前沿的学术研究成果。学者们为促进东亚各国语言学研究学术互鉴，倾囊相赠，热烈讨论，共飨学术盛宴。

暨南大学邵敬敏教授作为特邀嘉宾做了特别演讲，题为《简论"汉语语法史评学"》。邵先生从宏观上梳理了汉语语法学史评学的发展历程，提出做好语法学史应该具备三点条件：一是掌握的材料是否尽可能齐全、是否准确；二是整体框架、分期是否合理；三是是否具有掌握驾驭材料的能力。"掌握驾驭材料的能力"是建立"汉语语法学史评学"的关键，而"史评学"的形成是衡量一门学科成熟的重要标志。邵先生在报告中不仅为"汉语语法学史评学"进行了科学的学术定位，同时也指明了未来的研究方向：第一，重视对我国重要语法学家的专题性评传；第二，重视语法专题史的研究，兼顾通史、断代史、专题史；第三，重视中肯且深刻的语法学批评；第四，重视对汉语语法学国别史的研究。在报告最后，邵先生介绍了由其主持的中国哲学社会科学重大项目"境外汉语语法学史暨数据库建设"的阶段性成果，与会学者翘首以待，希望该成果早日问世。

上海师范大学陈昌来教授做大会主旨发言，题为《近 70 年现代汉语语法学研究：现状、问题与展望》。陈教授认为治学应先治史，回首过去，他指出近 70 年的现代汉语语法研究取得了丰硕的成果,并呈现出以下特色:一是更加重视对语法专题的描写和解释;二是更加重视对语法研究理论方法的探索,注重转化并创新;三是更加重视借鉴相关学科的理论方法手段并为其他学科提供应用的可能性,促进了"大语法"观的形成。面向未来,陈教授认为汉语语法研究应处理好以下关系:(1)以"大语法"观为视角,处理好语法的民族性和语法的普遍性的关系;(2)处理好专题研究与体系建构的关系;(3)处理好材料掌握与方法手段选取的关系;(4)处理好现代汉语语法与历时语法、方言语法、民族语语法的关系,从不同角度探索汉语语法规律。

在本次论坛上,除了上述宏观视角的研究外,更多的学者将研究的焦点聚集到微观领域,研究东亚语法史近现代化进程中的具体问题,如:

首尔大学奎章阁韩国学研究院院长李贤熙教授做了《韩国近代移行期的语言文字观与语法观》的主旨报告。李教授对比了近代以前15世纪中叶韩国的语言文字观与语法观,即世宗时代的语言工具观和语言权威观,并在此对照之下结合若干代表性语料,系统地考察了近代移行期韩国所呈现出的若干特点。文字观:《训民正音》前,所谓"文字"指的是文言,所谓"语音",指的是口语,二者逐渐走向言文一致。语法观:在传教士等西文语法的启蒙下,逐渐走出只受《老乞大》《清文老乞大》等传统汉语语法影响的局面,出现了一系列近现代性极强的语法书,在韩国语语法史上具有特殊意义。

原南京师范大学、现黑龙江大学及伊犁师范大学教授李葆嘉先生做了题为《17世纪西洋汉语文法学家的词类划分》的主旨报告。李教授被学术界称为研治西方语言学术史的中国李约瑟和高本汉。他在报告中以曼萨诺、徐方济、卫匡国、万济国等人的著作为例,梳理了17世纪西洋汉语文法学家的词类观,认为上述这些多明我会士传教士汉学家的研究具有承传性,其源头为高母羡的《中语技艺》(1592)。这些传教士为满足汉语学习需求,套用拉丁文法框架分析汉语词类,甚至扭曲了某些汉语现象的方法,实际上是基于一般语义关系的理解,在结构类型不同的语言之间寻找对应物。作为对比的产物,早期西洋汉语文法学的成功得益于此,其杂乱同样源于此。

北京师范大学刁晏斌教授以《东亚语法学近现代化进程中的欧化因素》为题,对汉语中的欧化现象及相关研究进行了梳理。刁教授从"欧化"的内涵讲起,认为欧化是东亚语法近现代化进程中一个不可或缺的重要观察角度和讨论内容。语法因为欧化而成为欧化的语法。广义的语法包括语法学和具体的语法事实,因此在东亚语法的近现代化进程中,也包含欧化语法学和欧化语法。比如《马氏文通》(1898)就因其明显的欧化语法学倾向而备受诟病。欧化语法学是语法研究近现代进程的必然产物,日本山田孝雄的《日本文法论》(1908),韩国第一部语法学著作《大韩文典》(1909)都是欧化语法学的产物。刁教授认为既然"欧化语法学"是必然现象,那么围绕于此的研究就该进一步深入:第一,将东亚语法学近现代化进程置于欧化的大背景下,探寻其共性特征与个性表现;第二,区分两种类型的欧化语法学:外国作者的"套用",本国作者的"模仿";第三,发现东亚各国欧化语法学之间可能存在的交互影响。就欧化语法而言,近代以来东亚各国文章作法深受欧化影响,由此产生欧化语法,在一定程度上造成不同语系语法的"趋同"发展,这是以前东亚语法学近现代化研究中较少关注的一个方面。此外,狭义欧化与广义欧化、显性欧化与隐性欧化、善性欧化与恶性欧化、共时欧化与历时欧化、书面语欧化与口语欧化、翻译欧化与写作欧化、欧化与去欧化等概念,可能应成为各国欧化语法研究的共同话题。这些都是值得学术界持续关注的重要问题。

学者们除了关注东亚语法学史研究中的具体问题外，还有部分学者以专书、专人为研究对象，对东亚语法学史的微观问题进行研究，以窥全貌。如：

大阪公立大学山东功教授以《明治前期的语法教育理念与博言学》为题做主旨发言。山东的教授以《日本小文典》为例，指出在以重解释、知识传授为中心的语法教育观下形成的"学校语法"之前，明治时期的语法书是如何探讨语法教育理念的内涵及与其相关的语言研究的定位问题的。《日本小文典》为当时在东京帝国大学教授"博言学"的英国人教师 Basil Hall Chamberlain 所作，于 1887 年（明治二十年）完成。此书"资欧洲理法，明日语特质。开示其语言分类及文章法、音韵论。图表多附，供学者捷览。"（1887 年 4 月 13 日官报），参照欧洲诸语言语法编撰而成。但其第一章开头也指出：有人认为语法只是写文章的法则。不然，其义甚广。语法乃是作文、咏歌、平时正确说话之术。山东功教授基于口语语法的视角，考察在语法教育理念形成的过程中，博言学在日本的接受和 Chamberlain 的语言研究两者之间的关系。

厦门大学李焱、孟繁杰两位教授就马士曼《中国言法》（1814）的汉语词类观进行了主旨发言。《中国言法》是英国近代第一部以汉语文言为研究对象的语法研究性著作，对汉语词类的讨论是该书的一个重要内容。马士曼将汉语的词类分为体词、形容词、代词、动词和小词，小词又分为副词、介词、连词、感叹词。从与今天学界对汉语词类划分的对比来看，已经非常接近了。同时，马士曼将汉语词类分为实词和虚词，意识到词类同时具有层级性。两位学者认为马士曼词类的划分，在具体词的类别和层级体系上，与此前的西方学者的划分方式既有联系又有区别，是一种兼有中西词类思想的产物。

北京外国语大学王继红教授等对太田辰夫的"新兴语法"观进行了考证。几位学者对太田辰夫与王力先生的新兴语法观进行比较，指出新兴语法与欧化语法的异同，以及它们各自在学术界所产生的回响与影响。几位学者认为，新兴语法与欧化语法密切相关，都是关于现代汉语形成问题的重要议题。太田先生基于古今对比视角、带着二语学习者的他者审视对新兴语法的探讨，对现今的欧化语法研究和现代汉语形成研究都具有启发意义。

对外经贸大学中文学院刘云教授作为"早期北京话珍稀文献集成"的策划人和主编，就清代民国时期北京话语法研究及语料发掘工作的进展向与会的专家学者进行了介绍。清代民国是近代汉语向现代汉语转型的关键时期。这一时期的北京话不仅为现代汉民族共同语提供了语音标准，对词汇、语法系统的形成也起到了关键性作用，因此早期北京话珍稀文献发掘与整理工作就显得尤为重要了。刘教授认为，早期北京话珍稀文献应该包括各类早期汉语教科书，如日本北京话教科书、朝鲜编教材、西人教材，还有官话正音文献、传统曲艺文献、晚清民国京味儿小说、满汉合璧文献等。刘教授同时强调，就现有研究看，域外教材及专书研究得到加强；满汉语言接触受到关注；具体语法问题得到深入研究；研究方法和视角也越加丰富。

日本中央大学石村广教授将冈三庆著《冈氏之中国文典》（1887）与陈承泽《国文法草创》中的"使动用法"相比较，认为陈承泽提出的"字类活用"说，是把词类划分作为语法研究核心的时代产物。在陈承泽的观点里，不重视句法分析，因此很难在《国文法草创》中看到句法分析，而"使动用法"应该在句法层面下研究。冈三庆的《冈氏之中国文典》开创了运用西方语法理论系统研究汉语文言语法的先河，比陈承泽《国文法草创》更早地提出了汉语的"使动用法"。

　　闽南师范大学杨杏红教授等,对何盛三汉语语法系列著作的增补情况及独特价值进行了论述。杨教授主要介绍了何盛三在 1919—1936 年出版的四本相互关联的汉语语法著作,从概说内容、文法范围、词法框架、句法体系等四个方面分析了不同版本之间的差异。在与同时期中日学者汉语语法著作进行对比的基础上,认为其语法分析融合了中日多部语法著作的研究成果,其语法体系内容完整、分类清晰,语法意识与历史、文化、政治等因素具有多重关系,从中可见何氏语法系列著作出版在日本汉语语法学史中的独特价值。

　　厦门大学嘉庚学院王娟教授对同样持词组本位观的两位学者,即松下大三郎与朱德熙的汉语语体语法结构意识进行比较。王教授认为,同样受到美国结构主义语言学的影响,二者学术思想的发展存在差异。尽管松下大三郎是东方第一位运用美国结构主义语言学搭建汉语语法理论框架的学者,但松下更多的是在构建日语语法体系的框架,而后"套用"到汉语文言语法的研究中,并没有根据汉语的特质进行应有的重建,因此他的学术思想在日本并没有形成较大的影响。汉语作为孤立语、日语作为黏着语,两种语言在语法特征上具有较大的差异性。日语是一种形态、形式比较丰富的语言,既有非常独特的、依附于独立词后面起语法提示功能的助词,也有动词、形容词等用言词尾活用变形的现象。从某种角度来看,日语相较汉语来说,对于语法结构的依赖性较弱。而汉语作为孤立语,主要依靠语序来表达语义、建立语法的逻辑关系,对结构的依赖性明显高于日语,朱德熙在借鉴结构主义语言学理论研究汉语的时候,显然注意到了这个问题,这是朱德熙学术思想成功发展的原因之一。

　　国士馆大学山室和也教授,将日本语学(国语学)、国语教育、教育实践作为主线,考察战后语法教育定位的变化,厘清其整体框架,并说明教学大纲和教科书与这条主线的相互关系。山室和也教授从国语教育中的语法研究这一角度介绍了旨在创立教育语法的永野贤和佐伯梅友二位先生。两人基本尊重学校语法的立场,并在此基础上摸索教育中的语法教学的应有方式、框架及修正其理论。从教育实践中的语法研究这一角度介绍"儿童语言研究会"和"教育科学研究会"等民间团体独自开发的语法教育理论,以及中泽政雄、林四郎和菅井健吉等人的共同研究。山室和也教授认为,民间教育团体的语法教育理论与带有学校教育色彩的语法教育理论完全对立,民间教育团体独自研发新的语法教材、进行教学实践。教师们在教学现场进行教学实践时,在"儿童语言研究会"背后进行理论支撑的有大久保忠利,在"教育科学研究会"背后进行理论支撑的则有奥田靖雄和铃木重幸等人。处于类似关系的还有林和菅井等人。中泽政雄则试图从整理实践教师们的教学反馈这一过程中建立起实用性的语法教学体系。

　　武藏野大学勘米良祐太教授,以《日本口语法及文法教科书》(1918 年,朝鲜总督府编)和《普通学校国语读本》(1923 年,朝鲜总督府编)两部教材为语料,对殖民地时代朝鲜"国语"科语法教育的内容进行了研究,认为,其语法教育内容与日本本土并无明显不同,可以断定即使另外编著不同于日本本土的教科书,殖民地朝鲜所教授的内容在结果上也与日本本土类似。

　　香港浸会大学张美兰教授以《北京官话全编》为语料,考察了早期北京话口语句式特征。张教授具体分析了六种早期北京话口语句式,分别是:(1)表示夸张语气情状的"A 形容词 +着呢 / 哪";(2)表示祈请"且情态副词 +V"构式;(3)表列举构式,"甚么 A,(甚么)B……"和"A、B……甚么的";(4)"所副词 +VP"构式;(5)"这么一 V"构式;(6)"很 +NP 名词"

句式。张教授认为《北京官话全编》从句子总貌看，较为全面地反映了清末民国期间北京官话的面貌。

厦门大学方环海教授等以石山福治《中国语文法》为中心，探讨了日本明治时期汉语教材中的助词观。明治时期的汉语教材涉及的汉语助词类型较为丰富，特别是以石山福治《中国语文法》为代表的明治后期出版的汉语语法教材，构建起了独特的汉语助词观，也形成了独特的汉语助词语义观，代表了日本明治时期汉语教材中的较高水平。例如将汉语助词范畴按照语法功能进行分类，将汉语助词与叹词区分，将助词"的"与"得"进行区分等，这些认识都是继承并不断发展前人认识的产物。纵观日本汉学界，明治时期作为由汉语文言语法研究向官话语法研究探索的转型期，这一时期对官话文法中的汉语助词研究具有开拓性意义，并且在明治后期，汉语教材对汉语助词的认识就达到了较为完善的程度。日本明治时期汉语教材对汉语助词的认识既受到了早期西方汉语教材的影响，也受到了中国传统训诂学的影响，其所形成的汉语助词观也进而被大正时期的汉语教材所借鉴和发展，体现出了兼收并蓄、继承发展的特点。

厦门大学李无未教授以胡以鲁《国语学草创》为切入点，以《胡以鲁〈国语学草创〉》（1912）引领中国语法学理论方向的意义》为题，做了大会主旨发言。李教授重在强调胡以鲁《国语学草创》对于中国语法学理论研究的引领意义，认为：最早明确地批评《马氏文通》"模仿"拉丁语语法问题；在语法学范畴构架下进行理论与实际二级分类；建立汉语心理语法模式；提出理想汉语"文典语法"模式；与西方及日本汉语语法学理论平等对话。许多中外学者对胡以鲁《国语学草创》（1912）中国语法学理论价值虽然有所肯定，但其引领中国语法学理论方向的价值还有待于进一步发掘。李教授的报告不仅让学术界重新认识胡以鲁及《国语学草创》在中国语法理论研究中的重要引领作用，更为重要的是，李教授通过他的报告向学者们提供了一种新的研究思路和研究方法，为东亚语法史的研究提供了新的研究范式。

日本筑波大学矢泽真人教授做了题为《概述近代日语语法教育的"标准"和"新突破"》的大会主旨发言。矢泽真人教授聚焦词类问题，以"词类"划分为例，从"标准"和"新突破"两个角度概述近代日本语法教育的发展历程。具体内容包括：（1）国学流的三词类"标准"和西洋流的八词类"标准"：介绍国学流和西洋流的词类划分框架，讨论试图将这两种标准融合的"折衷"方式。（2）大槻的"新突破"和大槻的"标准"：从"修正型折中"和与词典的关系两个方面介绍近代语法教育第一个新突破——大槻文彦的语法理论，阐述形成"大槻标准"的背景。（3）交叉分类"新突破"和修正后的大槻"标准"：以芳贺矢一的词类划分理论为中心，介绍利用国学中的对立概念所进行的交叉分类对大槻"新突破"的影响。（4）桥本的"新突破"和"学校语法"标准：从桥本进吉的两个主要"新突破"——"口语语法的先导教学"和"文节"——出发，介绍现今国语科语法教育蓝本之桥本语法的意义。（5）战后语法教育"新突破"：介绍战后语言政策对国语科语法教育的影响。

浙江财经大学崔山佳教授介绍了《琉球官话课本三种》及其学术意义。《琉球官话课本三种》是指《官话问答便语》《白姓官话》《学官话》，据现有研究，三种琉球官话课本分别作于18世纪初期（1703或1705）、中期（1750）、末期（1797）三个时期，时间跨度长达90余年。从内容看，《官话问答便语》《学官话》基本是福州"对外汉语"老师为来华学习的琉球学生编写的实用口语教材，其中的一些语法现象有的涉及汉语普通话，有的涉及汉语方言，有的涉及欧化语法,很有研究价值。

上述与会学者在会上做的报告主要围绕东亚语法史研究中的微观问题,这些问题共同构成了东亚语法学研究的基本态势,不仅是东亚语法学近现代化进程中的关键性问题,更是东亚各国语法理论中的"环流"现象(李无未,2016)和"映射"关系(李无未,2017)的直接证据。同时,这些具体问题直接印证了李无未教授所提出的"环流""映射"在东亚语法学史研究中的理论价值,得到与会学者的普遍认可。

还有一些学者,从中日韩语法研究和语法教学的互动视角进行研究。如 U1 大学韩中瑄教授和韩国外国语大学权景爱,做了《近代韩国日语语法书概述》主旨报告。两位学者以韩国最早出版的《普通日本语典》至朝鲜总督府所编《中等国文法文语篇》为止的 12 种日语语法书为语料,概述其内容构成及语法术语。朝鲜近代开始了以一般民众为对象的日语教育,是日语教育的突破性时期。当时,市面发行的相关图书以学习辅导类为主,语法书并不多。但为了考察当时的语法教育,两位学者认为有必要对同时期日语学习辅导类图书进行研究。即想要弄清楚在韩国日语教育的初期阶段日语语法教育是怎样展开的,首先要搞明白这一时期日语教育的整个发展过程。这对今后日语教育的开展也非常重要。另外根据当时的语言研究,语法相关知识及术语尚未固定下来,不仅日语,其他语言的语法教育亦尚未展开。由此可见,当时的日语语法教育,对在韩国所开展的其他语言的语法教育产生了重要影响。

文教大学蒋垂东教授对近代以前中国人对日语语法的理解问题进行了报告。他以文献为依据,认为中国人接触日语可追溯到 13 世纪,但当时对日语的理解主要在"小学(文字、音韵、语义)"这一框架下进行,关注点是假名的数量、发音和词义。在此之后,中国人虽然从"小学"角度对日语的理解有所加深,可语法方面却迟无进展。到了 16 世纪,中国人意识到汉日语语法上的不同,对日语"助词"的关注度有所提高,可依然停留在个别助词上。到 19 世纪,中国人对日语语法的理解终于有了新进展。19 世纪初,黄景福在教琉球留学生汉语时,指出用日语读汉语文章必须"实词在上、虚词在下",可见黄已理解日语的语序为"实词 + 虚词"。19 世纪后半叶,作为第一代外交使节中的一员访日的黄遵宪把握到日语的基本特征,明确指出日语语序为对象在前、动词居后,接词附在词后。蒋教授指出,对日语语法的系统性理解要等到 1895 年以后的日本留学热。

韩国高丽大学金ボイエ(KIM Boye)教授,以《日语读本》为语料,考察了三土忠造对外国儿童的日语语法教学,并与《中等国文典》进行比较,以此介绍了三土的语法教育观并考察其针对韩国儿童的"作为外语的日语教学理念"的特点。金教授认为,当时的语法教育重视词类划分,三土与之相反,着重于作文章法。这是因为三土认为语法教学不单是理解文章结构的手段,还应与学生的阅读和写作能力关联起来。《中等国文典》和《日语读本》反映了三土重视作文这一语言教学理念,其内容主要由"主语和说明语(谓语)的关系"构成。但是,《中等国文典》和《日语读本》一个属于国语教育,一个属于日语教育,两者有根本区别。三土导入"句型"这一概念,试图解决两者之间的差异。"句型"就是主语、助词、谓语之间的一定的结合方式。三土有关日语基础句型的尝试与努力,是在此之前所没有的教学观点。因此,三土导入"句型"这一做法,对把日语作为外语教授时具有重大意义。

厦门大学乐耀教授立足于当代汉语语法学研究的视角,以指称现象为例,对功能语法研究的互动转向问题进行了研究。乐教授认为,真实互动交际的语言材料和研究视角可以帮助我们观察到传统语法研究中并未深刻揭示的语言使用规律。所谓的"互动转向"是说：语言（语法）研究应该植根于日常互动交际，因为它是语言使用的原生地。我们通过互动交际中的行为活动来处理日常的社会事务，这是人类的基本交际能力。互动转向的语法研究其核心理念是，探讨从交际中浮现的语言使用模式（语法规则）与社会互动交际之间的互动关系。

在经历了23场精彩的报告之后，本次论坛就"东亚各国（区域）的语法研究和语法教育""作为外语的语法描写与研究和作为母语的语法描写与研究""语法教育史与语法研究史的交互"等问题邀请邵敬敏、李无未、矢野真人、韩中暄等学者进行与谈，学者们就上述问题纷纷发表自己的真知灼见。

本次论坛作为首次探讨东亚语法史系列问题的盛会，与会专家学者畅所欲言，既有理论上的指导，又有方法上的革新，或发明、或发现，从宏观和微观两个维度共同推进东亚语法学史研究的深入，为今后该领域的发展提供了更广阔的研究空间、更多维的研究视角、更丰富的研究方法。作为本次大会的发起者之一，厦门大学李无未教授在闭幕式的发言中感慨道：本次论坛在准备过程中面对了各种困难，但从最终效果来看，筑波大学矢泽真人教授、东北财经大学刘剑副教授、筑波大学尚小欢博士等筹备过程中所付出的努力是非常值得的，感谢他们的辛苦努力。李教授认为本次论坛取得圆满成功，并且具有非凡的意义：

其一，第一次举办以"东亚语法学的近现代化进程"为主题的国际高端论坛，这本身就是一个"会议形式"创举，具有重要的象征性意义：东亚各国语法学者完全可以携手并进，进入直通"东亚场域"的快车道。

其二，论坛集合了众多东亚三国研究东亚各国语法史的顶级学者谈学论道，可以说，代表了本学术领域的最高水准，具有标志性的东亚语法学学术意义，"高端"名副其实。

其三，学术论文的论题十分集中，又互为关联。以语法学史为牵手，跨国、跨领域、跨东西方眼光审视东亚语法学史诸多问题，思考极其深刻，具有引领东亚语法学史学术发展方向的意义，因此，成为本领域的学术方向风标。

其四，年龄结构合理，既有中年学者（按联合国新标准，80岁以下，65岁以上），又有大青年学者（按联合国新标准，45~65岁是大青年学者），中等青年学者（按联合国新标准，35~45岁是中等青年学者），也有少青年学者（25~35岁）发表论文，充分显示本领域学术新态势，一定是生机盎然的，代有传人不是虚妄之言。

李教授认为，以往东亚学者筹办东亚各国语法学史会议，基本上是偏重于某一种"国语"的语法发展史研究，这种研究的好处在于，对某一种"国语"的语法发展史能够集中专题性研究，能够"短平快"解决存在着的各类"关联"问题，偶有某一种"国语"的语法发展史的议题"越界"，比如东西方语法理论关系研究，也一定限制在一定的"国语"的语法发展史范畴之内"不逾矩"，很显然，东亚内部"国别语法"研究的"圈意识"十分浓郁。但立足于汉字文化圈这样一个东亚整体视角，这种"圈意识"研究存在着视野与思维方式的一定局限性，即一些难以回避的问题很快就会暴露无遗：

其一，东亚是一个整体，同属汉字文化圈。无论在历史上，还是在现实上，都处于一个相对固定的东亚文化模式氛围内。因此，探讨东亚语言文化问题，难以逃出"汉字文化圈"整体性视野，这是我们早已经注定存在的宿命，"奉天承运曾相知，高山流水鸣共识"，足可以诠释这个道理。

其二，无论是在东亚历史上，还是在东亚现实上，东亚某一种"国语"的语法学发展史，都不会是封闭性的孤立发展的结果，而是在东亚区域范围内"开放式"的相互影响，相互作用，相互促进的过程中生成的。任何离开这个"东亚场域"去研究某一种"国语"的语法学发展史，许多问题都会无法得到透彻的解释，从而影响了研究的深度与广度，这是一定的。

其三，同在"东亚场域"，某一种"国语"的语法学发展史各自所走过的道路不一样，所呈现的各国语法史形态特征很难"整齐划一"，如果不主动加以比较，不主动加以"借镜鉴己"，就一定会忽略自身的学术"短板"，就会进入到自以为是的"魔网怪圈"，"误己误人"，对各自国家的语法学史研究肯定是不利的。有鉴于此，主动整合东亚语法学史研究力量，积极研究新问题，凝练新方向，确立新目标，势在必行，也是今天所处的这个新时代发展趋向的需要。

李教授认为，本次论坛之所以成功，原因之一就是打破了现有研究的"圈意识"，已经初步达到了"整合东亚语法学史研究力量"这个目的。学者们打破国籍和地域的界限，跨越时空，不拘泥于材料，对东亚语法史的相关问题进行共同探讨：

其一，研究汉语语法学史。（1）研究中国汉语语法学史的，比如邵敬敏《简论"汉语语法学史评学"》、陈昌来《近70年现代汉语语法学研究：现状、问题与展望》、李无未《胡以鲁〈国语学草创〉引领中国语法学理论的意义》、乐耀《功能语法研究的互动转向：以指称现象为例》等。（2）研究日本汉语语法学史的，比如：王继红、王乐、崔潇月《太田辰夫"新兴语法"考》；杨杏红、邓嘉颖《何盛三汉语语法系列著作的增补情况及独特价值》；方环海、陈晓雯《日本明治时期汉语教材中的助词观——以石山福治〈中国语文法〉为例》。（3）利用其他资料研究汉语语法史的，比如张美兰《〈北京官话全编〉早期北京话口语句式特征》；崔山佳《〈琉球官话课本三种〉语法札记》；李焱、孟繁杰《马士曼〈中国言法〉（1814）的汉语词类观》；（4）研究中国语法学史文献专题综述，比如刘云《清代民国时期北京话语法研究及语料发掘工作的进展》。

其二，研究日本国语语法学史，比如山东功《明治前期文法教育观与博言学》；矢泽真人《概述近代日本语文法教育的"标准"和"新突破"》；山室和也《日本战后文法教育史概说》；金ボイエ《从〈日语读本〉考察三土忠造对外国儿童的日语语法教学——以〈中等国文典〉的比较为中心》。

其三，研究韩国国语语法学史，比如李贤熙《从述语词干"ha-"的交替变化到韩国语语法史》。

其四，最让人感到欣慰的是，一些学者已经突破某一种"国语"语法学发展史视野，向着东亚各国语法学发展史关系及比较视野迈进的论文出现。比如蒋垂东《在近代之前中国人怎样理解日本语文法？》；石村广《冈三庆著〈冈氏之中国文典〉创见及其学术意义——陈承泽的"使动用法"与其关联》；王娟《松下大三郎与朱德熙汉语语体语法结构意识》；勘米良佑太《殖民地朝鲜"国语"科文法教育内容》；韩中瑄、权景爱《近代韩国日语语法书概述》等。

其五，研究东亚各国语法学发展史离不开与欧美语法学理论关系的研究视野，在这方面，需要有宏大气魄的"大语法学史观"，也是前人研究不够的。比如李葆嘉《17世纪西洋汉语文法学家的词类划分》、刁晏斌《东亚语法学近现代进程中的欧化现象》等。

学者们文风纯正，以文献取胜，以新的视野观察，以新的学术工具驾驭材料，思维缜密，深思熟虑；尊重"异见"，激烈争鸣，以理服人，给东亚各国语法学史研究者以新的启迪，"前不见古人,而今争相创新,而后承续大业"。未来,可期可待!

李教授最后提出展望,有了这次首届"东亚语法学的近现代化进程"国际高端论坛,就应该还有第二届、第三届,以至于更多届的"东亚语法学的近现代化进程"国际高端论坛。只要大家持续坚持下去,必然会有意想不到的学术奇迹出现。

The High-level International Forum on the Modern Progress of East Asian Grammar was Held Smoothly

MENG Guangjie

(School of Liberal Arts Education and Art Communication,

Xiamen Institute of Technology, Fujian Xiamen 361021)

Abstract: The high-end international Academic Forum "The Modern Process of East Asian Grammar" was successfully held on March 18~19, 2023. There were 23 presentations at the forum, and each scholar presented the most cutting-edge academic research results. From the macro to the micro, from the whole to the local, it gives consideration to the study and application of grammar theory, and discusses the common and individual characteristics of language studies in East Asian countries in the recent modernization process from multiple perspectives and from multiple dimensions. opening a new pattern of the study of the history of East Asian grammar.

Key words: high-end international Academic Forum "The Modern Process of East Asian Grammar"; conference summary

（责任编辑：陈明娥）

稿　约

　　《国际汉语史研究》(*International Study of the Chinese Language History*)系厦门大学中文系创办的语言研究学术集刊。近几十年来,国际汉语史研究已然成为国际中文学术研究的新热点。随着国际汉语史文献的不断发掘,国际汉语史研究新理论、新观念层出不穷,日新月异。本刊秉持"全球视野、持续创新、崇尚实学、百家争鸣"之宗旨,为中外汉语史学者提供交流新思想、新理念、新发掘成果的学术平台,增进国际国内"国际汉语史"学人之间的交流合作。本刊本着学术至上原则,发表中外汉语言文字学史及其相关学科领域的优秀学术论著,诚挚欢迎海内外学者惠赐大作。

(一)来稿注意事项

　　1.本刊采用同行专家匿名审稿,投稿后一般在两个月内会接到有关稿件的处理通知。来稿务必原创,切勿一稿多投,凡涉抄袭、侵害他人权益之事,概由作者承担包括法律责任在内的一切后果。

　　2.来稿正文限用中文发表,字数20000字以内。正文论述中涉及外文文献的,请同时翻译成中文。除特殊字形或需要特别说明的汉字字形外,请使用简体规范汉字。

　　3.来稿请按以下顺序撰写:标题、摘要、关键词、正文、参考文献、英文(篇名、作者、工作单位及地址、摘要、关键词)。请另附作者信息,包括姓名、单位、职称、通信地址、邮编、电话等联系方式。

　　4.请作者尽量通过电子邮件提供稿件的电子版(包括word版和pdf版)(编辑部邮箱:gjhyshyj@163.com)如有特殊情况需邮寄纸质文本者,请寄:中国福建省厦门市思明南路422号厦门大学中文系《国际汉语史研究》编辑部361005)

　　5.本刊刊登稿件均为作者研究成果,不代表本刊意见,来稿一经刊出,即付稿酬并寄赠样刊。本刊已加入中国知网,凡不愿在中国知网上显示自己文章者,请事先告知本刊。本刊稿酬已含中国知网收录的稿酬。

(二)本刊格式要求

　　1.来稿标题限25字以内,摘要300字(词)以内,关键词3~8个。

　　2.正文所有标题请按照"一、(一)1.(1)① A. a."的体例分级顺序排列。正文例句请用①②……连续编号排列;正文涉及的年代、月日、时刻、数量等,全部使用阿拉伯数字。

　　3.文中所有的图/表请按"图1图2"或"表1表2"依序连续编号。所有图/表都须有标题;而且都应在相应陈述中提到;图片注意清晰度,并注意图/表的版权问题。

4.正文注释及引用文献采用顺序编码制当页脚注,每页请用带圈数字①②……依序编号;阅读型参考文献可根据中文、日文、韩文、西文进行排列,并按照著者姓氏拼音或字母顺序用[1][2][3]……置于文末。引用外文文献请注意,外文姓氏全部字母大写,姓前名后,名缩写时省略点。如:J. C. Smith—SMITH J C;Albert Einstein—EINSTEIN A;英文文献名除第一个词的首字母大写,其他(专有名词除外)全部小写。

5.本刊注释和参考文献全部参照《中华人民共和国国家标准—— 信息与文献参考文献著录规则》(GB/T 7714-2015)处理,其他未尽事宜参照执行。

(三)注释及参考文献规范示例

1.专著类著录格式

(1)古籍及近人专著

主要责任者.图书名:其他书名信息[普通图书标志/文献载体标识].其他责任者.版本项.出版地:出版者,出版年:引文页码.

①康熙字典:巳集上:水部[M].同文书局影印本.北京:中华书局,1962:50.

②汪昂.增订本草备要:四卷[M].刻本.京都:老二酉堂,1881.

③米盖尔·杜夫海纳.美学与哲学[M].孙非,译.北京:中国社会科学出版社,1985.

④陈登原.国史旧闻:第1卷[M].北京:中华书局,2000:29.

⑤冯友兰.冯友兰自选集[M].2版.北京:首都师范大学出版社,2008:第1版自序.

⑥钱学森.创建系统学[M].太原:山西科学技术出版社,2001:序2-3.

⑦ HU S S. The principle of automatic control[M]. 5th ed. Beijing: Science Press, 2007: 471-472.

(2)学位论文

主要责任者.学位论文名[D].保存地点:保存单位,年份.获取和访问路径.

①马欢.人类活动影响下海河流域典型区水循环变化分析[D].北京:北京大学,2011.

2.析出文献著录格式

主要责任者.题名[文献类型标志/文献载体标识].其他责任者//专著主要责任者.专著题名:其他题名信息.版本项.出版地:出版者,出版年:析出文献的页码[引用日期].

①姚中秋.作为一种制度变迁模式的"转型"[M]//罗卫东,姚中秋.中国转型的理论分析:奥地利学派的视角.杭州:浙江大学出版社,2009:44.

②贾东琴,柯平.面向数字素养的高校图书馆数字服务体系研究[C]//中国图书馆学会.中国图书馆学会年会论文集:2011年卷.北京:国家图书馆出版社,2011:45-52.

③王宁,黄易青.词源意义与词汇意义论析[J].北京师范大学学报(人文社会科学版),2002(4):90-98.

④何龄修.读南明史[J].中国史研究,1998,6(3):167-173.

⑤ KANAMORI H. Shaking without quaking[J]. Science, 1998, 279(5359): 2063.

3.其他电子文献著录格式

主要责任者.题名:其他题名信息[文献类型标识/文献载体标识].出版地:出版者,出版年:引文页码(更新或修改日期)[引用日期].获取或访问路径.获取和访问路径.数字对象唯一标识符.

①吴云芳. 面向中文信息处理的现代汉语并列结构研究 [D/OL]. 北京：北京大学，2003[2013-10-14]. http：//thesis.lib.pku.edu.cn/dlib/List.asp?lang=gb&type=Reader&DocGroupID=4&DocID=6328.

②傅刚，赵成，李佳路. 大风沙过后的思考 [N/OL]. 北京青年报，2000-01-12(14)[2005-09-28].http：//www.bjyouth.com.cn/B9b/20000412/GB/4216%5ED0412B1401.htm.

③李强. 化解医患矛盾需釜底抽薪 [EB/OL].(2012-05-03)[2013-03-25]. http：//wenku.baidu.com/view/47e4f206b52acfc789ebc92f.html.【说明：（2012-05-03）表示网络日期，[2013-03-25] 表示引用日期。】

附：

1. 文献类型和标识代码：

普通图书 M，会议录 C，汇编 G，报纸 N，期刊 J，学位论文 D，报告 R，标准 S，

专利 P，数据库 DB，电子公告 EB，档案 A，舆图 CM，数据集 DS，其他 Z

2. 电子资源载体和标识代码：

磁带 MT，磁盘 DK，光盘 CD，联机网络 OL

感谢您对本刊工作的支持，欢迎惠赐大作！

《国际汉语史研究》编辑部